# DAS
# MUSEUM

Das Museum
Geschichte, Gegenwart und Zukunft



Midas Collection
Ein Imprint der Midas Verlag AG
ISBN 978-3-03876-235-5

1. Auflage

Übersetzung: Kathrin Lichtenberg
Lektorat/Korrektorat: Dr. Friederike Römhild
Layout: Ulrich Borstelmann
Design: Glenn Howard
Projektleitung: Gregory C. Zäch

Midas Verlag AG
Dunantstrasse 3, CH-8044 Zürich
E-Mail: kontakt@midas.ch
www.midas.ch

Englische Originalausgabe:
»The Museum«, first published in 2021 by Frances Lincoln,
an imprint of The Quarto Group


Printed in China

Die deutsche Nationalbibliothek verzeichnet diese Publikation in der Deutschen Nationalbibliografie; detaillierte bibliografische Daten sind im Internet unter www.dnb.de abrufbar.

# DAS MUSEUM

## Geschichte, Gegenwart und Zukunft

Owen Hopkins

MIDAS

*Links* Der Innenhof (Great Court) des British Museum, London

***Links*** **Void am östlichen Ende des Jüdischen Museums in Berlin, entworfen von Daniel Libeskind**

***Umseitig*** **Wendeltreppe von Giuseppe Moro in den Vatikanischen Museen, Vatikanstadt**

# VORWORT

Museen sind für uns selbstverständlich. Selbst wenn nicht alle frei zugänglich sind, gehen wir davon aus, dass sie zu jeder Zeit da sein werden – ihre Türen niemals geschlossen, ihre Schätze immer unseren Blicken preisgegeben. Dennoch standen in den Jahren 2020 und 2021 Museen auf der ganzen Welt für lange Zeit leer und still, weil sie wie so vieles in unserer Gesellschaft wegen der Covid-19-Pandemie schließen mussten.

Es war zweifellos eine seltsame Zeit, ein Buch über Museen zu schreiben, und dies hat sich ihm unausweichlich eingeprägt. Das Buch spiegelt die Sehnsucht nach Trost und Gemeinschaft wider, die ich wie viele andere auch verspürt habe. Beides, Trost und Gemeinschaft, erleben wir beim Betrachten eines Kunstwerks oder dem Gang durch ein Museum. Dazu gehört ebenso die kritische Distanz, die diese noch nie dagewesene Zeit uns aufzwingt.

Während sich die Gesellschaft wieder öffnet und hoffentlich zu einer gewissen Normalität zurückkehrt, fragen wir uns, welche Aspekte unseres Lebens wieder so wie früher sein werden und welche sich geändert haben. Für Museen waren die unmittelbaren Folgen der Pandemie schlimm. Das Schließen der Türen für Besucher schnitt nicht nur ihre Lebensadern ab, sondern beraubte sie auch ihrer wichtigsten Einnahmequelle. Es kam zu Zwangsurlauben und Entlassungen. Manche Museen schlossen für immer, andere hingen am Tropf der Regierungen (was oft an Forderungen geknüpft war). Durch die Pandemie wurden außerdem einige bereits vorhandene Trends beschleunigt, vor allem der Niedergang der »Blockbuster«-Ausstellung und die Hinwendung zum Digitalen.

Doch auch wenn die Pandemie den Museen eine Krise von unvorhergesehenen Ausmaßen beschert hat, gab es ein weiteres Ereignis, dessen Wirkung noch stärker und weitreichender war.

Am 25. Mai 2020 wurde in Minneapolis, Minnesota, ein 46-jähriger afroamerikanischer Mann namens George Floyd von dem Polizisten Derek Chauvin ermordet. Die Worte »I can't breathe«, die Floyd hervorstieß, während Chauvin auf seinem Hals kniete, wurden zum cri de cœur für Massendemonstrationen und Proteste in den USA, die sich unter dem Banner Black Lives Matter über die ganze westliche Welt verbreiteten.

Was 2013 als Protest gegen Polizeigewalt und Rassismus begonnen hatte, wurde zu einer breiteren Bewegung gegen den systemischen Rassismus der Gesellschaft und der Historien, Institutionen und Strukturen, aus denen sie besteht. Als Schiedsrichter über das, was wir wertschätzen, woran wir uns erinnern und was wir ausschließen, sind Museen mitschuldig. Entsprechend hat die Black-Lives-Matter-Bewegung bei vielen Einrichtungen eine gezielte, wenn auch verspätete Periode des Lernens und Reflektierens eingeleitet.

Doch was passiert nun? Es heißt manchmal, dass Museen der Gesellschaft einen Spiegel vorhalten. Heute reicht es aber nicht mehr, dass Museen die Welt so zeigen, wie sie ist. Indem sie Diversität, Repräsentation und die Gleichheit der Rassen zu ihrer wichtigsten Mission machen, haben sie die Macht und die Pflicht, auf eine Zukunft mit mehr Gleichheit und Integration hinzuarbeiten.

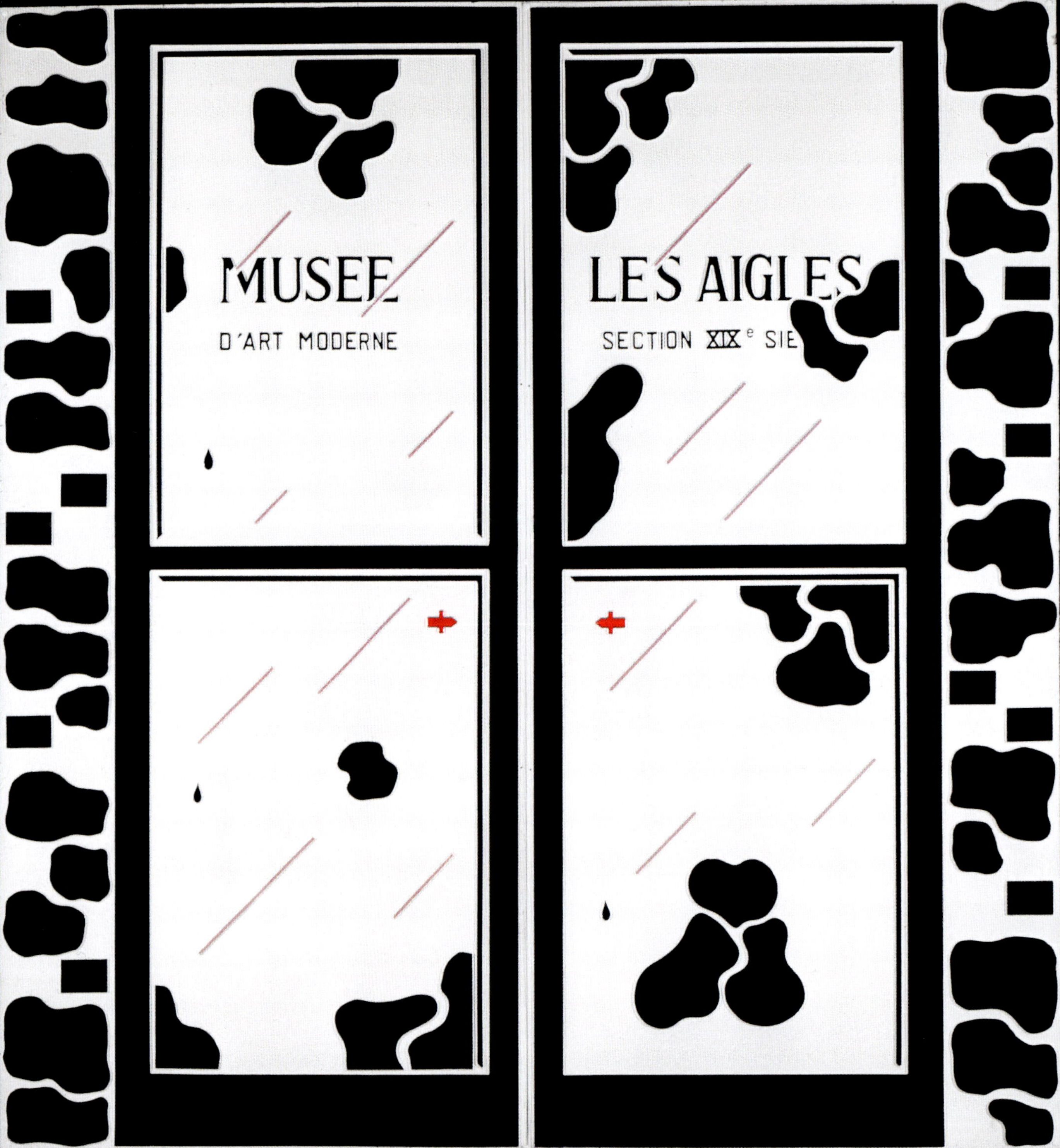
MUSEE
D'ART MODERNE
LES AIGLES
SECTION XIXe SIE

***Links** Les Portes du Musée d'Art Moderne – Les Aigles – Section XIXème Siècle*, **1969 von Marcel Broodthaers**

# EINLEITUNG: DAS ZEITALTER DES MUSEUMS

Im September 1968 verkündete der belgische Künstler und Dichter Marcel Broodthaers die Eröffnung des *Musée d'Art Moderne, Département des Aigles, Section XIXème Siècle* (Museum für Moderne Kunst, Abteilung Adler, 19. Jahrhundert). Ungeachtet seines traditionellen Namens war dies kein vergleichbares Museum. Zunächst einmal befand es sich in Broodthaers' Haus/Atelier in der Rue de la Pépinière in Brüssel. Und zweitens kündigte er die Eröffnung an, als keines der Objekte, die es enthalten sollte, überhaupt existierte. »Die Werke sind in Vorbereitung«, schrieb er, »ihre Vollendung wird das Datum bestimmen, an dem wir hoffen, die Poesie und die bildende Kunst Hand in Hand erstrahlen zu lassen«.[1]

Diese rätselhaften Worte verblüfften die Besucher von Broodthaers' Museum noch mehr, als es am 27. September seine Türen öffnete. Auf den ersten Blick wirkte es, als sei der Aufbau der Kunstwerke noch nicht fertig. Leere Kisten mit den üblichen Anweisungen, »Vorsichtig handhaben« und »Trocken aufbewahren«, standen im Raum herum; an der Wand lehnte eine Leiter, so als wären die Museumstechniker noch bei der Arbeit. Das einzige Zugeständnis an die Besucher, die Kunst aus dem 19. Jahrhundert erwarteten, waren Postkarten mit Bildern französischer Maler wie Jean-Auguste-Dominique Ingres, Jacques-Louis David, Gustave Courbet und Pierre Puvis de Chavannes. Zugleich wurden Dias mit Drucken des Karikaturisten J.J. Grandville an die Wand geworfen.

Besucher, die über die unmittelbare Eigentümlichkeit von Broodthaers' Schöpfung hinaussahen, bemerkten die subtileren Eingriffe des Künstlers. Dazu gehörten die sorgfältige Anbringung von Zahlen an den Türen, wodurch die Zimmer zu Galerien umfunktioniert wurden, und die Worte »musée/museum«, die auf die Fenster gedruckt waren und schon von außen erkennen ließen, dass dies für die Dauer von Broodthaers' Ausstellung kein Haus oder Atelier mehr war, sondern ein Museum.

Ein offener Brief, den Broodthaers zwei Monate nach der Eröffnung schrieb, lieferte eine Art Erklärung für das Projekt, wenngleich auch sie rätselhaft war. Besonders erhellend war die Art, wie er beschrieb, dass die Eröffnung von »führenden Vertretern der Öffentlichkeit und des Militärs« besucht worden war und »die Reden sich um die Beziehung zwischen der institutionellen und der poetischen Gewalt drehten«.[2] Eine kurze Notiz dankte dem Versandunternehmen, dazu kam eine Inventarliste der Abteilung: Kisten, Postkarten, die Projektion und »das eifrige Personal« – d.h. Broodthaers als selbst ernannter Direktor des Museums. Neben dem Eintrag für die Postkarten stand ein einziges Wort: »überbewertet«.

Broodthaers' *Musée d'Art Moderne, Département des Aigles* gilt als bahnbrechendes Werk in der Entwicklung der Installationskunst und spezieller einer Kunstpraxis, die oft als »institutionelle Kritik« beschrieben wird. Broodthaers' Installation der Kisten rückte die normalerweise verborgenen Aspekte des

*Links* Plakate für Marcel Broodthaers' *Section XIXème Siècle* in einer Ausstellung im Martin-Gropius-Bau, Berlin, 1997

*Rechts* The King's Library, Teil der Sammlung der British Library, London

Museumsbetriebs wie Lagerung, Transport und Aufbau der Werke ins Blickfeld. Dadurch enthüllte er, dass Museen, die unveränderlich und ewig wirken, dies ganz und gar nicht sind. Er betonte sogar die Strukturen, die diese Fassade stützen, statt sie zu verstecken. Die Kunst selbst war auf den Status einer Postkarte reduziert, ein billiges Allerweltsding, das dennoch zugleich unauslöschlich mit dem zunehmend kommerzialisierten Erlebnis des Museums verknüpft ist. Und was vielleicht am wichtigsten ist: Indem er das Museum in sein Haus/Atelier holte, räumte er mit der grundsätzlichen Unterscheidung zwischen dem Atelier als Ort der Produktion und dem Museum als Ort der Rezeption, also dem Atelier als das, wo Kultur entsteht, und dem Museum als das, wo sie angeschaut wird, auf.

Der *Section XIXème Siècle* folgten Wiederholungen des Projekts *Musée d'Art Moderne, Département des Aigles* in Antwerpen, Düsseldorf und Köln, darunter einige, die die »aigles« (Adler) aus dem Projekttitel erhielten, bevor es 1972 zur Documenta 5 in Kassel kam. In vielerlei Hinsicht war es ein Projekt seiner Zeit, das aus den Herausforderungen an das Establishment durch die antikapitalistischen Studentenunruhen im Mai 1968 erwuchs. Broodthaers selbst hatte an der Besetzung des Palais des Beaux Arts in Brüssel teilgenommen. Sein Projekt war sozusagen ein Versuch, diese radikale Politik in Kunst zu verwandeln. Dennoch verwies es, vielleicht unfreiwillig, auch auf einige grundsätzliche Wahrheiten über die Macht und den quasi-spirituellen Einfluss, die Museen über uns als Individuen und Gesellschaft haben. Broodthaers gelang es unbestritten, die im Grunde genommen ideologische Basis, auf der Museen operieren, und die Weise, wie bestimmte Orte und Historien anderen vorgezogen werden, zu enthüllen. Doch die prinzipielle Idee des Museums als eines Raumes, in dem Zeit und Raum ineinander fallen, entging dieser Kritik.

## EIN GRUNDPFEILER ZUM VERSTEHEN DER ZIVILISATION

Um deutlicher zu spüren, was Museen als spezielle Art von Institution oder Raum kennzeichnet und warum gerade sie im Fokus von Broodthaers' Kritik standen, sollten wir sie mit anderen Institutionen vergleichen. Als Lagerstätten der menschlichen Bemühungen, des Wissens und der Kreativität kommt die Bibliothek dem Museum am nächsten. Dennoch unterscheiden sich die beiden beträchtlich hinsichtlich der Medien, die sie beherbergen – das Museum kennt heutzutage praktisch keine Grenzen. Außerdem bieten sie unterschiedliche Möglichkeiten für gemeinsame Erfahrungen. Es mögen zwar Hunderte von Menschen gleichzeitig in den Lesesälen einer großen Bibliothek sitzen, doch Bücher werden für gewöhnlich zu einer Zeit nur von einer Person gelesen. Museen hingegen erlauben es, ein Objekt gemeinsam zu erleben, mit Freunden, der Familie und der Gesellschaft insgesamt.

Museen haben hier etwas gemeinsam mit städtischen Räumen wie Parks, öffentlichen Plätzen oder sogar Straßen, Geschäften oder Einkaufszentren. In diesen Räumen ist das Individuum unabhängig, und obwohl etwa Einkaufszentren normalerweise Privatgelände sind und daher Kontrollen und Regeln des Eigentümers unterliegen, ist die Existenz dieser Räume tatsächlich den Kunden geschuldet. Wenn niemand dort einkaufen geht, werden sie geschlossen. Das ist bei Museen ganz eindeutig nicht der Fall. Auch wenn nahezu jedes Museum heute auf die Bedürfnisse und Wünsche der Besucher - vorhandener und potenzieller - ausgerichtet ist, müssen sie die Balance halten zwischen Offenheit bzw. Zugänglichkeit und einer akademischen Genauigkeit, die in dem Wissen fußt, das über die Zeit mithilfe von Forschungen und Studien angehäuft wurde. Wenn wir ein Museum besuchen, dann erwarten wir vor allem, etwas zu lernen. Ein Erlebnis gewinnt aber nur dann eine Bedeutung, wenn wir irgendwie eine Beziehung dazu aufbauen können. Entsprechend obliegt es den Museen auch, als Schiedsrichter über das Wissen aufzutreten, das sie enthalten. Das führt notwendigerweise dazu, dass einige Historien, Kulturen und Objekte gegenüber anderen bevorzugt werden.

In dieser Hinsicht funktionieren Museen fast wie Gerichte. Aber auch hier ähneln sie sich nur teilweise. Gerichte urteilen auf der Grundlage von Gesetzen, die von Parlamenten erlassen werden. Als Orte des Forschens und Lernens schaffen Museen dagegen ständig neues Wissen mit dem Potenzial, die Bedingungen, durch die sie als Schiedsrichter auftreten, zu ändern. Neue Erkenntnisse, ob nun durch bahnbrechende Analysen eines Objekts - etwa mittels neuer Bildverarbeitungstechniken - oder einfach durch neue Einsichten mithilfe traditioneller historischer Studien gewonnen, haben das Potenzial, unsere Sichtweise nicht nur auf das Objekt, sondern auf ganze Kulturen oder Zeiträume vollkommen zu verändern.

Museen teilen zwar einige Aspekte mit einer Vielzahl von Einrichtungen, bilden aber dennoch ihre ganz eigene Kategorie. In gewisser Weise ist es diese hybride Qualität - einerseits eine Sache, andererseits etwas ganz anderes -, die sie tatsächlich als die ultimative, vielleicht sogar wesentliche Institution auszeichnet. Wir können uns z. B. eine Welt ohne Bibliotheken vorstellen, möglicherweise entsteht so eine Welt gerade, aber es ist unmöglich, sich eine Welt ohne Museen zu denken. Sie sind das Fundament, auf dem letztlich unser Verstehen der Zivilisation ruht. Ohne Museen würde die Welt apathisch in einem ewigen Jetzt umherdriften, unfähig, sich irgendeine Zukunft vorzustellen, weil wir unsere Verbindung zur Vergangenheit verloren haben. Gleichzeitig ist es ein Fehler, bei Museen immer nur an die Vergangenheit zu denken; in der Frage, wie wir sehen und was wir zu schätzen wissen, sind sie unausweichlich eine Reflexion der heutigen Gesellschaft.

Der Reiz der Museen liegt in etwas Ursprünglichem tief in uns. Und so haben sie, selbst wenn sie Herausforderungen oder Kritik, etwa durch Projekte wie das von Broodthaers, erfahren mussten, standgehalten und sogar von der Bewusstheit profitiert, mit der sie heute ihre Arbeit verrichten. Auch wenn ihnen scheinbar der intellektuelle und ideologische Teppich unter den Füßen weggezogen wurde, haben sie ihren Einfluss über uns sogar noch verstärkt. 1980 veröffentlichte der Kunsthistoriker und Kritiker Douglas Crimp in der radikalen Zeitschrift *October* den Essay »On the Museum's Ruins« (Über die Trümmer des Museums), in dem er argumentierte, dass die Praktiken der postmodernen Kunst die Grundlage, auf der Museen tätig sind, infragestellten. Kurz gesagt, er postulierte, dass die Hinwendung von Künstlern wie Robert Rauschenberg von »Techniken der *Produktion* (Combines, Assemblagen) zu Techniken der *Reproduktion* (Siebdrucke, Transferzeichnungen)« die »Vorstellungen von Originalität, Authentizität und Präsenz, die entscheidend für den geordneten Diskurs des Museums« seien, unterminiere.[3] Crimp beschloss den Essay mit der »Proklamation«, die Rauschenberg selbst 1970 für das Centennial Certificate des Museum of Modern Art geschrieben hatte, wobei er andeutete, dass der Künstler die Implikationen seines Werks nicht vollständig durchschaut hätte:

> *Treasury of the conscience of man.*
> *Masterworks collected, protected and*
> *celebrated commonly. Timeless in*
> *concept the museum amasses to*
> *concertise a moment of pride*
> *serving to defend the dreams*
> *and ideals apolitically of mankind*
> *aware and responsive to the*
> *changes, needs and complexities*
> *of current life while keeping*
> *history and love alive.*

Es war Rauschenberg, der zuletzt gelacht hat. Heute haben Museen Medien, die durch ihre Reproduzierbarkeit gekennzeichnet sind, vollständig assimiliert: Fotografie, Film und zunehmend digitale Medien und Objekte, die die Vorstellung des »originalen« Objekts grundlegend infrage zu stellen scheinen. Dennoch bleibt der Status des Museums als »zeitlos«, als »Schatzkammer«, wie Rauschenberg es beschreibt, so stark wie eh und je.

***Rechts Centennial Certificate MMA*, 1969 von Robert Rauschenberg**

100 YEARS
TREASURY OF THE CONSCIENCE OF MAN.
MASTERWORKS COLLECTED, PROTECTED AND
CELEBRATED COMMONLY. TIMELESS IN
CONCEPT THE MUSEUM AMASSES TO
CONCERTISE A MOMENT OF PRIDE
SERVING TO DEFEND THE DREAMS
AND IDEALS APOLITICALLY OF MANKIND
AWARE AND RESPONSIVE TO THE
CHANGES NEEDS AND COMPLEXITIES
OF CURRENT LIFE WHILE KEEPING
HISTORY AND LOVE ALIVE. R.R.
Arthur Houghton
ROBERT RAUSCHENBERG CENTENNIAL CERTIFICATE METROPOLITAN MUSEUM OF ART

*Links* **Galerie der Statuen und Halle der Büsten, Vatikanische Museen, Rom**

*Unten* **Chinesisches Nationalmuseum auf der rechten Seite des Tiananmen-Platzes in Peking**

*Rechts* **National Football Museum, Manchester**

## DIE AKTUELLE SITUATION

Die Zahl der Museumsbesucher war, zumindest vor der COVID-19-Pandemie, auf der ganzen Welt auf einem Rekordhoch. 2018 besuchten mehr als 10 Millionen Menschen den Louvre in Paris – drei Viertel davon aus dem Ausland. Andere Museen, wie das Chinesische Nationalmuseum in Peking, das Metropolitan Museum of Art in New York, die Vatikanischen Museen in Rom und das British Museum in London, standen dem kaum nach.[4] Konkurrenz bieten lediglich Themenparks oder die großen natürlichen oder menschengemachten Wunder dieser Welt.

Gleichzeitig sind wir Zeugen eines nie dagewesenen Zuwachses an neuen Museen auf der ganzen Welt, vor allem im Nahen Osten und in China. China, das 1978 nur 349 Museen besaß, hat inzwischen 5.100, womit das Ziel der Regierung, im Jahr 2020 ein Museum pro 250.000 Einwohner zu haben, fast erreicht ist. Das scheint viel zu sein, und das Land hat bereits Probleme, diese Museen mit Sammlungen und Besuchern zu füllen. Dennoch sind es immer noch viel weniger als die 35.000 Museen, die momentan in den USA zu finden sind.[5]

Doch nicht nur die Zahl der Museen auf der Welt und der Menschen, die sie besuchen, hat zugenommen, sondern auch die Vielfalt der Museen selbst – sie widmen sich immer mehr Bereichen der menschlichen Aktivität und sammeln immer unterschiedlichere Objekte. Neben den herkömmlichen Museen auf den Gebieten der bildenden Kunst, Naturwissenschaft, Geschichte oder Antike haben wir nun Fußball-, Marken- und Eismuseen. Es gibt Museen für Erotika, Unterwassermuseen, Museen für Ramen, Spionage und Toiletten. Es gibt sogar ein Museum für Pommes frites. Nennen Sie ein Objekt oder eine Aktivität und es gibt wahrscheinlich ein Museum dafür.

Das Museum hat heute eine Vormachtstellung erreicht, die größer ist als jemals zuvor, sodass es vermutlich nicht übertrieben ist zu behaupten, wir lebten in einem Zeitalter der Museen. Dieses Buch beschreibt, wie wir dorthin gelangt sind. Es schildert die Ursprünge der Museen in den ersten Kollektionen, die vor Jahrhunderten in dem anscheinend unwiderstehlichen Sammeldrang des Menschen zusammengetragen wurden. Es folgt der Entstehung der Vorstellung vom Museum, wie wir es heute auffassen, von der grundlegenden Beziehung zwischen Objekt und Publikum, zwischen Institution und Öffentlichkeit, und zeigt, wie sich diese Idee in verschiedenen Augenblicken und an verschiedenen Orten manifestiert hat. Dazu liefert dieses Buch einen frischen Einblick in die entscheidende Rolle, die Museen heute spielen und wie sich diese Rolle künftig entwickeln könnte.

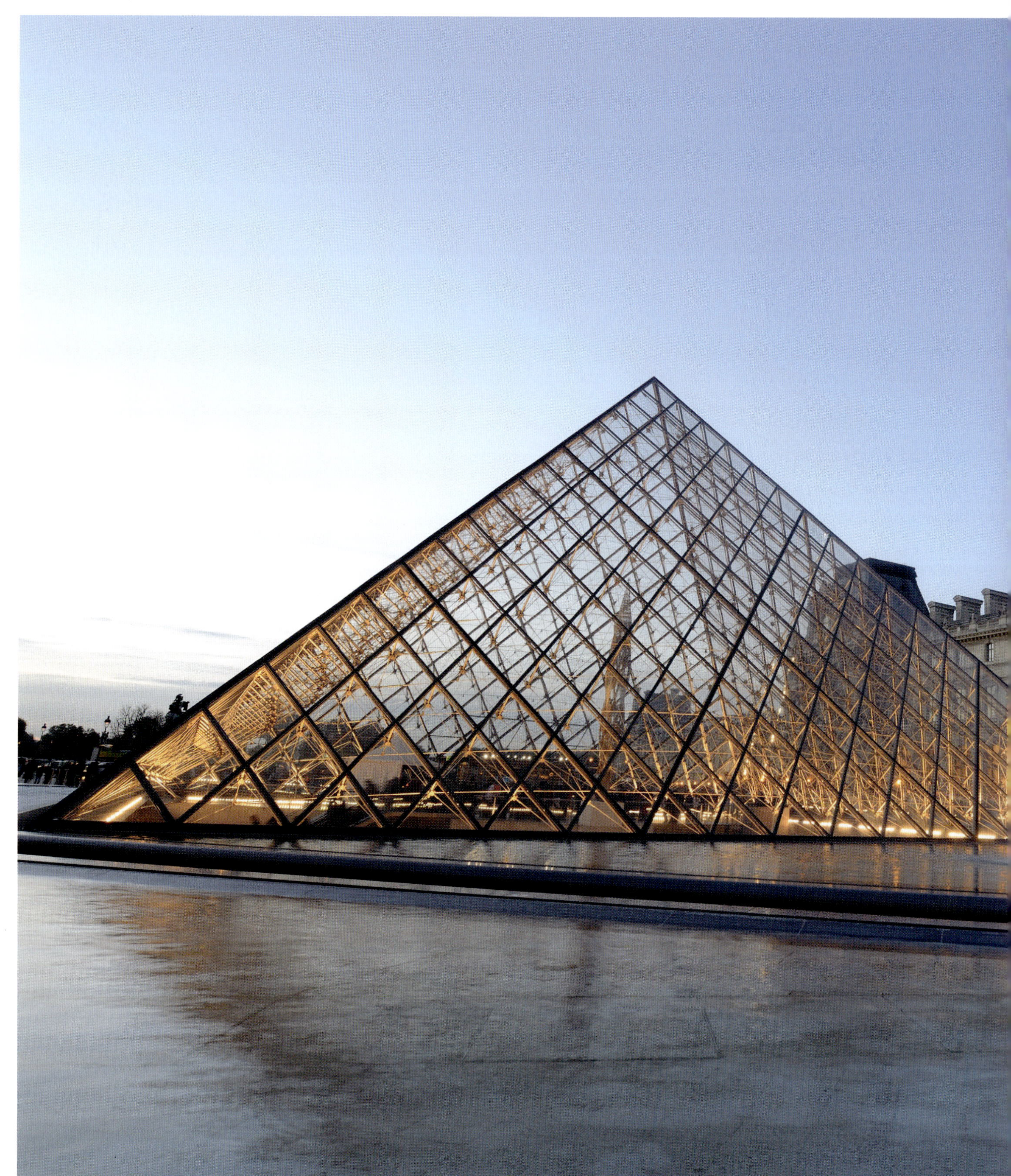

*Links* **Die Louvre-Pyramide, entworfen vom Architekten I.M. Pei, in Paris**

The horse
from Arabia to
Royal Ascot
Shakespeare
staging
the world

*Links oben* **Der Parthenon, Athen**

*Links unten* **Vorplatz und Hauptfassade des British Museum, London, entworfen von Sir Robert Smirke**

*Rechts* **Das Glasdach, entworfen von Foster + Partners, über dem Innenhof und dem Lesesaal des British Museum, London**

## MUSEEN ALS DIE ESSENZ DER ARCHITEKTUR

Dieses Buch handelt von der anhaltenden Faszination des Museums als Idee, aber auch davon, wie diese Idee verwirklicht wird, nicht nur durch seine sich wandelnden Sammlungen, sondern auch in den Gebäuden, die sie aufnehmen. Ein Museum lässt sich kaum von seinem Bau trennen. Oft haben wir das Museumsgebäude vor Augen, bevor wir an die Werke denken, die es beherbergt. I.M. Peis Glaspyramide hat für den Louvre als Institution gewiss einen höheren Symbolgehalt als selbst die *Mona Lisa*. Schließlich werden Museumsbauten meist sowohl speziell als Behältnisse für die Sammlung des Museums als auch – ebenso wichtig – als symbolische Zusammenfassung seines Inhalts und der Mission, Bedeutung und Identität der Institution als Ganzes entworfen.

Nehmen wir ein offensichtliches Beispiel. Der wunderbare klassizistische, speziell griechisch inspirierte Bau, den Sir Robert Smirke für das Londoner British Museum entworfen hat, spiegelt nicht nur den Architekturgeschmack der ersten Jahrzehnte des 19. Jahrhunderts, sondern auch die Vorrangstellung des antiken Griechenlands als Ursprung der westlichen Zivilisation und Großbritanniens als seines ultimativen kulturellen Erben. Heute würden nur wenige Besucher das Gebäude in diesem Sinne verstehen. Stattdessen sehen die meisten seine klassische Pracht als Reflexion seines geweihten Inhalts und einer altehrwürdigen Institution. Zweifellos war es neben den funktionellen Überlegungen der Wunsch nach einem Wandel der Wahrnehmung, der das Museum veranlasste, im Jahr 2000 den Architekten Norman Foster zu beauftragen, den Innenhof mit einem futuristischen Glasdach zu versehen.

Die Idee von Architektur, wie wir sie heute verstehen, reicht viel weiter zurück als das Museum. Dennoch ist einer der reizvollsten Aspekte von Museumsbauten, dass sie trotz der unermesslichen Vielfalt ihrer Formen als eindeutiger Gebäudetyp die Idee der Architektur in ihrem grundsätzlichen Wesen verkörpern. Wenn es bei Architektur in ihrer Essenz um Eingrenzung und Umfassung geht, um das Festlegen eines Unterschieds zwischen Drinnen und Draußen und um das Ritualisieren des Übergangs zwischen beiden, dann bilden Museen die Essenz der Architektur.

Geht man in ein Museum, dann scheint man eine andere Welt zu betreten. Natürlich gelten weiterhin die Grundregeln unserer eigenen Welt – die Schwerkraft existiert und die Gesetze des Landes gelten immer noch, zusätzlich zu den Regeln des Museums selbst. Andere Aspekte sind dagegen ganz anders. Politik und die Geschichte der Machtbeziehungen existieren, doch das Museum steht in gewisser Weise außerhalb davon. Wir sehen Materialien – Stein, Metall oder Holz –, die in Dinge von solcher Komplexität und Kunstfertigkeit verwandelt wurden, dass sie schier unvollstellbar scheinen. Wir sind Zeugen der Überreste von Millionen Jahre alten Kreaturen, von Kunstwerken mit der

Macht, uns zu provozieren, und von Objekten fremder und ferner Kulturen, die scheinbar keine Verbindung zu uns haben, aber dennoch durch das Band der menschlichen Kreativität und Empathie vereint sind, das sich durch die Zeiten erstreckt. Und vor allem ist das Museum ein Raum, an dem diese Objekte Seite an Seite existieren, wo die normalen Regeln von Zeit und Raum zeitweise außer Kraft gesetzt sind. Museen unterscheiden sich von der Außenwelt; sie sind das archetypische Beispiel für das, was der französische Philosoph Michel Foucault »Heterotopie« nannte – ein Raum, der sowohl wirklich als auch unwirklich ist, der die Welt in einem Mikrokosmos widerspiegelt – was das Museum schafft, indem es Objekte aus verschiedenen Zeiten und Orten nebeneinanderstellt und sie als Gesamtheit und mit einer Ehrfurcht präsentiert, die an Anbetung grenzt. Die Schwelle zu überschreiten und ein Museum zu betreten, ist also eine ritualistische, sogar quasispirituelle Handlung.

Wir können die Beziehung zwischen Museum und Architektur noch genauer ausloten, indem wir uns zwei wortwörtlich parallele Beispiele anschauen: den Parthenon und das Akropolismuseum. Der Parthenon, der große Tempel des klassischen Athen, erhebt sich auf der Akropolis über die Stadt. Erbaut Mitte des 5. Jahrhunderts v. Chr., war er der Göttin Athena geweiht, der Schutzgöttin Athens, und enthielt eine große, goldene Statue mit ihrem Abbild, die Phidias, einer der größten Bildhauer seiner Zeit, gefertigt hatte. Phidias beaufsichtigte auch die Herstellung der Skulpturen für die Ziergiebel, die Metopen und – am berühmtesten – den Fries des Parthenon, der eine idealisierte panathenäische Prozession durch Athen zeigte. Die meisten dieser Skulpturen befinden sich heute im British Museum. Um es technisch auszudrücken: Das Parthenon-Gebäude selbst ist ein Beispiel für einen achtsäuligen dorischen Peripteraltempel – an den beiden Enden stehen jeweils acht Säulen (und an den Seiten jeweils 17), er ist an allen Seiten von Säulen dorischer Ordnung umgeben, die sich durch ihre dicken, kannelierten Säulen, runden Kapitelle und die zurückhaltende Dekoration auszeichnen.

Entscheidend am Parthenon ist, abgesehen von seiner Größe und spektakulären Lage, seine perfekte Einheit aus Architektur und Kunst: Der umfassende und bewegende Naturalismus seiner Skulpturen, in starkem Gegensatz zu den eher starren Darstellungen der vorhergehenden Generation; und die Ordnung und Harmonie des Gebäudes, die sich nicht nur aus der Gesamtkomposition ergeben, sondern auch aus der zarten Wölbung seiner Basis und der leichten Verdickung und unregelmäßigen Anordnung seiner Säulen und anderer optischer Verbesserungen, die ihn gefällig erscheinen lassen. In all diesem steht er für den Inbegriff der Architektur als Synthese aus Natur und menschlichem Erfindungsgeist. Seine Bedeutung ist aber nicht nur rein kulturell. Der Parthenon, der auf dem Höhepunkt der athenischen Demokratie gebaut wurde, ist mit seinen klassischen Werten der Ordnung, Harmonie und Reinheit eng verknüpft mit den demokratischen

***Ganz links*** **Der französische Philosoph Michel Foucault (1926–1984)**

***Links*** **Der große griechische Bildhauer des 5. Jahrhunderts, Phidias**

***Rechts*** **Nachbildung der goldenen Statue der Athena Parthenos im originalgroßen Nachbau des Parthenon in Nashville**

*Links* **Akropolismuseum in Athen, entworfen von Bernard Tschumi**

*Rechts oben* **Das Innere des Akropolismuseums**

*Rechts unten* **Der französisch-schweizerische Architekt Bernard Tschumi (geb. 1944)**

Idealen und Werten und kennzeichnet als solches die Geburt nicht nur der klassischen Kultur, sondern der westlichen Zivilisation selbst.

Angesichts dessen scheint es fast zu viel verlangt, noch mehr kulturelles Gewicht auf ihm abzuladen. Man kann hier jedoch kaum die Anfänge einer weiteren Geschichte übersehen, einer, die speziell von den Museen erzählt. Im einfachsten Sinne war der Parthenon genau wie ein Museum dafür gedacht, ein Objekt aufzunehmen und zu ehren – die goldene Statue der Athena. Neben ihrer offensichtlichen religiösen Funktion und ihrer Verbindung zum Göttlichen besaß diese Statue einen materiellen Wert – wegen ihres Goldes – und einen Wert als Kunstwerk. Rund um diese Statue – und andere wertvolle Objekte im Parthenon – gab es eine ganze Reihe an Protokollen und Ritualen, die bestimmten, wer eintreten durfte und wann das geschah. In der Praxis beschränkte sich der Zutritt auf Priester als Hüter – oder in musealer Begrifflichkeit: als frühe Kuratoren – und wenige Auserwählte. Aber natürlich war der Parthenon nicht einfach nur ein Gehäuse. Ganz offensichtlich sollte er aus der Nähe und aus der Ferne gesehen werden und vor allem eine physische Verkörperung dessen bilden, was er enthielt. Architektur und Kunst sind in ihrer Verbindung im Parthenon ein und dasselbe.

Wenn der Parthenon reine Architektur ist, wie Le Corbusier, der Hohepriester der modernen Architektur, es sah, können wir ihn auch als reinsten, wesentlichsten Inbegriff der Idee des Museums betrachten – als Synthese aus Gebäude und Objekten, aus Architektur und Kultur. Heute wird der Parthenon durch ein tatsächliches Museum ergänzt: das Akropolismuseum südlich des Parthenon an der Basis der Akropolis. Die Idee für ein neues, der Kunst, Architektur und Archäologie der Akropolis gewidmetes Museum reicht in die späten 1970er Jahre zurück, als es nötig wurde, den Vorgängerbau aus dem 19. Jahrhundert zu ersetzen. Allerdings sorgten die damals angespannte politische Lage sowie die Problematik, ein ausreichend großes Museum so nahe an der Akropolis und vor allem auf dem Gelände einer byzantinischen Siedlung bauen zu müssen, für viele Verzögerungen. Das aktuelle Museum, das vom französisch-schweizerischen Architekten Bernard Tschumi entworfen wurde, öffnete schließlich im Jahre 2009.

Am Ende wurde es über den ausgegrabenen byzantinischen Ruinen errichtet, die unter den Glasgängen im Eingangsbereich sichtbar sind. Das Museum selbst hat die Form einer »architektonischen Promenade« oder eines Prozessionswegs über drei Ebenen – und spiegelt damit gewissermaßen wider, dass es neben dem antiken Prozessionsweg auf die Akropolis und zum Parthenon auf deren Gipfel liegt. Besucher werden durch aufeinanderfolgende Ebenen der Geschichte geführt. Es beginnt mit den archäologischen Ausgrabungen an den Hängen der Akropolis, wo sich der Übergang vom Alltagsleben der Stadt zur heiligen Stätte vollzog, setzt sich nach oben fort und zieht sich um die Galerien, die sich der archaischen Periode widmen. Hier sind bildnerische und architektonische Fragmente der Vorgängertempel des Parthenon zu sehen, vor allem jener, die bei der Plünderung Athens durch die Armeen des persischen Königs Xerxes I. im Jahre 480 v. Chr. zerstört wurden. Der Weg macht dann kehrt, wenn die Besucher die dritte Etage und die Parthenon-Galerie erreichen, auf der die wenigen Originalskulpturen zu sehen sind, die in Athen verblieben sind – Gipsabdrücke ersetzen die vielen, die sich heute anderswo befindet.

Als Gebäude ist das Akropolismuseum ein Beispiel für den Balanceakt zwischen mehreren, oft konkurrierenden Anforderungen: zwischen dem Bedürfnis, eine komplexe Geschichte verständlich zu erzählen, und dem Wunsch, die Objekte für sich sprechen zu lassen; den Erfordernissen des Massentourismus des 21. Jahrhunderts und dabei dennoch eine Verbindung zu den Besonderheiten des Standorts zu bewahren; eines notwendigerweise großen architektonischen Eingriffs in direkter Nähe zu den berühmtesten Gebäuden der antiken Welt; und schließlich zwischen Kultur, Geschichte und Politik. Es erreicht dies durch verschiedene Mittel. Die Analogie zwischen dem Weg des Besuchers durch das Museum und dem uralten Aufstieg auf die Akropolis existiert nicht nur auf räumliche, aber abstrakte Art, sondern wird durch die Öffnungen in den Wänden des Gebäudes verstärkt, die das Erlebnis im Inneren mit der Umgebung verbinden. Gleichzeitig sorgt das natürliche Licht, in das viele der ausgestellten Objekte getaucht sind, dafür, dass sie niemals fest oder statisch wirken, obwohl sie nun – konzeptionell und körperlich – in einem ganz anderen Umfeld existieren. Der geometrische Aufbau des Museums wiederum orientiert sich an der Akropolis selbst – die Parthenon-Galerie entspricht in Größe und Ausrichtung exakt dem Parthenon, der von der verglasten Nordwand als Panorama sichtbar ist.

Es gibt nur wenige Museen, die so eng mit dem Ort verbunden sind, dem sie sich widmen. Das Beispiel des Akropolismuseums und des Parthenons, als Museum und Protomuseum, als Objekt und sein Bezugspunkt, ist faszinierend, weil es so deutlich auf die grundlegenden Beziehungen – und oft auch Spannungen – zwischen dem Gebäude und der Sammlung verweist, die allen Museen innewohnen. In erster Linie gibt es diese entscheidende Beziehung zwischen einem Objekt oder einer Gruppe von Objekten und dem Umfeld, in dem sie ausgestellt werden. Sollte etwa ein Objekt in einem »weißen Würfel« existieren, der bewusst keinen Kontext zeigt, um so viel Aufmerksamkeit wie möglich auf das Objekt zu lenken? Oder sollte das Umfeld versuchen, etwas aus der Zeit und dem Ort wiederherzustellen, in der bzw. dem Objekte geschaffen oder benutzt wurden? Das Akropolismuseum schafft beides: moderne Galerieräume, die eng mit den originalen Umständen der Objekte verknüpft sind, die sie enthalten. Vermutlich hat das jedoch mit der räumlichen Nähe zu diesen originalen

***Rechts* Der Charles Engelhard Court im American Wing (amerikanischen Flügel) des Metropolitan Museum of Art, New York**

*Links oben* **Eine der griechischen und römischen Galerien im Metropolitan Museum of Art, New York**

*Links unten* **Der Ägyptische Tempel von Dendur im Sackler Wing des Metropolitan Museum of Art, New York**

*Rechts* **Gallery 354 mit der Kwoma-Decke im Abschnitt Kunst Afrikas, Ozeaniens, Süd-, Mittel- und Nordamerikas des Metropolitan Museum of Art, New York**

Umständen zu tun. Ungeachtet der Sichtlinien zur Akropolis ist fraglich, ob der Überfluss an Säulen im Gebäude an anderer Stelle so effektiv wäre und nicht vielleicht sogar ein bisschen erzwungen wirken würde.

Jenseits des unmittelbaren Umfelds eines Objekts muss gefragt werden, wie Objekte und Sammlungen gruppiert und kategorisiert werden und wie sich das räumlich auswirkt. Die meisten sogenannten enzyklopädischen Museen, wie der Louvre, das British Museum oder das Metropolitan Museum of Art, gruppieren ihre Sammlungen nach Zeitraum und nationaler Schule, sei es Altägyptisch, Griechisch und Römisch, italienische Renaissance oder französische Malerei des 19. Jahrhunderts. Das hat den offensichtlichen Vorteil, dass Objekte nebeneinander platziert werden, die zur gleichen Zeit und am gleichen Ort entstanden sind, und spiegelt genau die Verteilung des Wissens und der Expertise der Kuratoren und der breiteren akademischen Welt wider. Allerdings führt diese Art der Kategorisierung zu einer Zersplitterung unseres Erlebens der Sammlungen von Museen durch buchstäblich getrennte Galerien oder Ausstellungsräume. Das kann dazu führen, dass bestimmte Augenblicke oder Orte als singuläre Momente der Kreativität isoliert werden, und das auf Kosten der Verknüpfungen, Verbindungen und Parallelen, die fast immer existiert haben. Und natürlich haben diese Akte des Gruppierens oder Kategorisierens, die immer Ausschlüsse ebenso wie Eingliederungen erfordern, auch politische Dimensionen, die in der heutigen Gesellschaft zunehmend kontrovers diskutiert werden, vor allem, wenn es um die Frage der Rückgabe geht.

Einer der ältesten Streitpunkte in dieser Beziehung betrifft die eventuelle Rückgabe der Parthenon-Skulpturen an Griechenland. Es gibt auf der einen Seite solche, die glauben, dass die Skulpturen eigentlich – kulturell und vielleicht sogar rechtlich gesehen – nach Athen gehören und es nun, wo es sogar ein passendes neues Museum gibt (in dem tatsächlich nur die Abgüsse durch die Originale ersetzt werden müssten) kein Grund mehr besteht, sie nicht zurückzugeben. Auf der anderen Seite stehen die, die argumentieren, dass die Parthenon-Skulpturen bei einer Aufstellung in Athen in die Geschichte einer eindeutig griechischen Nationalidentität eingebaut werden würden, während sie im British Museum einen Platz in der Geschichte der westlichen Kultur und Zivilisation einnehmen. Man könnte nun gleichermaßen das Wertesystem hinterfragen, dass die Vorstellung von einer spezifisch »westlichen« Kultur vertritt, und untersuchen, inwieweit dieses im Laufe der Geschichte und – wie immer mehr diskutiert wird – heute noch andere Kulturen gesellschaftlich und ethnisch ausschließt.

Auf diese Fragen gibt es sicher keine einfachen Antworten und bestimmt auch keine eindeutige Vorstellung, was progressive oder konservative Sichtweisen ausmachen. Entsprechend existiert keine universell anwendbare Theorie oder Herangehensweise. Allerdings ist diese Fähigkeit, nicht nur als Lager für Objekte zu dienen, sondern als Orte oder sogar Vorreiter für Debatten und Streitfragen, nicht etwa ein Defizit in der Idee vom Museum, sondern entscheidend dafür, dass Museen integrale Bestandteile unserer Kultur, Politik und kollektiven Identität sind. Museen erlauben es uns, als Gesellschaft zusammenzukommen und darüber nachzudenken, woher wir kommen und welche Art von Gesellschaft wir heute sein wollen. Sie enthalten vielleicht Objekte aus der Vergangenheit, vor allem aber geht es in ihnen um die Zukunft.

***Links*** **Druck aus dem 19. Jahrhundert von »The Crystal Palace in Hyde Park for the Grand International Exhibition of 1851«**

***Rechts*** **Gebäude der Smithsonian Institution, das sogenannte Castle, in Washington, DC, entworfen von James Renwick Jr. und fertiggestellt 1855**

## DIE GESCHICHTE DES MUSEUMS

Dieses Buch besteht aus sechs Kapiteln, die mehr oder minder chronologisch vorgehen. Zuerst werden die Ursprünge des Museums als kulturelles Phänomen sowie als spezifischen Ort untersucht. Wie das erste Kapitel zeigt, begann alles mit der »fürstlichen Sammlung«, das heißt, Kollektionen von Gemälden und Skulpturen, die - beginnend mit der Renaissance und bis ins 17. und 18. Jahrhundert - von Adel und Königshäusern in ganz Europa zusammengetragen wurden. Auch wenn diese frühen Sammlungen sowohl in Umfang als auch in künstlerischem Fokus ganz verschieden waren, lag die Motivation für ihre Erschaffung meist im Drang ihrer Urheber, sich selbst und ihren Hof als gelehrt und aufgeklärt zu präsentieren. Bis auf Ausnahmen war der Zugang zu diesen Sammlungen auf die Elite beschränkt sowie auf Personen, die damit beeindruckt werden sollten. Im 18. Jahrhundert entstand mit dem Aufkommen der *Wunderkammern* die Idee, diese Sammlungen für größere gesellschaftliche Gruppen zu öffnen. Diese enthielten nicht nur Kunstwerke, sondern alle möglichen Objekte, von naturhistorischen Exemplaren bis zu religiösen oder kultischen Artefakten und allem, was dazwischen liegt.

Aus diesen zwei Prototypen erwuchsen die ersten Museen, wie wir sie heute verstehen würden. Diese frühen Museen - das Thema des zweiten Kapitels - waren typische Produkte der Aufklärung, der philosophischen Bewegung, die ab dem 18. Jahrhundert die Vernunft und das Handeln des Individuums über Fügsamkeit und Tradition stellte. Wie die Aufklärung selbst, deren philosophische Wurzeln bis in das 17. Jahrhundert zurückreichten, entstanden auch die ersten Museen, wie das Ashmolean in Oxford, in diesem Jahrhundert - sie hatten ihren Ursprung in den Sammlungen der sogenannten Naturwissenschaftlichen Revolution, die etwa in der Mitte des 17. Jahrhunderts stattfand. Unabhängig von seinen intellektuellen Ursprüngen verfing sich das Museum der Aufklärung schon bald in der Geschichte der Weltreiche und des Kolonialismus: Wenn seine Objekte keine Kriegsbeute waren, dann gehörten sie zumindest zu den Früchten der Eroberungen und Kolonisierungen und waren ein Ausdruck der zunehmenden kulturellen, politischen und wirtschaftlichen Dominanz der westlichen Mächte auf der ganzen Welt.

Das dritte Kapitel untersucht die Zunahme von Museen im 19. Jahrhundert. Was diese Generation von Museen von ihren Vorgängern unterschied, war das Prinzip, dass sie nicht nur Lager zum Organisieren und Kategorisieren der Welt mithilfe von Objekten waren, sondern aktiv beim Unterrichten der Öffentlichkeit helfen sollten. Dieses Ethos führte direkt zur Gründung vieler der Institutionen, die den Museumsbezirk im Londoner Stadtteil South Kensington bilden und ein Erbe der Great Exhibition von 1851 darstellen. Es führte außerdem zur Gründung so

*Links oben* **Rijksmuseum in Amsterdam, entworfen von Pierre Cuypers und eröffnet 1885**

*Links unten* **Der Garden Court der Frick Collection, New York City**

*Rechts oben* **Eingang des Nationalmuseums für westliche Kunst, Ueno Park, Tokio. Das Gebäude wurde von Le Corbusier entworfen und 1959 eröffnet.**

*Rechts unten* **Neue Nationalgalerie, Berlin, entworfen von Mies van der Rohe und eröffnet 1968**

unterschiedlicher Museen wie der Smithsonian Institution und des Metropolitan Museum of Art in den USA und des Rijksmuseum in den Niederlanden. Gegen Ende des Jahrhunderts veranlasste die Vorstellung, dass Museen ein positives Bild in der Öffentlichkeit bieten, reiche Industrielle - oder Räuberbarone, wie man sie wegen ihrer Skrupellosigkeit nannte - dazu, Museen einzurichten, um ihre Privatsammlungen auszustellen und ihr Ansehen aufzupolieren. Die berühmteste davon ist zweifellos die Frick Collection in New York, die der Industrielle Henry Clay Frick in seinem früheren Domizil in der Fifth Avenue am Central Park zusammengetragen hatte.

Fricks Geld stammte zwar aus der Industrie, doch in dem Typ seiner Sammelobjekte - fast nur Alte Meister - und der Art, wie er sie in Räumen und Galerien mit einem ausgesprochen traditionellen Sinn für Grandeur präsentierte, deutete kaum etwas auf die umfassenden Änderungen hin, die durch die industrielle Revolution über die Gesellschaft hereingebrochen waren. Die kulturelle Bewegung der Moderne versuchte, diese Veränderungen in neuen Formen von Kunst, Architektur, Gestaltung oder Literatur zu bewältigen. Das Moderne Museum - Schwerpunkt des vierten Kapitels - definierte sich zumindest anfangs durch neue Präsentationsformen: Objekte wurden völlig ohne Kontext ausgestellt, sodass die ganze Aufmerksamkeit dem Werk an sich galt. Dies führte zur Entwicklung der »White Cube«-Galerien, eines Prinzips, das bis heute vorherrscht.

Ab den 1920er und 1930er Jahren entstanden neue Museen und neue Formen der Museumsarchitektur, die diese bahnbrechenden kulturellen Veränderungen sowohl bei dem, was, als auch bei dem, wie es gezeigt wird, symbolisieren sollten. Die wichtigsten frühen Beispiele waren das Museum of Modern Art (MoMA) und das Solomon R. Guggenheim, beide in New York, entworfen von Philip L. Goodwin und Edward Durell Stone bzw. Frank Lloyd Wright. In beiden Fällen vermittelte der moderne Stil der Gebäude die neuen kulturellen Paradigmen, die in Ausstellungsstücken verkörpert sind. Dieser Trend setzte sich nach dem Zweiten Weltkrieg fort, als moderne Architekten zu neuen Formen der Museumsarchitektur fanden, etwa in Le Corbusiers Nationalmuseum für westliche Kunst in Tokio, Mies van der Rohes Neuer Nationalgalerie in Berlin und Louis Kahns Kimbell Art Museum in Fort Worth, Texas. Mit ihrem epochemachenden Centre Georges Pompidou in Paris führten die Architekten Richard Rogers und Renzo Piano die Idee des modernen Museums zu ihrem radikalen Abschluss.

Seit den 1990er Jahren leben wir in der Ära des globalen Museums. Museen aller Art - enzyklopädisch, zum Gedächtnis, für bestimmte Kategorien von Objekten und Aktivitäten - breiten sich über den Globus aus. Im Mittelpunkt dieses Phänomens steht die Tatsache, dass das Museumsgebäude in vielen Fällen seine Sammlung überstrahlt. Eingeläutet wurde dieser Trend in gewissem Sinne durch Frank Gehrys Guggenheim-Museum im

*Rechts* **Solomon R. Guggenheim Museum, New York, entworfen von Frank Lloyd Wright und eröffnet 1959**

ONE WAY
MUSEUM
SOLOMON R GUGGENHEIM
ICECREAM

spanischen Bilbao – eine glänzende Masse aus einander überschneidenden aluminiumverkleideten Kurven und Flächen, die bei ihrer Eröffnung 1997 sofort zu einer Sensation wurde. Es entstand die Idee von Museen als architektonischen »Ikonen« – Gebäuden, deren eindrucksvolle Formen als Symbol für die Stadt, die Region oder sogar das Land dienen können, in denen sie sich befinden. Beispiele für diese Strategie findet man in vielen verschiedenen Gestalten, von relativ kleinen Museen, wie dem von David Chipperfield entworfenen The Hepworth Wakefield in Großbritannien, das dazu beitragen sollte, einer notleidenden Stadt in Yorkshire wieder auf die Beine zu helfen, bis zu den Museen, die in den letzten zwei Jahrzehnten in den Golfstaaten gegründet wurden. Eines der neuesten ist das Nationalmuseum von Katar, eröffnet 2019 nach den Entwürfen des französischen Architekten Jean Nouvel. Es kombiniert Anleihen an die traditionelle Beduinenarchitektur mit der Größe, Opulenz und scheinbar schwerelosen Ingenieurskunst, die man mit den sogenannten »Starchitekten« verbindet, um der Welt ein neues nationales Image zu präsentieren. Das Kapitel über die globalen Museen erkundet die Ursprünge dieses Phänomens, zeichnet seine verschiedenen Ausprägungen nach und untersucht seine Auswirkungen auf die Idee des Museums.

Das Buch schließt mit einer Diskussion über die Zukunft des Museums und die Herausforderungen in der Gesellschaft des 21. Jahrhunderts, ob nun durch Identitätspolitik, Streit um die Darstellung von Minderheiten oder die Dekolonialisierung ihrer Sammlungen und wie diese sich angesichts der neuen politischen und kulturellen Realitäten entwickeln müssen. Gleichzeitig drohen Innovationen, von 3D-Druck bis virtueller Realität und rein digitalen Objekten, die materielle und ideologische Grundlage zu verschieben, auf der Museen agieren. Auf dem Spiel steht nichts weniger als die Vorstellung vom Museum als öffentlicher Institution. Für diese Herausforderung sind Museen ideal gerüstet. Seit ihrem Beginn stehen sie für die Summe der menschlichen Bemühungen, aber auch als Plattform für das nächste Stadium der Kultur. Jedes Museum hat seine eigene Geschichte, und auch die Idee des Museums an sich hat eine Geschichte – und darum geht es in diesem Buch. Wie die folgenden Kapitel zeigen werden, sind Museen durch ihre Zeitlosigkeit definiert, also dadurch, wie sie sowohl innerhalb als auch außerhalb der Geschichte stehen. Der türkische Nobelpreisgewinner Orhan Pamuk schrieb in seinem Buch *Das Museum der Unschuld* (2008): »In mit Liebe zusammengestellten, poetischen Museen werden wir nicht dadurch getröstet, das wir geliebte alte Dinge sehen, sondern durch ebendiese Zeitlosigkeit.«[6]

***Links*** **Guggenheim Museum, Bilbao, entworfen von Frank O. Gehry und eröffnet 1997**

***Rechts oben*** **The Hepworth Wakefield, entworfen von David Chipperfield Architects und eröffnet 2011**

***Rechts unten*** **Nationalmuseum von Katar, Doha, Katar, entworfen von Jean Nouvel und eröffnet 2019**

MUSEI
WORMIANI
HISTORIA
LUGD · BATAVORUM
EX OFFICINA ELSEVIRIANA
1655
COCHLEA
TURBINATA
CONCHILIA
MARIANA
ANIMALIUM PARTES
CONCHILIATA
VARIA
LIGNA
SALIA
RADICES

*Links* Titelbild des *Museum Wormianum* von Ole Worm, erstmals veröffentlicht 1655

*Rechts* Stich von Ole Worm (1588-1654)

# 1. DIE URSPRÜNGE

> *Betreffend der Ausstellung der Merkwürdigkeiten in meinem Museum, ich habe es noch nicht fertiggestellt. Ich habe auf meinen Reisen ins Ausland verschiedene Dinge gesammelt, und aus Indien und anderen sehr fernen Orten sind mir verschiedene Dinge gebracht worden: Proben von Erde, Steinen, Metallen, Pflanzen, Fischen, Vögeln und Landtieren, die ich wohl bewahre mit dem Ziel, neben einer kurzen Darstellung der Geschichte der verschiedenen Dinge, diese meinem Publikum selbst zu zeigen, damit sie sie mit eigenen Händen zu berühren und mit eigenen Augen zu sehen vermögen, um selbst zu urteilen, wie das, was gesagt wird, zu den Dingen passt, und ein vertrautes Wissen von diesen allen erwerben zu können.*[1]

Abgesehen von der etwas archaischen Syntax beschreiben diese Worte ganz gut die Aktivitäten des Sammelns, Ausstellens und Erweiterns des öffentlichen Verständnisses, das die Arbeit von Museen heute charakterisiert. Niedergeschrieben wurden sie vor fast 400 Jahren von dem namhaften dänischen Sammler, Gelehrten und Arzt Ole Worm in einem Brief an einen seiner regelmäßigen Korrespondenten. Worms Museum Wormianum, wie er es manchmal nannte, kann von sich behaupten, der Institution des Museums im modernen Sinne am nächsten gekommen zu sein – und ist ein guter Startpunkt für diesen Ausflug in die Ursprünge des Museums.

Was Worm erschaffen hatte, war zwar sicher neu, aber nicht ohne Vorbild – und er selbst war alles andere als einzigartig. Worms Museum war ein Beispiel für ein *Kuriositätenkabinett* oder eine *Wunderkammer*, deren Ursprünge im vorhergehenden Jahrhundert liegen. Dabei handelte es sich um besondere Räume, in denen Sammler ihre Kollektionen aufbewahrten, die alles mögliche enthielten, von Proben aus der Natur und Kunstwerken bis zu Dingen, die auch heute noch seltsam anmuten, wie eigenartige Konstruktionen und Objekte kultischer oder mystischer Art. Diese Sammlungen wurden von *Virtuosi* zusammengetragen – gelehrten und neugierigen Männern mit den Mitteln und Möglichkeiten, verschiedene Exemplare und Artefakte zu erwerben. Dies konnten Fürsten und Adlige sein, aber auch Menschen niedrigeren gesellschaftlichen Ranges wie Worm, der aus intellektuellem Interesse sammelte.

Worm wurde 1588 in der dänischen Stadt Aarhus geboren. Der Sohn des dortigen Bürgermeisters besuchte das Gymnasium, bevor er nach Deutschland geschickt wurde, wo er unter anderem Theologie in Marburg studierte. Anschließend reiste er durch Europa und besuchte Städte im heutigen Deutschland, in Österreich, den Niederlanden und Italien. Worms Reisen als junger Mann waren eine frühe Version der Grand Tour des 18. Jahrhunderts. Dabei bereisten die Söhne des Adels und der Wohlhabenden Europa, um ihre Ausbildung zu vervollkommnen und ihre Freiheit zu genießen, bevor sie zu ihren Pflichten nach Hause zurückkehrten. Worms Reise schien sich jedoch vollkommen auf das Studieren zu konzentrieren – er erwarb 1611 an der Universität Basel einen Doktor der Medizin, bevor er einige Zeit in London verbrachte.

Wieder in Dänemark setzte er seine Studien an der Universität Kopenhagen fort, wo er dann auch sein Museum einrichtete. Anfangs bestand es hauptsächlich aus den ganz verschiedenen Objekten, die er bei seinen Reisen erworben hatte. Bald schon ergänzte er dies jedoch durch Dinge, die durch ein umfassendes Netzwerk aus Kontakten und Korrespondenten aus ganz Europa zu ihm kamen. Dieser Aspekt unterscheidet sein Museum von denen, die es vor ihm gab.

Worm gehörte zu einer neuen Generation von Gelehrten, die im Laufe des 17. Jahrhunderts in Europa entstand. Ihr Einfluss und ihre Bedeutung beruhten nicht auf der Ehrerbietung und dem Ansehen des Monarchen oder des Adels und auch nicht auf der spirituellen Autorität der Kirche wie im Mittelalter. Stattdessen ergab sich ihr eindeutig modernes Wirken aus ihren intellektuellen Bemühungen und ihrem Wunsch, die Welt aus erster Hand zu sehen und zu verstehen. Gelehrte, die mithilfe ihrer Korrespondenz ihr Wissen und ihre Forschungen mit anderen in ganz Europa teilten, überschritten damit politische und geografische Grenzen.

Dieser Geist der Zusammenarbeit und des Empirismus - der die überkommenen Weisheiten und Kenntnisse herausforderte - definiert das, was wir heute die Naturwissenschaftliche Revolution des 17. Jahrhunderts nennen, in der die moderne wissenschaftliche Methodik entwickelt und der Weg für die philosophische Bewegung der Aufklärung des 18. Jahrhunderts geebnet wurde. In diesem Zusammenhang sollte Worms Museum nicht nur einfach das Ansehen seines Gründers stärken - auch wenn das eine willkommene Nebenwirkung war -, sondern diente tatsächlich dem Streben nach Wissen und dem Verlangen, Gottes Schöpfungen zu verstehen.

Worms Sammlung ist nicht mehr in ihrer ursprünglichen Form erhalten. Nach seinem Tod wurde sie vom dänischen König Friedrich III. gekauft und Teile davon sind nun in der königlich-dänischen Sammlung sowie dem Naturhistorischen Museum von Dänemark zu finden. Wir können uns jedoch nicht nur aus Worms Korrespondenz, sondern auch aus dem Katalog, den er davon herstellte, eine Vorstellung davon machen, wie es war, das Museum zu erleben: Dieser enthält zahlreiche Illustrationen speziell der naturhistorischen Exemplare. Die berühmteste Illustration ist das Titelbild, auf dem wir wie durch ein Fenster in Worms Kabinett blicken. Darin sehen wir eine wahre Menagerie unterschiedlicher Tiere: Schildkrötenpanzer, Reptilien und Echsen aller Art, Vögel, Fische, sogar ein Bär hängen von der Decke. Weiter unten sehen wir eine Reihe kleinerer Objekte und Exemplare: verschiedene Metalle, Wurzeln und Pilze sowohl aus Europa als auch aus dem neu entdeckten Amerika. Am Ende des Raumes ist etwas noch Seltsameres: eine Miniaturfigur, deren Vorhandensein die zahlreichen menschengemachten Artefakte oder *Artificialia* andeutet, die sich ebenfalls dort befinden und von denen viele genauso »exotischen« Ursprungs sind wie die Objekte aus der Natur.

***Links oben*** **Alte Universität, Universität Marburg**

***Links unten*** **Universität Basel**

***Rechts*** **Universität Kopenhagen**

FREDERICUS SEXTUS
COELESTEM ADSPICIT LUCEM

*Rechts* **Holzschnitt ca. 1870 mit einer Fantasiedarstellung des Inneren der Bibliothek von Alexandria**

Die Szene ist zweifellos stark überfüllt, alle Oberflächen bis auf den Boden und die Fenster sind vollgestellt. Und wir können uns natürlich fragen, ob dies eine exakte Darstellung von Worms Kabinett ist oder eine teils fiktionalisierte Version, die die besten Stücke zur Schau stellen soll. Lassen wir jedoch das scheinbare Chaos außer Acht, erkennen wir eine bemerkenswerte Ordnung. Alle Objekte sind sorgfältig gruppiert und markiert. Wären wir also tatsächlich von diesen Objekten umgeben, könnten wir recht schnell zuordnen, was wir sehen, und nach welchen Kategorien und Hierarchien Worm seine Sammlung organisiert hat.

Dieser Ordnungssinn erschließt sich im Katalog selbst noch deutlicher, dessen endgültige Version 1655, direkt nach Worms Tod, veröffentlicht wurde. Hier sind Objekte in vier Bücher mit zunehmender Bedeutung eingeteilt: Mineralien, Pflanzen, Tiere und *Artificialia* – die Schöpfungen der Menschheit. In jedem Buch gibt es Unterkategorien entsprechend dem Material oder Typ des Objekts mit einer besonderen Betonung der ungewöhnlichsten.

Sowohl in der Sammlung als auch dem Katalog spüren wir Worms Wunsch, nicht nur zusammenzuführen und zu klassifizieren, zu systematisieren und festzuhalten – also einen Raum für die Wunder der Natur und der Menschheit zu schaffen –, sondern auch auf das zu verweisen, was dann noch kommt und entdeckt werden kann. Entscheidend ist, dass dieser Prozess tatsächlich durch den Akt des Sammelns, Studierens und In-Beziehung-Setzens der Objekte stattfindet. Indem wir zusammenführen, was wir wissen und verstehen, rufen wir uns das wahre Ausmaß dessen ins Bewusstsein, was noch da draußen liegt und in die Sphäre des Kabinetts – oder Museums – überführt werden muss.

## DIE ERSTEN MUSEEN

Obwohl wir das Museum Wormianium, das die Praktiken des Sammelns, Klassifizierens, Ausstellens und Studierens in sich vereint, als prototypisches Museum betrachten können, gab es bereits viel ältere Dinge, die als Museum bezeichnet wurden.[2] Das Wort Museum leitet sich vom griechischen *mouseion* ab, das so viel heißt wie »Sitz der Musen«. Die erste so bezeichnete Einrichtung war das Museion, latinisiert Musaeum, in Alexandria, gegründet von Ptolemäus I. Soter und zu Bekanntheit gelangt unter Ptolemäus II. Philadelphus im 3. Jahrhundert v. Chr. Das Museion, das auch die Bibliothek von Alexandria beherbergte, die größte Bibliothek der Antike und vielleicht der erste Versuch einer Universalbibliothek, war trotz seines Namens tatsächlich ein Ort philosophischer Diskussionen, Debatten und des Lernens. In dieser Hinsicht hatte es mehr mit einer Akademie oder gar einer Universität gemeinsam als einem Museum, wie wir es heute auffassen.

Das soll jedoch nicht heißen, dass es die Praxis des systematischen Sammelns nicht schon in der antiken Welt gab. 1925

*Links* **Fotografie des englischen Archäologen Leonard Woolley während seiner Ausgrabungen in Ur, 1925**

entdeckte der britische Archäologe Leonard Woolley bei seinen Ausgrabungen der sumerischen Stadt Ur (im heutigen Irak) das Grab der Neubabylonischen Prinzessin Ennigaldi, Tochter des Königs Nabonid aus dem 6. Jahrhundert v. Chr. Woolley fand in diesem Grab eine Reihe mesopotamischer Artefakte aus mehr als 1.500 Jahren. Interessanterweise waren sie systematisch nebeneinander angeordnet. Noch überraschender war, dass auf dazugehörenden Steinzylindern in drei Sprachen Informationen zum Identifizieren und Beschreiben der Objekte eingeprägt waren – möglicherweise die ersten Museumsbeschriftungen.

Ennigaldis »Museum« ist nicht nur für sich genommen bemerkenswert, sondern weil es eine Ausnahme, statt – so weit wir wissen – Teil eines breiteren Trends war. Eine andere Ausnahme beschrieb der römische Historiker Sueton, der beobachtete, dass der römische Kaiser Augustus »seine Häuser ausschmückte, nicht nur mit Statuen und Bildern, sondern auch mit Objekten, die merkwürdig waren wegen ihres Alters und ihrer Seltenheit, wie die riesigen Überreste monströser Biester, die auf der Insel Capri entdeckt worden waren, genannt Knochen von Riesen oder Waffen von Helden«.[3] Für ein weiteres Beispiel solch systematischen Vorgehens beim Aufzeichnen von Objekten oder Proben müssen wir ins 1. Jahrhundert n. Chr. gehen – zu Plinius dem Älteren und seiner *Historia naturalis*.

Plinius' *Historia*, keine Sammlung, sondern mehrere Bücher, greift dennoch auf Kategorisierungs- und Vergleichstechniken zurück, die Museen eigen sind. Das Werk, dessen Veröffentlichung 77 n. Chr. begann und auch nach Plinius' Tod beim Ausbruch des Vesuv im Jahre 79 fortgesetzt wurde, stellt den Versuch dar, das ganze Wissen der antiken Welt festzuhalten, von Geologie und Naturgeschichte bis Naturwissenschaft und Mathematik. Es war zweifellos ein ambitioniertes Vorhaben und obwohl es in einem anderen Medium vorliegt, gibt es eindeutige Gemeinsamkeiten zu den Bestrebungen von Sammlern wie Worm, der 1.500 Jahre später tätig war. Wir wissen es nicht, doch es scheint wahrscheinlich, dass Plinius beim Konzipieren und Schreiben der *Historia* auch Objekte irgendwelcher Art zusammengetragen hat.

Auch Plinius' Leistung ist bemerkenswert, weil für die Zeit ungewöhnlich. Erst in der Renaissance und mit dem Aufkommen der ersten Kuriositätenkabinette wurde das Sammeln, Ordnen und Ausstellen Teil eines breiteren kulturellen Trends oder Phänomens. Diese Aktivitäten sind daher untrennbar mit dem Entstehen des Humanismus verknüpft – des kulturellen und philosophischen Ideals, das der Neuentdeckung und Neubewertung der intellektuellen Leistungen der antiken Welt in der Renaissance zugrunde lag. Die Humanisten blickten auf völlig neue Weise auf die Welt und setzten die Erfahrung des Einzelnen über die strikte Befolgung einer Weltsicht, die ausschließlich durch die Religion bestimmt wurde. Dem Humanismus ging es vor allem um das Lernen und das Studium von Philosophie, Rhetorik,

Poesie, Ästhetik und die Künste - wir bezeichnen dies heute als Geisteswissenschaften. Dadurch wurden die Humanisten in die Lage versetzt, auf einer neuen Bühne des kulturellen und intellektuellen Gesprächs und Austauschs zu agieren. Die frühen Kabinette waren sowohl Erweiterungen als auch Schwerpunkte des humanistischen Ideals; sie waren Orte *zum Studieren* und *die man studierte*, sowohl funktional als auch symbolisch.

## SCHATZKAMMERN UND RELIQUIARE

Genau wie der Humanismus als Bruch, aber auch als Fortsetzung von Aspekten der mittelalterlichen Weltsicht hatten auch die Kabinette ihre Wurzeln in diesem früheren Zeitraum. Die Idee, einen Raum zu schaffen, der einen Inhalt fasst - und zudem schützt -, findet man bereits in mittelalterlichen Schatzkammern und kann sie bis zu den Schatzkammern der Antike zurückverfolgen. Es waren dies Räume, in denen man wertvolle Objekte oder Materialien verwahrte. Schatzkammern enthielten meist Dinge, die an sich einen Wert hatten, wie Gold, Silber und seltene Edelsteine. Oft jedoch bildeten diese Materialien Objekte mit politischem oder symbolischem Wert: Kronen und andere Insignien. Schatzkammern waren entsprechend private Räume, abgeschlossen und bewacht. Es gab einige Ausnahmen, wie etwa die Schatzkammer des dänischen Königshauses, die auf Schloss Rosenborg bewusst zur Schau gestellt wurde, auch wenn der Zugang begrenzt und streng kontrolliert war.

Ein anderer Vorgänger des Kabinetts, sozusagen die religiöse Parallele zur säkularen Schatzkammer, ist das mittelalterliche Reliquiar. Im einfachsten Sinn ist dies ein Behälter für die Reliquie eines Heiligen, seien es tatsächliche körperliche Überreste wie Zähne, Knochen, Haare oder eine Phiole mit Blut, oder ein Stück der Kleidung oder eines anderen persönlichen Besitztums. Diese Objekte dienten als Beweis und fassbare Verbindung zum Göttlichen und wurden zu Objekten der Verehrung für die lokale Bevölkerung und Pilger, die oft aus ganz Europa anreisten. Das Reliquiar schützte die Reliquie, symbolisierte und glorifizierte sie und signalisierte sichtbar die Bedeutung des enthaltenen Objekts.

Diese Beziehung zwischen Objekt und Behälter, dessen Form das Vorhandensein und die Bedeutung des Objekts symbolisiert, unterscheidet sich kaum von der Beziehung zwischen einer Sammlung und dem Museum, das sie beherbergt. Auch heute kann ein Museum - wie abstrakt auch immer - widerspiegeln, was in ihm enthalten ist, und gleichzeitig etwas über seine Besitzer oder Hüter aussagen. So sollte ein Reliquienschrein in seiner Gestalt und kunstvollen Ausstattung den Status und die Ressourcen der Kirche und Kathedrale repräsentieren, in der er sich befand. In einer eigenartigen Vorwegnahme der Arten von Objekten, die man später in Kuriositätenkabinetten finden würde, wurden Reliquien manchmal durch andere seltene oder exotische

**_Links_ Mittelalterlicher emaillierter Kasten mit Szenen des Martyriums des Heiligen Thomas Becket, ca. 1200**

**_Rechts_ Ein Narwalstoßzahn, eines der seltenen oder exotischen Objekte, die man häufig in Kuriositätenkabinetten fand**

*Oben* Abteikirche (Kathedrale) von Saint-Denis, Paris

*Unten* Abbildung des Abt Suger (ca. 1081–1151)

*Gegenüber* Touristen beim Fotografien der *Mona Lisa* im Louvre, Paris

Objekte ergänzt, wie Straußeneier, Narwalhörner, Krokodilhäute, Walknochen oder Antilopenhörner, von denen man glaubte, sie stammten von mystischen Kreaturen wie Einhörnern oder Greifen.

Reliquiare und ihre Reliquien existierten natürlich nicht einfach nur in einer Kirche oder Kathedrale, sondern hatten eine Präsenz, die sich in den Ritualen um sie herum und den Pilgerfahrten der Gläubigen widerspiegelte. Diese Hingabe wurde durch den Glauben an die überweltliche Macht dieser Objekte geformt, also daran, dass die Reliquie eine direkte Verbindung zum Königreich Gottes bot.

Auch wenn wir den grundlegenden Unterschied in Zeit und Kontext sowie zwischen dem Religiösen und dem Säkularen erkennen, ist es möglich, diese Rituale in einem abstrakten Sinn mit dem Verhalten zu vergleichen, das heute in und um Museen üblich ist. Die Menschen reisen oft aus der ganzen Welt an, um Museen zu besuchen, und dort werden üblicherweise bestimmte Verhaltensweisen erwartet, auch wenn sie nicht offiziell vorgeschrieben sind. Meist gilt »Nicht berühren« und oft wandern wir still und manchmal sogar voller Ehrfurcht durch ein Museum. Wie mittelalterliche Pilger reihen wir uns klaglos ein, um ein Objekt sehen zu dürfen, obwohl wir heute eher ein Selfie machen, wenn wir dran sind, als uns hinzuknien und zu beten.

Sind Museen sehr voll, geht es manchmal weniger schicklich zu. Das kam auch bei Pilgern vor. Abt Suger beschrieb

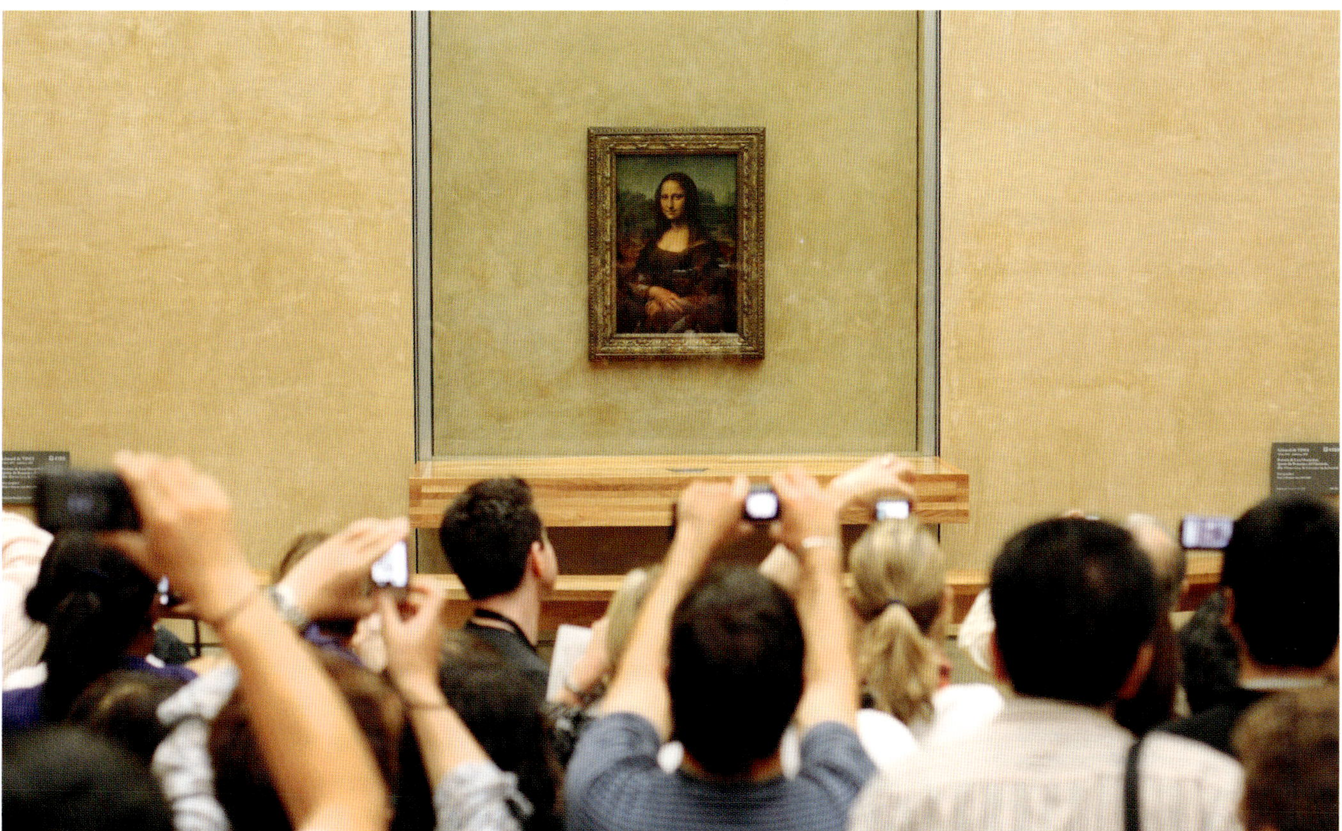

eindrucksvoll eine solche Szene in der Abteikirche Saint-Denis, die heute in einem der nördlichen Vororte von Paris liegt: »Niemand unter den vielen tausend Menschen konnte wegen ihrer Enge einen Fuß bewegen«, sodass alle gezwungen waren, »wie eine Marmorstatue zu stehen, starr zu sein oder, als letzter Ausweg, zu schreien«.[4] Jeder, der in den letzten Jahren den Louvre besucht hat, um die *Mona Lisa* zu sehen, kann die Beschreibung des Abts nachvollziehen.

Nachdem die Pilger den Reliquien ihre Ehrerbietung erwiesen haben, zogen sie entweder wieder nach Hause oder begannen den nächsten Teil ihrer Pilgerfahrt. Manchmal nahmen sie Erde oder ein paar Steine von der heiligen Stätte mit, die als sichtbares Zeichen ihrer Reise dienten und manchmal selbst zum Objekt der Anbetung wurden. Überlegen Sie, wie Museen heute operieren. Hätte es einen Souvenirladen gegeben, wären die Pilger ganz sicher in ihn eingekehrt.

## KURIOSITÄTENKABINETTE

Als humanistische Errungenschaft der Renaissance steht das Kuriositätenkabinett der mittelalterlichen Weltsicht entgegen, die im Prinzip die körperlichen Überreste der Heiligen zu Fetischen gemacht hatte. Dennoch waren die frühen Kabinette – sogenannte *Studioli* –, die ab Ende des 15. Jahrhunderts in italienischen Palästen auftauchten, auf ihre Art ebenfalls Orte der Anbetung, in denen die Grenzen zwischen dem Religiösen und dem Säkularen, dem Spirituellen und dem Materiellen verschwammen. Ein *Studiolo* war meist eine kleine, private, manchmal abgeschiedene Kammer, fast wie eine Klosterzelle, aber auch wieder ganz anders: reich dekoriert und oft voller Kunstwerke, Antiquitäten und Kuriositäten, die zur intellektuellen Stimulation ihres Besitzers gedacht waren.

Bekannte frühe *Studioli* sind das des Lionello d'Este in Ferrara von 1447 oder das im Palazzo Medici von Florenz, erschaffen von dem Architekten Michelozzo und dem Maler Luca della Robbia für Piero di Cosimo de' Medici, den Sohn von Cosimo und Vater von Lorenzo il Magnifico. Beide *Studioli* sind lange verloren, obwohl die bemalten Terrakottarondelle von della Robbia für die Decke des Medici-Studiolo heute in der Sammlung des Londoner V&A zu finden sind. Wir haben jedoch einen ausführlichen Bericht des Architekten Filarete über Pieros *Studiolo* in seinem *Trattato di architettura* (Traktat zur Architektur), der uns verrät, was der Raum enthielt und wie er genutzt wurde:

> Er lässt sich in ein Atelier tragen ... Wenn er eintrifft, schaut er seine Bücher an. Sie wirken nicht anders als solide Stücke aus Gold. Sie sind höchst nobel innen und außen; [sie sind] in Latein und dem Gewöhnlichen, zur Lust und Freude des Mannes. Manchmal liest er das eine oder andere oder lässt

*Rechts Oktober*, eine Terrakottascheibe, die Skorpion und die Aussaat von Samen darstellt, von Luca Della Robbia (ca. 1400–1482)

*Gegenüber* Marmorbüste von Piero di Cosimo de' Medici (1416–1469), Herzog von Florenz, hergestellt von Mino da Fiesole im Jahr 1453

sich vorlesen. Er hat so viele verschiedene, dass nicht ein Tag, sondern mehr als ein Monat nötig wäre, um ihre Erhabenheit zu sehen und zu verstehen. Lasst uns das Lesen und die Autoren dieser Bücher verlassen. Es ist nicht notwendig, sie aufzulisten, denn er hat sie in jeder Disziplin, ob in Latein, Griechisch oder Italienisch, solange sie würdig sind. Er hat sie geehrt, wie Ihr verstanden habt, mit feiner Schrift, Miniaturen und Ornamenten aus Gold und Seide, als ein Mann, der die Würde ihrer Autoren erkennt und durch Liebe zu ihnen gewünscht hat, deren Werke auf diese Weise zu ehren. An einem anderen Tag lässt er zu seiner Freude sein Auge über diese Bände schweifen, um die Zeit zu vertreiben und seinen Blick zu erholen….

Er hat Abbilder und Porträts all der Kaiser und noblen Männer, die jemals gelebt haben, in Gold, Silber, Bronze, Juwelen, Marmor oder anderen Materialien fertigen lassen. Sie sind wunderbar anzusehen. Ihre Würde ist dergleichen, dass nur das Anschauen dieser in Bronze geschnittenen Porträts – ohne die in Gold, Silber und anderen edlen Steinen zu beachten – seine Seele mit Entzücken und Freude angesichts ihrer Exzellenz erfüllt. Diese geben jedem, der sie so versteht und genießt, wie er es tut, zwiefältige Freude: erstens für die Trefflichkeit des dargestellten Bildes, zweitens für die edle Meisterschaft dieser alten engelsgleichen Geister, die mit ihrem erhabenen Verstand solch gemeinen Dingen wie Bronze, Marmor und solchen Stoffen einen derartig großen Wert verschafft [haben]. Wertvolle Dinge wie Gold und Silber sind durch ihre Meisterschaft noch größer geworden, da es, wie bemerkt wurde, von den Edelsteinen an nichts gibt, das mehr wert ist als Gold. Sie haben es vermittels ihrer Kunst wertvoller gemacht als Gold. Wie oben bemerkt wurde, haben sie alles, das gemeiner war als Gold, mehr wert gemacht als das Gold selbst. Er zieht Freude erst aus dem einen und dann aus dem anderen. In dem einen preist er die Würde dieses Bildes, weil es [von der] Hand des Menschen gemacht wurde; und dann in dem anderen, das kunstfertiger gemacht wurde, sagt er, dass es von der Natur statt von dem Menschen gemacht zu sein scheint. Wenn wir etwas sehen, das von der Hand des Phidias oder Praxiteles stammt, sagen wir, dass es nicht von deren Hand scheint. Es scheint vom Himmel zu kommen, statt vom Menschen gemacht zu sein. Er spürt die größte Freude und Lust in diesen Dingen. Anderntags betrachtet er seine Juwelen und wertvollen Steine. Er hat von ihnen eine wunderbare Qualität von großem Wert und auf verschiedene Weisen geschnitten. Mit Freude und Lust betrachtet er sie und redet über ihre Güte und den Wert derer, die er hat. An einem anderen Tag [schaut er] auf Vasen aus Gold, Silber und anderen Materialien, die edel gefertigt und unter großen Kosten und von verschiedenen Orten gebracht worden sind … verschiedene seltsame Waffen für Angriff und Verteidigung. Der Beobachter kann solches nur bewundern …

> Kurz gesagt, würdiger und großmütiger Mann, der er ist, von vielen Tugenden und höflichen Fähigkeiten, erfreut er sich an jedem würdigen und seltsamen Ding und achtet nicht der Kosten. Ich habe gehört, er hätte so viele verschiedene Dinge, dass es einen Monat dauern würde [sie alle zu sehen] schaute er sich [jedes] einen Tag lang an.[5]

Filarete war in seinem Lob mehr als überschwänglich - Piero war schließlich de facto der Herrscher von Florenz - dennoch ist seine Beschreibung ungemein wichtig, um abzuschätzen, wie Piero sein *Studiolo* konzipierte und nutzte und welche Bedeutung und Funktion die *Studioli* im Allgemeinen hatten. Wir stellen uns vielleicht eine Szene vor wie in Antonello da Messinas *Der heilige Hieronymus im Gehäuse* (ca. 1474–75), von gelehrter Hingabe, sowohl religiös als auch säkular in Praxis und Geist. Oder wie in dem etwas späteren (1515) und noch heimeligeren Bild desselben Themas von Albrecht Dürer, das wie eine zeitgenössische Szene wirkt, die vom Göttlichen berührt wurde.

Ein weiteres wichtiges frühes *Studiolo* ist das von Isabella d'Este am Corte Vecchia im Palazzo Ducale in Mantua. Auch dieses gibt es nicht mehr, sein Inhalt wurde nach Isabellas Tod verteilt. Ein noch vorhandenes *Studiolo* ist das des Federico da Montefeltro im Palazzo Ducale in Urbino, das Inspiration für das ebenfalls noch erhaltene Beispiel aus dem Palazzo Ducale in Gubbio (ca. 1478–82) war, das nun im Metropolitan Museum of Art in New York zu sehen ist.

Einer der Gründe für das Überleben der beiden besteht darin, dass sie keine tatsächlichen Objekte enthalten. Stattdessen waren die Wände der Räume mit speziellen Holzeinlegearbeiten, sogenannten *Intarsien* bedeckt. Diese Technik erlaubt eine Art Trompe-l'œil-Effekt, der das Aussehen einer Reihe von Gitterwerktüren erzeugte, durch die hindurch Objekte zu sehen sind, von wissenschaftlichen und musikalischen Instrumenten bis wichtigen Büchern. Eine solche Darstellung von Objekten symbolisierte Federicos Studien, die er in seinem *Studiolo* durchführte, bot ihm aber dennoch einen Ort der Kontemplation. In gewisser Weise ist es ein Übergangsraum, der die Verschiebung vom ausschließlich kulturellen und intellektuellen Primat des geschriebenen Wortes zur neuen Kraft des Objekts markiert.

Ein weiteres noch vorhandenes, wenn auch ganz anderes *Studiolo* schuf fast ein Jahrhundert später (1570 bis 1572) Francesco I. de' Medici, der Großherzog der Toskana, im Palazzo Vecchio in Florenz. Wie seine Vorgänger ist es ein kleiner, abgeschlossener und streng privater Raum von acht mal drei Metern und ohne Fenster. Auch dieser spiegelte gleichermaßen eine enge Beziehung zwischen dem Behältnis und dem Aufbewahrten, zwischen Objekt und Raum. Die vier Statuen in den Ecken entsprechen den vier Elementen, während die Wände und

***Links** Der heilige Hieronymus im Gehäuse*, **ca. 1474–1475, von Antonello da Messina**

*Rechts* **Studiolo des Federico da Montefeltro im Palazzo Ducale von Urbino**

*Links Studiolo* des Francesco I. de' Medici im Palazzo Vecchio, Florenz

*Rechts* Zwerggürteltier, gesammelt von Charles Darwin in Bahia Blanca, 1833

die tonnenförmige Decke von mehr als 30 Gemälden bedeckt sind, die das Thema der Natur und der Kunst erkunden, mit allegorischen Darstellungen des mystischen Prometheus, der die Erfindung der Menschheit symbolisiert, und der Figur der Natur selbst. Die in den Kabinetten enthaltenen Objekte waren entsprechend einem Klassifikationssystem angeordnet, das bis auf Plinius zurückgeht.

Die Kombination aus Mythologie, Allegorie und Material mag widersprüchlich sein und ist es prinzipiell auch. Doch genau wie Federico da Montefeltros Kabinett in seiner Behandlung der Beziehung zwischen Wort und Objekt als Übergang aufgefasst werden kann, könnte man auch Francesco I. de' Medicis *Studiolo* als Übergang sehen, und zwar von der mystischen Weltsicht zu einer, die durch einen Empirismus bestimmt wird, den wir auch beim Kabinett des Ole Worm 50 Jahre später vorfinden.

## DIE OBJEKTE

Bisher haben wir das Kuriositätenkabinett oder *Studiolo* als spezielle Art von Raum betrachtet, der sich sowohl als Inbegriff bestimmter intellektueller Ideale und kultureller Werte entwickelte als auch als Ort, in dem diese praktiziert wurden. Die Objekte und Sammlungen waren bisher Teil der erzählten Geschichte, rücken nun aber in den Mittelpunkt.

Wie erwähnt, interessierten sich die Sammler oft am meisten für Objekte, die in ihren Betrachtern Verwunderung auslösten – daher der Name *Wunderkammer*. Deshalb wurden sie zu den seltensten, ungewöhnlichsten und exotischsten Objekten hingezogen, die sie beschaffen konnten, vor allem auf den Gebieten von Naturgeschichte oder Geologie. Doch Seltenheit war nicht alles. Wichtig war auch, dass diese Objekte robust waren und nicht schnell verrotteten. Deshalb kamen in den Sammlungen Exemplare, die einem europäischen Publikum völlig fremd und dazu noch im Material beständig waren, viel häufiger vor, als ihr Vorkommen in der wirklichen Welt vermuten lassen würde. Das erklärt etwa die Prominenz von Gürteltieren sowie von bestimmten Arten von Kugelfischen, deren knorpeliges Äußeres getrocknet werden konnte und so die Form des Tieres bewahrte.

Doch nicht nur Seltenheit oder Fremdheit zog die Sammler zu bestimmten Exemplaren der Natur hin, sondern auch ihre mystischen Eigenschaften. »Einhornhörner« in Form von Narwalstoßzähnen waren in zahllosen Sammlungen zu finden. Alraunen waren ebenso beliebt, weil ihre Wurzeln manchmal menschliche Formen hatten. Für Sammler, die sich nicht von deren »mystischen« Qualitäten betören ließen, waren Alraunen dennoch interessant, da sie den scheinbar grundlegenden Unterschied zwischen Pflanze und Tier verschwimmen ließen. Manchmal musste das Exotische nicht einmal ein Objekt sein, das von weit her kam. Es konnte auch einfach die Abweichung von dem sein, was als normal betrachtet wurde, wie menschliche Missbildungen oder vertraute Objekte, die eine Art Verwandlung durchgemacht hatten, wie etwa eine Versteinerung. Als etwa der englische Autor

und Tagebuchschreiber John Evelyn 1645 die Sammlung von Carlo Ruzini in Venedig besuchte, war er fasziniert davon, dass sie:

> versteinerte Dinge im Überfluss enthielt, Walnüsse, Eier, in denen das Gelbe klapperte, eine Birne, ein Stück Rindfleisch mit den Knochen darin; ein ganzer Igel, eine Scholle auf einem hölzern Schneidbrett, verwandelt zu Stein und sehr perfekt: Holzkohle, ein Bröckchen von Kork, und bewahrt dennoch seine Leichtigkeit, Schwämme, Gedärme und ein Stück Taft: teils aufgerollt, mit unzähligem mehr.[6]

Evelyn beschrieb außerdem, dass sich Ruzinis Sammlung in einem »stattlichen Palast, reich ausgestattet mit Statuen, Köpfen von *Römischen Imp[eratoren]*« befand. Klassische Antiquitäten waren ein grundlegender Bestandteil vieler Kabinettsammlungen, vor allem von *Studioli*. Man sammelte sie wegen ihrer historischen Bedeutung, ihrer Schönheit als Kunstwerke und weil schon ihr Vorhandensein in einer Sammlung die Wiederentdeckung der Antike verdeutlichte, die dem humanistischen Weltbild zugrunde lag, das überhaupt erst viele Sammlungen inspirierte. Es erklärt auch das riesige Interesse an Münzen, also an massenproduzierten Dingen, die erst durch das Verstreichen der Zeit selten und ungewöhnlich geworden waren. Ihre Bedeutung lag weniger in ihrem materiellen oder künstlerischen Wert als eher in ihrem Alter.

Am anderen Ende des Spektrums waren Objekte, die man aufgrund ihrer technischen Kunstfertigkeit sammelte. Dazu gehörten fein gearbeiteter Schmuck, sorgfältig geschnitzte oder gravierte Edelsteine und aufwendige Holzarbeiten. Interessanterweise wurden in der *Kunstkammer* der sächsischen Kurfürsten in Dresden neben den wunderschön geschnitzten Elfenbeinarbeiten die Werkzeuge ausgestellt, mit denen sie gefertigt wurden. Bewunderte man die Elfenbeinarbeiten für ihre Schönheit, bewiesen die Werkzeuge den menschlichen Einfallsreichtum und den Wunsch, ihrem Ursprung jeden Hauch von Mystizismus zu nehmen.

Während man die Objekte in den Kabinetten in *Naturalia* – Produkte der Natur – und *Artificialia* – menschengemachte Dinge – aufteilte, gehörten die Werkzeuge in die dritte Kategorie der *Scientifica* – Objekte, die die Macht der Menschen demonstrierten, die Natur zu überwinden oder sich zunutze zu machen. Diese Kategorie beschränkte sich nicht auf Werkzeuge, sondern umfasste auch Objekte, die das Verständnis förderten: Teleskope und astronomische Ausrüstungen, Pendeluhren, Messgeräte und andere wissenschaftliche Instrumente. Die Objekte spiegelten den neuen Entdeckergeist, der die Renaissance charakterisierte und die Naturwissenschaftliche Revolution in der Mitte des 17. Jahrhunderts antrieb.

***Links*** **Der Elfenbeinraum im Grünen Gewölbe des Dresdner Zwingers**

Den Hintergrund des Ganzen, der sich implizit in jedem Kabinett und explizit in der Herkunft der »exotischeren« Objekte zeigte, war die Entdeckung der Neuen Welt 1492 durch Christoph Kolumbus. Die Erweiterung der Horizonte der bekannten Welt trug gleichermaßen zu einer Erweiterung ihrer intellektuellen Horizonte bei. Die Fantasie der Europäer wurde nicht länger durch die physischen Grenzen ihrer Geografie oder die Schranken dessen, was zuvor »bekannt« war oder vermutet wurde, eingeengt. Die gleiche Neugier, die Kolumbus und andere zu unbekannten Zielen aufbrechen ließ, durchzieht das Kuriositätenkabinett. In dieser Hinsicht steht es für eine Umschließung der bekannten Welt und als Symbol für die Weitung der Grenzen dieser Welt – physisch und philosophisch.

Diese Idee ist recht dramatisch in einem Gemälde namens *Die fünf Sinne: Sehen*, das 1617 von Peter Paul Rubens und Jan Brueghel dem Älteren gemalt wurde. Dieses Bild aus einer Serie von fünf Gemälden, die sich allegorisch mit den Sinnen befassen, zeigt ganz offensichtlich ein Kuriositätenkabinett. Fast jede senkrechte Fläche ist mit Gemälden bedeckt, einige stehen im Vordergrund auf dem Boden, während man viele andere – vielleicht bis in die Unendlichkeit – in einer Art Galerie im Hintergrund erspähen kann. Neben der Öffnung sehen wir eine Sammlung klassischer Büsten eng nebeneinander. Links befinden sich wissenschaftliche Instrumente: alle möglichen Messgeräte, Instrumente zum Modellieren der Himmelsbewegungen, ein Teleskop, ein Vergrößerungsglas und viele mehr, die vermutlich – damals und auch heute – nur ein Spezialist identifizieren kann. Ein Globus steht ein wenig abseits in der Komposition – vielleicht bildet er eine symbolische Brücke zwischen der Welt des Künstlichen und der Entdeckung.

Die allegorische Figur des »Sehens« vor einem Bild, auf dem Christus einen Blinden heilt, scheint in dieser ansonsten ungemein realen Szene seltsam deplatziert. Passender wäre möglicherweise ein *Virtuoso* des frühen 17. Jahrhunderts, der sich in intensivem Studium ergeht oder sein Kabinett Freunden oder Bekannten vorführt. Das zeitgenössische niederländische Leben betritt die Szene allerdings durch die gewölbte Öffnung direkt hinter »Sehen« und der Putte, die das Gemälde hält, das sie so intensiv betrachtet. Wir sehen große Gebäude und vielleicht das Ende einer Kathedrale, die über einem geschmückten Garten voller Menschen aufragt. Der Sinn des Sehens, so suggeriert das Gemälde, erlaubt es uns zu verstehen, was wir wissen, aber auch nach dem zu suchen, was wir nicht wissen. Das Kabinett agiert hier als Mikrokosmos der Welt – es enthält alles, was wir wissen, verweist aber auch auf das, was noch entdeckt werden will. Es ist ein Raum, in dem, in den Worten des englischen Philosophen des 17. Jahrhunderts Francis Bacon, »in einem kleinen Umkreis ein Modell der universellen Natur privat gehalten [wird]«.

## EIN BEISPIEL FÜR ÖFFENTLICHE ZURSCHAUSTELLUNG

Diese Ahnung von Privatsphäre ist zentral für die Entstehung der Kabinette. Wie bereits gezeigt, waren es Orte der Abgeschiedenheit und Einsamkeit, für private, individuelle Studien und Kontemplation. Manche waren jedoch offener als andere, wenn auch nicht öffentlich zugänglich. Die *Kunstkammer* von Albrecht V., Herzog von Bayern in München, war zum Beispiel groß und markant. Sie belegte zwei Etagen eines Renaissance-Gebäudes und wurde an beiden Seiten durch Fenster beleuchtet. Ebenfalls ungewöhnlich war, dass Objekte beschriftet wurden, so als wären

sie für ein Publikum gedacht – ganz anders als der quasimystische, andächtige Raum des frühen *Studiolo*.

In Bezug auf seine Rolle als Lagerstätte für Objekte, die zum Studium und zur Besinnung zusammengetragen wurden, ist das Kuriositätenkabinett und das damit verwandte *Studiolo* eindeutig ein Vorgänger des heutigen Museums. In den bisher diskutierten Beispielen haben wir das Entstehen und die Entwicklung von klaren Wertesystemen rund um Objekte und erste Schritte einer Kategorisierung anhand wissenschaftlicher Präzision beobachtet. Dennoch ist das Kabinett alles andere als der einzige Museumsprototyp, nicht zuletzt deshalb, weil ihm ein definierendes Element für unser Verständnis von Museum fehlt:

***Oben* Das Sehen, 1617 von Peter Paul Rubens und Jan Brueghel dem Älteren, heute im Prado ausgestellt**

***Umseitig* Das Antiquarium, erbaut von Herzog Albrecht V. als Teil der Münchner Residenz**

PRÆCLA-
RISSIMA
VIRTVTVM
IVSTITIA

*Gegenüber Spinario* oder *Der Dornauszieher*, 1. Jahrhundert v. Chr., im Sala dei Trionfi, Konservatorenpalast, Rom

*Links Kapitolinischer Brutus*, eine Bronzebüste aus dem 4. oder 3. Jahrhundert v. Chr., gemeinhin als Junius Brutus identifiziert, der erste römische Konsul. Sie wird in den Kapitolinischen Museen in Rom ausgestellt.

Es ist nicht offen für die Öffentlichkeit. Abgesehen von einigen Ausnahmen, wie im vorhergehenden Absatz erwähnt, war das *Studiolo* durch seine Privatheit geprägt. Selbst Kabinette wie das von Worm, die als Teil einer Bildungsressource konzipiert waren, erlaubten nicht jedem den Zutritt.

Wenn wir von unserem Standpunkt aus zurückblicken, ist es schwer, den Akt des Sammelns von der Zurschaustellung dieser Sammlung zu trennen. Sie scheinen Hand in Hand zu gehen und wie selbstverständlich aufeinander zu folgen. In und nach der Renaissance jedoch war der Erwerb eines Objekts und die Ausstellung dieses für ein öffentliches Publikum eine ganz andere Aktivität – die eine völlig andere Motivation repräsentierte –, als das, was zum Erschaffen eines Kabinetts antrieb. Während das Kabinett vor allem ein Ort des Lernens und Studierens war, hatte diese parallele Form des Sammelns und Ausstellens das eher lockere Ziel der kulturellen und moralischen Erbauung. Und während das Kabinett eher eine Person oder Familie widerspiegelte, war der Akt des öffentlichen Zurschaustellens eines Objekts ebenso sehr von staatsbürgerlichen Interessen motiviert wie von persönlichen.

Es ist kein Zufall, dass die ersten Beispiele für Objekte, die vor allem zur öffentlichen Ausstellung gesammelt wurden, in Rom zu finden sind, der größten Stadt der antiken Welt. Im Mittelalter hatten Bedeutung und Bevölkerungszahl Roms stark abgenommen und viele seiner prächtigen Monumente waren verfallen. Im 14. Jahrhundert zog das Papsttum nach Avignon um. Anfang des 15. Jahrhunderts jedoch war die Stadt wieder einigermaßen zu Ruhe gekommen. Mehrere Päpste nacheinander starteten Bauvorhaben, die das Gesicht der Stadt ändern und Rom im 16. Jahrhundert zur überragenden Renaissance-Stadt machen würden, die die Größe der alten Kaiserstadt zurückgewann.

Zu den ersten urbanen Eingriffen gehörte die Schaffung einer Skulpturensammlung, die unter freiem Himmel auf dem Kapitolinischen Hügel gezeigt wurde. Angeregt wurde dies 1471 durch Papst Sixtus IV., der der Stadt und ihren Bürgern mehrere Bronzeskulpturen aus dem Lateranpalast gestiftet hatte. Dazu gehörten der *Spinario*, eine hellenistische Statue eines Jungen, der sich einen Dorn aus dem Fuß zieht, die *Luca Capitolina* oder Kapitolinische Wölfin, die Romulus und Remus, die mystischen Gründer Roms, säugt, die *Statua di un Camillo* (eine Person, die einem römischen Priester assistiert) und ein riesiger Kopf des Kaisers Konstantin aus dem 4. Jahrhundert – alles Skulpturen, die an die frühere Größe der Stadt erinnerten. Diese Skulpturen, die im Hof des Konservatorenpalastes aufgestellt wurden, wurden im folgenden Jahrhundert durch weitere Werke ergänzt, darunter den sogenannten Kapitolinischen Brutus, Fragmente von Strukturen des Forum Romanum, Kolossalstatuen des Tiber und des Nil und einer bemerkenswerten vergoldeten Bronzestatue des Herkules aus dem 2. Jahrhundert v. Chr., die während des Pontifikats Sixtus IV. auf dem Forum Boarium gefunden worden

*Links* **Der Palazzo Nuovo wurde von Girolamo Rainaldi und seinem Sohn Carlo passend zum gegenüberliegenden Konservatorenpalast entworfen und erbaut.**

*Rechts* **Eines der berühmtesten Werke der Kunstgeschichte, die** ***Laokoon-Gruppe*****, ist eine römiche Marmorkopie des 1. Jahrhunderts v. Chr. eines hellenistischen Originals, das vermutlich aus Bronze bestand.**

waren. 1538 ließ Papst Paul II. eine Reiterstatue des Philosophenkaisers Marcus Aurelius vom Lateranpalast dorthin versetzen. Die scheinbaren Parallelen zwischen Paul und dem Kaiser waren zweifellos Teil des Plans.

1654 wurde gegenüber dem Konservatorenpalast der Palazzo Nuovo gebaut, um die wachsende Sammlung aufzunehmen. Im vorangegangenen Jahrhundert hatte es größere Ergänzungen für die Sammlung gegeben, vor allem, als Papst Pius V. entschied, heidnische Kunstwerke aus dem Vatikan zu entfernen. Die Werke auf dem Kapitolinischen Hügel waren der Öffentlichkeit zugänglich, diejenigen im Palazzo Nuovo sowie im Konservatorenpalast dagegen nicht. Die Kapitolinischen Museen wurden erst 1734 gegründet.

Die Renaissance-Päpste betrachteten sich als Erben der klassischen Zivilisation, deren Macht und Einfluss denen der großen römischen Kaiser in nichts nachstand. Manchmal ist dieses Erbe ganz wörtlich zu verstehen. 1506 wurde in einem Weinberg nahe der Kirche Santa Maria Maggiore eine Skulptur ausgegraben. Als er davon hörte, schickte Papst Julius II. seine Hofkünstler und -architekten – niemand geringere als Giuliano da Sangallo und Michelangelo Buonarroti – zur Untersuchung des Funds. Sangallos Sohn Francesco, der damals 11 war und seinen Vater begleitete, erinnerte sich 60 Jahre später an die Geschichte:

> Als ich als Junge das erste Mal in Rom war, wurde dem Papst von einer Entdeckung einiger sehr schöner Statuen in einem Weinberg nahe S. Maria Maggiore berichtet. Der Papst befahl einem seiner Beamten, loszugehen und Giuliano da Sangallo zu sagen, dass er sie ansehen solle. Er machte sich sofort auf den Weg. Da Michelangelo Buonarroti immer in unserem Haus zu finden war, da mein Vater ihn zu sich gerufen und ihn mit dem Grab des Papstes beauftragt hatte, wollte mein Vater, dass er mit uns kam. Ich trat zu meinem Vater und wir gingen los. Ich kletterte hinunter zu den Statuen, als mein Vater sagte: »Das ist der Laokoon, den Plinius erwähnt.« Man erweiterte dann das Loch, sodass man die Statue herausziehen konnte. Sobald sie sichtbar war, begannen alle zu zeichnen und sprachen dabei über alte Dinge …[7]

Wie Francesco da Sangallo anmerkte, stellte die Statue Laokoon dar, den trojanischen Priester, und seine Söhne Antiphates und Thymbraeus. Das Trio ist im Kampf gegen die Seeschlangen dargestellt, die von den Göttern gesandt wurden, nachdem Laokoon die Trojaner drängt, das von den Griechen zurückgelassene hölzerne Pferd nicht in die Stadt zu bringen. Die Szene ist außerordentlich lebhaft und emotional ausgeführt, was typisch für die hellenistische Barock-Periode des 2. Jahrhunderts v. Chr. ist. Die Skulptur ist wahrscheinlich eine römische Kopie eines verlorengegangenen Bronzeoriginals. Besondere Bedeutung gewann die Skulptur neben ihrem künstlerischen Genie durch die Erwähnung durch Plinius den Älteren in seiner *Historia naturalis*.[8]

Nach seiner Ausgrabung wurde die *Laokoon*-Gruppe in den Vatikan gebracht, wo sie im Cortile delle Statue aufgestellt wurde, der heute Cortile Ottogonale genannt wird. Einige Jahre

*Links* Der *Apollo Belvedere* befindet sich nahe dem *Laokoon* im Achteckigen Hof der Vatikanischen Museen und ist ebenfalls eine römische Kopie eines hellenistischen Originals

*Rechts* Die einander gegenüberliegenden Kolonnaden der Uffizien, Florenz, entworfen von Giorgio Vasari und erbaut zwischen 1560 und 1580

Später stellte man ihm den *Apollo Belvedere* bei, der Ende des 15. Jahrhunderts ausgegraben worden war, dieses Mal im Süden Roms. Gemeinsam wurden *Laokoon* und *Apollo Belvedere* zu den wichtigsten und einflussreichsten Skulpturen der Renaissance, des Barock und der klassizistischen Zeit und galten bis weit ins 19. Jahrhundert als beispielhaft. Und was ihre Platzierung im Vatikan betraf: Sie markierten die Begründung der Vatikanischen Museen und boten den kulturellen Boden auf dem alle nachfolgenden Ergänzungen und Verbesserungen aufbauten. Kurz nach der Aufstellung der Skulpturen im Cortile delle Statue beauftragte Julius II. Michelangelo mit der Ausgestaltung der Decke der Sixtinischen Kapelle und Raffael mit der Ausmalung der Räume, die man heute die Stanzen des Raffael nennt.

## EIN PROTOTYPISCHES GEBÄUDE

Auch wenn die Skulpturen auf dem Kapitolinischen Hügel öffentlich waren, also sowohl dem Volk von Rom geschenkt worden waren als auch öffentlich ausgestellt wurden, bildeten sie kein Museum. Wie wir in der Einleitung dieses Buches sahen, existiert ein Museum in der Interaktion zwischen dem Objekt und dem Behältnis, zwischen einer Sammlung und dem Gebäude, das sie beherbergt. Der Museumsbau ist gleichzeitig eine symbolische Reflexion seiner Inhalte und ihrer Bedeutung sowie kulturelle Währung in den Augen der Schöpfer oder Hüter des Museums. Wir haben bisher Sammlungen betrachtet, die zusammengetragen, kategorisiert und studiert wurden, und Sammlungen, die der Öffentlichkeit präsentiert wurden. Es fehlt nun noch das letzte Teil des Puzzles, das ein Museum ausmacht: ein Museumsbau. Und genau wie wir die Ursprünge des Museums als Sammlung und als öffentlich präsentierte Sammlung anhand einer Reihe von Prototypen betrachtet haben, wollen wir uns ein prototypisches Gebäude anschauen.

Die meisten der 6 Millionen jährlichen Besucher der Uffizien in Florenz erkennen wahrscheinlich nicht, dass dieses außergewöhnliche Gebäude ursprünglich nicht bzw. nur zu einem kleinen Teil als Museum gedacht war. Den Hinweis liefert uns der Name: *uffici* lässt sich mit »Büros« übersetzen. Das Gebäude wurde von Cosimo I. de' Medici, dem ersten Großherzog der Toskana und Vater von Francesco I., der uns bereits begegnet ist, in Auftrag gegeben, um die Ministerien und Ämter der Stadt aufzunehmen. Entworfen wurde es von Giorgio Vasari, dem Architekten und Maler, den man heute vor allem als Autor von *Die Leben der hervorragendsten Maler, Bildhauer und Architekten* kennt, das 1550 zum ersten Mal herausgegeben wurde, Biografien der führenden Renaissance-Künstler enthält und zum ersten Mal die Idee der Renaissance als einer kulturellen Wiedergeburt formuliert. Vasari war daher eine passende Wahl, um ein Gebäude zu gestalten, das später wichtige Werke von Künstlern enthalten sollte, deren Leben er so eindrucksvoll beschrieb.

Angesichts des begrenzten Raums zwischen der Piazza della Signoria im Herzen der Stadt und dem Fluss Arno empfahl Vasari ein Gebäude, das um eine teils umschlossene Straße angeordnet ist. Dorische Kolonnaden stützen drei obere Etagen, während sie den Blick auf eine dreigliedrige Öffnung zum Fluss freigeben – zwei rechteckige Öffnungen mit einem höheren, gewölbten Durchgang dazwischen. Diese Anordnung zieht den Blick zum Fluss, erzeugt ein Gefühl von Horizontierung und stellt sich damit den streng vertikalen Linien der einander gegenüberliegenden Straßenfronten entgegen. Die Uffizien, die zunächst den Magistrat und die Verwaltung des Herzogtums enthielten, waren ausdrücklich als öffentliches Gebäude gedacht. Zweifellos wandelte man sie deshalb so bereitwillig in ein Museum um.

Die Bauarbeiten waren bereits 14 Jahre in Gang, als Vasari 1574 starb. Ihre Fertigstellung übernahmen Alfonso Parigi und Bernardo Buontalenti. Bernardo wurde von Francesco, der seinem Vater 1574 nachgefolgt war, mit dem Bau der Tribuna beauftragt, einem achteckigen, von einer Kuppel gekrönten Raum für wichtige Kunstwerke. Hier entstand die erste Komponente des Museums, das schließlich den gesamten Komplex einnehmen würde.

Die frühe Uffizien-Galerie, die in diesem überaus öffentlichen Gebäude residiert, stand in starkem Kontrast zum *Studiolo* Francescos I. im nahegelegenen Palazzo Vecchio. Während dieses sich hinter der historischen Fassade des Palazzos versteckt hielt, war jenes an die öffentliche Aussage des Gebäudes gebunden. Dennoch war dieser Gegensatz aus öffentlich und privat alles andere als eindeutig. Als Gebäude waren die Uffizien ganz klar ein Ausdruck der königlichen Macht der Medici über die Stadt und deren Umland. Versinnbildlicht wurde dies durch die Forderung Cosimos I. nach einem privaten Gang zwischen dem Palazzo Vecchio und den Uffizien. Ergänzt wurde dieser bald darauf durch eine noch berühmtere erhöhte Passage, die über die Uffizien zum Palazzo Pitti der Medici führte und dabei mithilfe des Ponte Vecchio den Arno überquerte. Das Gebäude selbst war zwar öffentlich, doch Cosimo, Francesco und ihre Nachfolger verspürten augenscheinlich nicht den Drang, sich auf ihrem von und zu den Uffizien unter das Volk zu mischen.

In den folgenden Jahrzehnten nahm man verschiedene Änderungen und Ergänzungen an den Uffizien vor, als weitere künstlerische Schätze der Medici hinzukamen. 1737 starb Großherzog Gian Gastone de' Medici ohne Erben und die große Medici-Dynastie endete. Gian Gastones Schwester handelte im selben Jahr die Übergabe der Medici-Sammlung an die Stadt Florenz aus. 1769 wurden die Uffizien für die Allgemeinheit geöffnet – das öffentliche Gebäude beherbergte nun eine öffentliche Institution – und wurde zu einem Museum, wie wir es heute verstehen. Johann Zoffanys Gemälde *The Tribuna of the Uffizi*, gemalt 1772, zeigt die Tribuna – und implizit die Uffizien selbst – als Epizentrum der Grand Tour, voller bewundernder Besucher der Stadt und des Museums. Wenn wir uns statt der Kleidung des 18. Jahrhunderts eine moderne Garderobe vorstellen, ist das Gedränge nicht so verschieden von dem, was heutige Museumsbesucher erleben.

***Links* The Tribuna of the Uffizi, 1772–1778 von Johann Zoffany**

***Rechts* Fotografie der heutigen Tribuna**

## DAS ERSTE MODERNE MUSEUM

Die Geschichte von den Anfängen des Museums spielt bisher fast ausschließlich in Kontinentaleuropa. Um jedoch das vermutlich erste Beispiel einer Einrichtung zu sehen, in der eine Sammlung kategorisiert und nach bestem akademischem Wissen der Allgemeinheit präsentiert wurde – und das in einem öffentlichen Gebäude – müssen wir nach Großbritannien schauen. Oft wird immer noch angenommen, dass die europäische Renaissance britische Gestade erst spät und uneinheitlich erreichte. Die Realität sieht allerdings anders aus. Eine Reihe britischer Gelehrter wie auch Architekten und Künstler war sich der geistigen und kulturellen Ideale der Renaissance bewusst. Diese gelangten jedoch erst dann zu größerer Verbreitung, als sie für die Mächtigen und Einflussreichen an Wert gewannen. Dann blühten sie in Bereichen und Disziplinen auf, die wir traditionell weniger mit der Renaissance verbinden. Einer davon war die Wissenschaft.

Ab Mitte des 17. Jahrhunderts waren britische Gelehrte führend in dem europaweiten wissenschaftlichen Netzwerk, das wir bereits von Ole Worm kennen. Die Wiedereinsetzung von König Karl II. im Jahr 1660 stärkte den Geist des Experimentierens und der Entdeckung, der die Naturwissenschaftliche Revolution auszeichnete. Zu den Schlüsselfiguren gehörten John Tradescant und sein Sohn, ebenfalls John mit Namen. Die Tradescants waren Gärtner und Sammler. Die erste schriftliche Erwähnung von Tradescant dem Älteren lag schon Jahrzehnte zurück, als er in die Niederlande gereist war, um Pflanzen für den Garten von Hatfield House zu erwerben, das Robert Cecil, 1. Earl von Salisbury, gehörte, bei dem Tradescant damals angestellt war. Später kam er zum Herzog von Buckingham und warf seine Netze noch weiter aus, indem er mit Billigung des Herzogs britische Seeleute bat, von ihren Reisen in die ganze Welt Pflanzen mitzubringen – je exotischer, umso besser. Tradescant reiste ebenfalls: nach Nordafrika, in den Nahen Osten und nach Russland, erneut in die Niederlande und nach Frankreich.

Nach Buckinghams Ermordung 1628 kam Tradescant als Königlicher Gärtner zu Karl I. Etwa zu dieser Zeit zog er in ein Haus in Lambeth südlich der Themse, wo er seine wachsende Sammlung unterbrachte und einen botanischen Garten anlegte. Tradescants Sammlung beschränkte sich nicht nur auf Exemplare aus der Natur, sondern enthielt auch viele Dinge, die wir heute als ethnografische Objekte bezeichnen würden. Dazu zählten etwa die Hände von Meerjungfrauen, ein kleines Stück des wahren Kreuzes, ein ausgestopfter Dodo von Madagaskar und der Umhang des Häuptlings Powhatan, Vater von Pocahontas. Diesen hatte er durch seine Freundschaft mit John Smith erworben, dem Entdecker und Kolonisten, der während seiner Erkundung von Chesapeake Bay nahe Jamestown, der ersten dauerhaften englischen Siedlung in Nordamerika, auf Pocahontas' Volk gestoßen war.

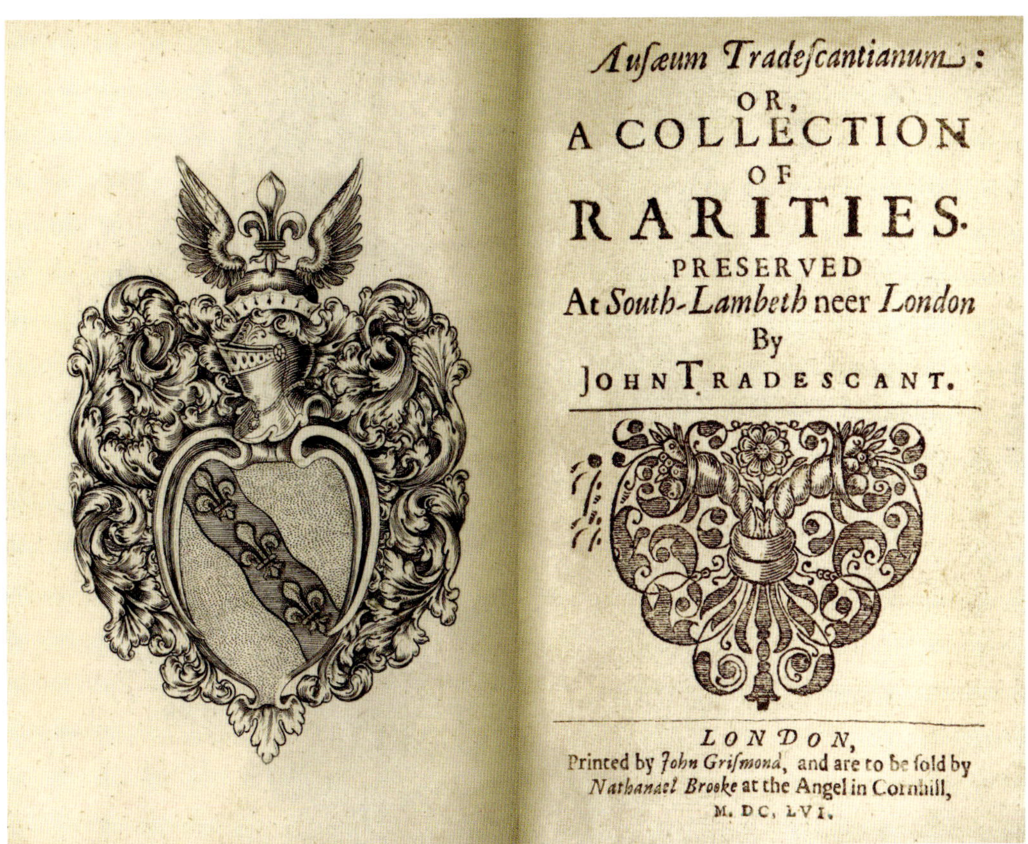
*Muſæum Tradeſcantianum:*
OR,
A COLLECTION
OF
RARITIES.
PRESERVED
At *South-Lambeth* neer *London*
By
JOHN TRADESCANT.

*LONDON,*
Printed by *John Griſmond*, and are to be ſold by
*Nathanael Brooke* at the Angel in Cornhill,
M. DC. LVI.

1634 öffnete Tradescant seine Sammlung gegen einen Eintritt von sechs Pence für die Allgemeinheit. England hatte etwas wie Transdescant's Ark, so der Name, noch nie gesehen. Entsprechend sorgte es für Neugier und Staunen bei seinen Besuchern. Im Eröffnungsjahr beschrieb einer der Besucher es als einen Ort »an dem ein Mann an einem Tag mehr an einer Stelle erblicken und versammeln kann, als er sehen dürfte, wenn er sein ganzes Leben auf Reisen verbringt«.[9] Obwohl die Ark sowohl eine neue Einrichtung als auch eine neue Art von Raum für London darstellte, erkannte der Besucher ganz richtig die Eigenschaften, die es als Kuriositätenkabinett des Typs kennzeichneten, der auf dem Kontinent bereits vertraut war. Dass die Ark für die Allgemeinheit geöffnet war, bedeutete jedoch, dass sie dem Konzept des modernen Museums – wenn auch nicht im Aussehen – näher kam als die bereits existierenden Prototypen.

Vier Jahre nach der Eröffnung der Ark starb Tradescant der Ältere und sein Protomuseum wurde von seinem Sohn übernommen, der ihm auch als Königlicher Gärtner nachfolgte. Tradescant der Jüngere hatte seinem Vater beim Anlegen der Sammlung geholfen und sein Erbe um seine eigenen Erwerbungen ergänzt. 1656 brachte er mit Unterstützung des bekannten Anwalts, Altertumsforschers und Sammlers Elias Ashmole einen Katalog der Ark-Sammlung heraus. Der Katalog mit dem Titel *Musaeum Tradescantianum* hätte auch von Ole Worms *Museum Wormianum* inspiriert sein können – die endgültige Version von Worms Katalog war im Vorjahr erschienen.

**_Gegenüber_ Druck aus dem 19. Jahrhundert mit einer Darstellung der Ark, des Protomuseums, das John Tradescant in Lambeth, London, schuf**

**_Oben_ Titelseite des _Musaeum Tradescantianum: Or, A Collection of Rarities Preserved at South-Lambeth, neer London_ von John Tradescant, veröffentlicht 1656**

**_Rechts oben_ Ein Porträt von Karl II., ca. 1660**

**_Rechts unten_ Gemaltes Porträt von John Tradescant dem Älteren, ca. 1754**

*Gegenüber* Portikus des Ashmolean Museum, Oxford, entworfen von C.R. Cockerell und erbaut 1839–1845

*Links* Das Sheldonian Theatre, Oxford, entworfen von Sir Christopher Wren und erbaut 1664–1669

*Unten* Porträt von Elias Ashmole, ca. 1681–1682 von John Riley

*Umseitig* Das Clarendon Building, das neben der Bodleian Library und dem Sheldonian Theatre im Zentrum von Oxford liegt. Es wurde von Nicholas Hawksmoor entworfen und 1711–1713 erbaut.

Da er keinen Erben hatte, stimmte Tradescant kurz nach Erscheinen des Katalogs zu, die Sammlung nach seinem Tod Ashmole zu hinterlassen; zweifellos war er von Ashmoles eigener Sammlertätigkeit beeindruckt und hielt den gut vernetzten Universalgelehrten für einen geeigneten Hüter seiner Stücke. Tradescant starb 1662. Nach einigem rechtlichen Hin und Her mit seiner Witwe ging die Sammlung schließlich an Ashmole über, der sie mit seiner eigenen beeindruckenden Sammlung aus Münzen, Manuskripten und Büchern kombinierte. Allerdings verblieben die vereinten Sammlungen nicht lange in Ashmoles Obhut. 1677 übergab er sie an die Universität Oxford, die eine neue Einrichtung zur Verbreitung von Wissen schuf, deren Grundstock die beiden Sammlungen bildeten. So entstand das Ashmolean Museum – das erste moderne Museum der Welt.

Das Ashmolean verdient diesen Titel wegen der Klausel bei der Schenkung, dass ein spezielles Haus gebaut werden müsse, um die Sammlungen zu beherbergen und Platz für Vorlesungen und wissenschaftliche Experimente zu bieten. Obwohl das Ashmolean aus dem ursprünglichen Gebäude im 19. Jahrhundert auszog, existiert es noch und beherbergt heute das Museum of the History of Science. Seine Lage an der Broad Street trug sicherlich zu seinem Status bei. Es befindet sich gegenüber dem Sheldonian Theatre, ebenfalls einem von Christopher Wren entworfenen Gebäude, das für Verleihungszeremonien genutzt wurde. Nahebei befindet sich außerdem die Bodleian Library, eine der ältesten Bibliotheken in Europa und einer der wichtigsten Orte der Universität für Forschung und Studium.

Obwohl das Ashmolean deutlich kleiner war als die benachbarten erhabenen Institutionen, ist es architektonisch bemerkenswert. Besonders ausgeprägt ist die symmetrische Fassade an der Broad Street – ein deutlicher Kontrast zu den stärker verzierten Nachbargebäuden, die typischer für das Zentrum von Oxford sind. Die Aufteilung der Fassade wird durch ein klassisches System aus Rhythmen und Proportionen bestimmt: Große, rechteckige Fenster sind gleichmäßig angeordnet und durch abwechselnd dreieckige und bogenförmige Ziergiebel bekrönt. Die Ecken werden durch einen dorischen Pfeiler betont, der die volle Höhe der Struktur einnimmt, während die Balustrade über der Fassade das Spitzdach dahinter verdeckt und so die Rechteckform wahrt. Die hoch aufragende Seite zum Sheldonian und der Bodleian dahinter wird durch den Eingang dominiert, dessen zwei flankierende korinthische Säulen einen gebogenen Ziergiebel stützen – dies ist der Haupteingang.

Das Ashmolean war nicht das erste Gebäude in Oxford in diesem klassischen Stil, es ist aber das erste, das dies so öffentlich zur Schau stellt. Selbst das benachbarte Sheldonian, das von dem Architekten stammte, der bald darauf den Inbegriff des britischen Klassizismus entwerfen würde, die St Paul's Cathedral, scheint in der klassischen Ansicht, die es der Stadt präsentiert, eher zurückzuweichen – seine eindeutig klassizistische

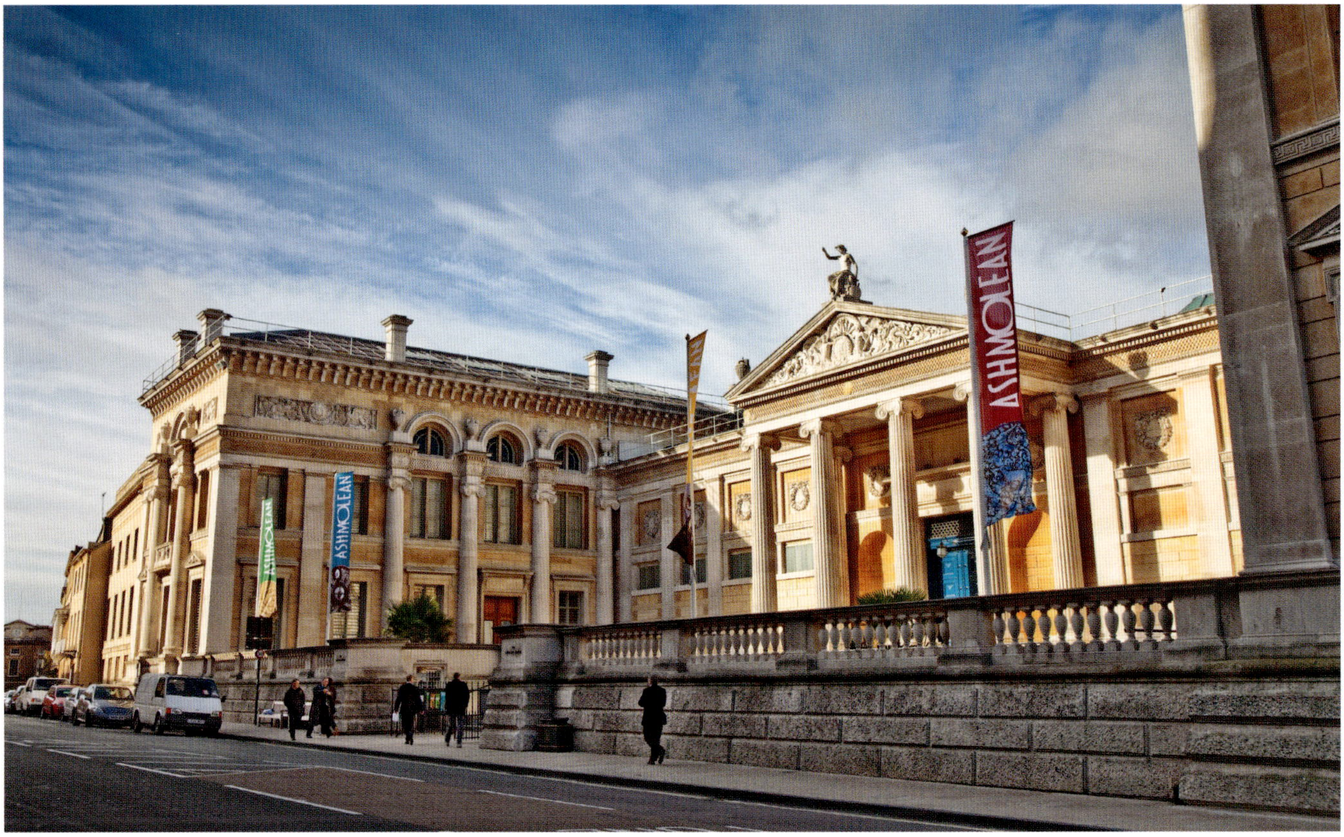
ASHMOLEAN
ASHMOLEAN
ASHMOLEAN

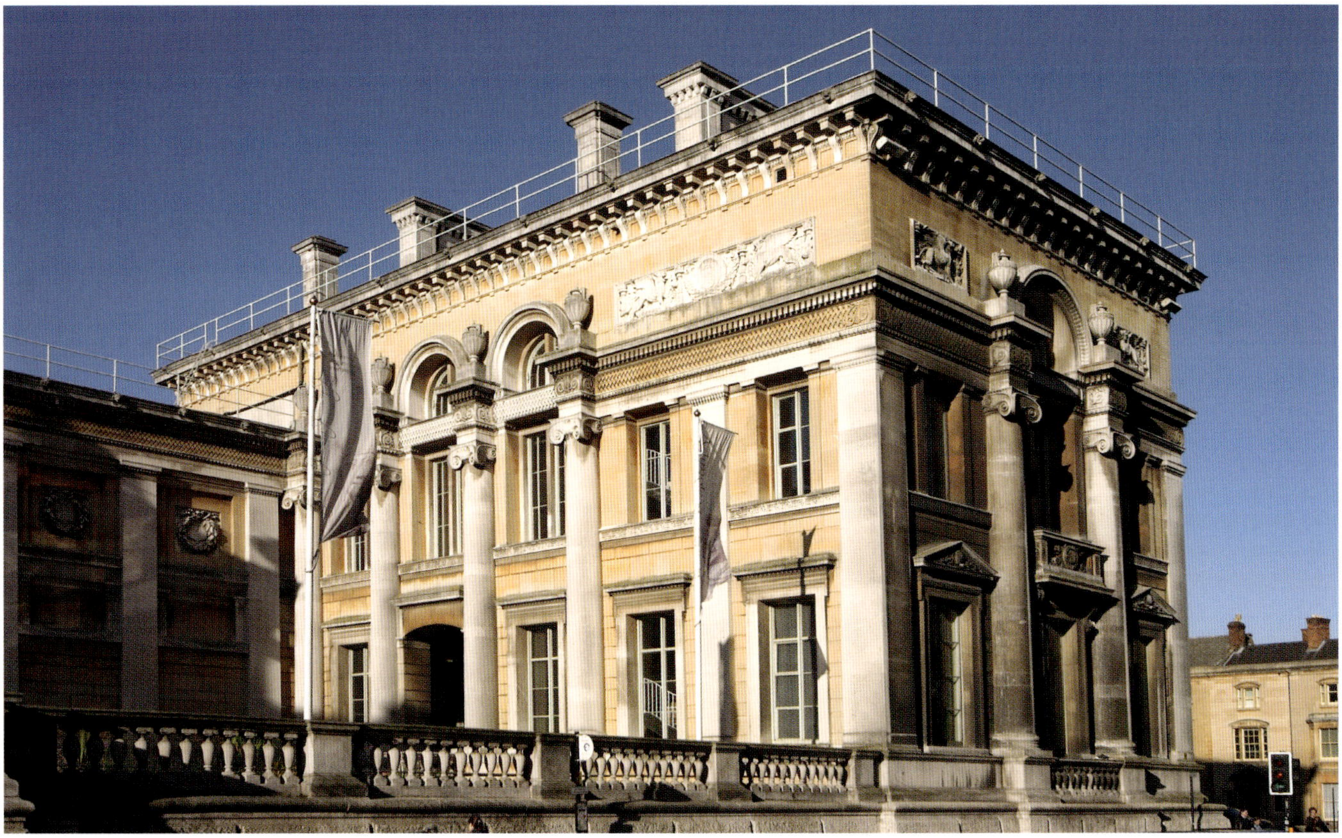

Hauptfassade wendet sich fast schon verschämt der Bodleian zu. In gewisser Weise war das verständlich. Oxfords Position als Zentrum des Lernens beruhte auf seinen mittelalterlichen Ursprüngen, die sich in der entsprechenden Architektur ausdrückten. Und selbst ein Gebäude, das so ambitioniert war wie das Sheldonian, konnte es sich nicht leisten, damit zu brechen.

Das Ashmolean war ein ganz anderer Fall. Es sollte nicht nur eine neue Institution verkörpern, sondern einen neuen *Typ* von Institution, der eindeutig das Produkt des 17. Jahrhunderts war. Das Ashmolean entstand aus dem Geist der Entdeckungen, der sich bis zum Beginn der Renaissance zurückverfolgen ließ und sich zur Zeit der Entstehung des Gebäudes und seiner Sammlungen in den Empirismus und das praktische Experimentieren gewandelt hatte, die die Naturwissenschaftliche Revolution definierten und schon bald die Aufklärung nähren würden. Genau wie im Florenz der Renaissance verdeutlichte der klassische Stil einen Bruch mit den Werten und Idealen der mittelalterlichen Vergangenheit und das Aufkommen eines neuen Augenblicks in der menschlichen Geschichte. In der Renaissance bedeutete es eine Wiedergeburt, eine Rückschau auf die klassische Welt, um die Gegenwart neu zu formen. Mitte des 17. Jahrhunderts waren viele Beobachter angesichts der breiteren kulturellen und geistigen Horizonte, die die Entdeckungen außerhalb Europas eröffnet hatten, der Meinung, dass die Leistungen der Antike nicht nur nachgeahmt, sondern übertroffen werden konnten. Dies war eine

***Links oben*** **Der Vorplatz, die Hauptfassade und der Westflügel des Ashmolean Museum, Oxford**

***Links unten*** **Das Äußere der Taylorian Institution, die an das Ashmolean Museum angrenzt und seinen Ostflügel bildet. Sie wurde als Teil desselben Projekts von C.R. Cockerell entworfen.**

***Oben*** **Das originale Ashmolean-Gebäude an der Broad Street, das heute das Museum of the History of Science beherbergt. Der Bau wurde 1683 abgeschlossen.**

*Links* **Die Ägyptischen Galerien des Ashmolean Museum, Oxford**

*Rechts* **Innenansicht des Ashmolean Museum, das von Rick Mather Architects in den Jahren 2006–2009 umfassend umgestaltet wurde. Die Museumsauslagen wurden von der Firma Metaphor umgestaltet**

Mission, in der das Ashmolean im Speziellen und das Museum als neuer Typ von Institution im Besonderen eine zentrale Rolle spielen würden.

## EINE VORLAGE ENTSTEHT

Als das Ashmolean 1683 eröffnet wurde, trafen alle in diesem Kapitel vorgestellten Museumsprototypen in einer Einrichtung zusammen, die rund um eine Sammlung entstand, die anhand der besten wissenschaftlichen Standards der Zeit ausgestellt und katalogisiert wurden, die offen für die Allgemeinheit und für Wissenschaftler war, und die – das war entscheidend – der Einrichtung ein öffentliches Gesicht gab, das sowohl ihren physischen Inhalt als auch die breiteren kulturellen und aufklärerischen Bestrebungen der Institution verkörperte. Es gab einen Aspekt, der wie ein Überbleibsel der früheren Ära der Kuriositätenkabinette und besonders des *Studiolo* als sehr privater Raum und Verweis auf die nachfolgende Geschichte der Beziehungen zwischen Museen und ihren Wohltätern wirkte. Das war die Benennung nach seinem Gründer – Ashmolean –, die eine Spannung zwischen der Konzeption des Museums als Ort des allgemeinen Lernens und seiner Rolle als Vermächtnis seines Gründers erzeugte – und in diesem Fall auch noch auf Kosten der Tradescants. Wie um dies zu untermauern, beauftragte Ashmole ein sehr großes Porträt seiner selbst, das er zusammen mit der Sammlung der Universität übergab – komplett mit einem Rahmen des meisterhaften Holzschnitzers Grinling Gibbons.

In dieser Hinsicht ist das Ashmolean sowohl eine Zusammenfassung als auch ein Vorläufer, die Sammlung einer Reihe verschiedener Prototypen und eine Institution, die in gewisser Weise zum Ausgangspunkt für alle nachfolgenden Museen wird. Das folgende Kapitel untersucht die nächste Stufe in der Entwicklung des Museums als Idee und Institution im 18. und frühen 19. Jahrhundert, als es zur grundlegenden Manifestation der Aufklärung wurde. Während das Kuriositätenkabinett der Versuch war, die bekannte Welt in einem einzigen Raum zu versammeln – ein Mikrokosmos des Makrokosmos – was das Museum der Aufklärung definiert durch die Strenge bei den Klassifikations- und Ausstellungssystemen. Anstatt sie als Ganzes darzustellen, wurden Objekte nach Periode, Typ und Herkunftsort organisiert und erzeugten so weniger eine Mischung der Welt als vielmehr eine Enzyklopädie. Gleichzeitig begründeten europäische Staaten, vor allem die Kolonialreiche, Nationalmuseen als Ausdruck der Vorherrschaft ihrer eigenen Kunst und Kultur sowie ihrer imperialen Macht, die wirtschaftliche und militärische Stärke in kulturelle Energie übersetzten. Das Zeitalter der Entdeckungen wurde vom Zeitalter der Kolonialisierung ersetzt – wie die Renaissance von der Aufklärung. Wie wir sehen werden, ist das Museum der Aufklärung nicht nur eine Reflexion oder gar Verkörperung dieses Übergangs, sondern eine seiner treibenden Kräfte.

*Links* **Der Vorplatz und die Ionische Kolonnade des British Museum, London, entworfen von Sir Robert Smirke ab 1823**

*Rechts* **Druck aus dem 19. Jahrhundert mit einer Darstellung der King's Library im British Museum, London**

# 2. DAS MUSEUM DER AUFKLÄRUNG

Viele der wichtigsten und bekanntesten Museen stammen aus der Zeit der Aufklärung und sind auf ihre oft sehr individuelle Art Produkte dieser Zeit. Beginnend mit dem Beispiel des British Museum zeichnet dieses Kapitel das Aufkommen von Museen in ganz Europa nach, zum Beispiel in Frankreich, Österreich, den Niederlanden, Spanien, Russland und Deutschland. Auch wenn sie sich zweifellos unter vergleichbaren kulturellen und geistigen Bedingungen entwickelten, waren die Gründe für ihre Erschaffung doch höchst verschieden. Sie reichten vom Museum als Symbol der Revolution und der gestürzten gesellschaftlichen und politischen Ordnung bis zum Museum als politisches Beruhigungsmittel, also als Demonstration der persönlichen »Aufklärung« eines Monarchen für seine Untertanen, um seine Position zu sichern.

Historisch gesehen war dies ein Moment der Paradoxe: von Revolution und politischer Festigung, von außerordentlichen, tiefgreifenden und weitreichenden kulturellen und intellektuellen Verwandlungen und gleichzeitiger Unterwerfung kolonialisierter Völker und ihrer Länder unter die europäischen Mächte und ihre systematische Ausbeutung. Das Zeitalter der Aufklärung war auch das Zeitalter des Empire. Wie dieses Kapitel zeigen wird, war das Museum nicht einfach nur eine Reflexion der Kräfte, die diesen janusköpfigen Augenblick der Menschheitsgeschichte prägten, sondern spielte eine zentrale Rolle darin.

## DIE GALERIE DER AUFKLÄRUNG

Es gibt eine Galerie im British Museum, die sich von allen anderen unterscheidet. Die meisten der Galerien des Museums spiegeln die Organisation ihrer Sammlungen nach dem Herkunftsort, dem Zeitpunkt der Entstehung und der Art des Objekts. Die sogenannte Enlightenment Gallery ist stattdessen dem Museum selbst und speziell seinen Ursprüngen gewidmet – sowohl den Ideen, die prägten, als auch den besonderen Ausstellungsformen, die diese verdeutlichten. Nur selten geben Museen so freimütig über die entscheidenden Augenblicke ihrer Geschichte Auskunft.

Geht man vom Great Court des Museums, der sich eindeutig im 21. Jahrhundert befindet, in die lange Galerie entlang seines östlichen Flügels, scheint man eine andere Welt zu betreten – ein seltsames Hybrid zwischen dem 18. Jahrhundert und unserer Zeit. Zuerst fällt einem die ganz andere Atmosphäre auf. Im Gegensatz zur relativen Neutralität und Gleichmäßigkeit der modernen Galerieräume, die versuchen, ein Objekt aus seinem temporalen Kontext zu lösen, bietet die Enlightenment Gallery eine außergewöhnlich reiche und volle räumliche Erfahrung, die an eine bestimmte Zeit und einen bestimmten Ort erinnert.

Verkörpert wird dies durch das Objekt, das im Zentrum der Galerie die Besucher begrüßt. Es ist mit Piranesi Vase beschriftet und kann durchaus als Werk von Giovanni Battista Piranesi, dem

*Links oben* **Ansicht der britischen Abteilung der Great Exhibition, Hyde Park, London, 1851 von Robert Kent Thomas**

*Links unten* **Das Querhaus der Great Exhibition im Crystal Palace, dem Glas- und Stahlbau, der von Joseph Paxton entworfen wurde, Hyde Park, London**

*Rechts* **Die heutige »Enlightenment Gallery« in der früheren King's Library des British Museum, London**

großen Architekturvisionär des 18. Jahrhunderts, betrachtet werden. Das ist aber nur die halbe Wahrheit. Tatsächlich ist die Vase ein Mix verschiedener Fragmente aus dem zweiten Jahrhundert v. Chr., die 1769 in der Hadriansvilla in Tivoli entdeckt und dann von Piranesi zusammengesetzt worden waren. Sicher ist kein Objekt geeigneter, um Besucher in eine Galerie einzuführen, in der die Vergangenheit so präsent ist.

Der Raum, der heute die Enlightenment Gallery beherbergt, wurde 1831 nach Entwürfen von Sir Robert Smirke fertiggestellt, dem Architekten des ersten als Museum erbauten Gebäudes. Die ursprüngliche King's Library gehörte zu den ersten fertigen Bereichen des Museums. Der Grund für die frühe Fertigstellung war zweifellos, dass es die aus mehr als 65.000 Büchern bestehende Bibliothek von George III. aufnehmen sollte, die sein Sohn George IV. ihm 1823 übergeben hatte, im selben Jahr, in dem auch der Bau begann. Nach ihrer Fertigstellung 1831 wurde die Galerie kurz zur Besichtigung geöffnet. Anschließend blieb der Zugang auf wenige Besitzer von Eintrittskarten beschränkt. Dies behielt man bis 1851 bei, als die Beschränkungen im Zuge der Great Exhibition zeitweise aufgehoben wurden. Sechs Jahre später wurde sie schließlich für den allgemeinen Zugang geöffnet.

Zu dieser Zeit war das British Museum mehr als 100 Jahre alt. Doch auch wenn die Welt sich inzwischen grundlegend gewandelt hatte, wurden zeitgenössische Besucher immer noch an die Ideale erinnert, die ein Jahrhundert zuvor seine Gründung bewirkt hatten. Und natürlich sind diese Ideale auch heute noch spürbar – sie drücken sich in der systematischen Kategorisierung und Präsentation seiner Sammlungen aus, in seinem Versuch, eine Enzyklopädie der Kunstfertigkeit der Welt zu bieten, und der Art und Weise, wie es dazu dient, eine nationale kulturelle Vormachtstellung auszudrücken. Kurz gesagt, sind sie der eigentlichen Idee des Museums als spezielle Art von Institution inhärent. Um also analysieren zu können, wie wir das Museum heute verstehen, müssen wir die Entwicklung dieser Ideale in der zweiten Hälfte des 18. Jahrhunderts nachzeichnen und untersuchen, warum sie das Museum der Aufklärung definieren.

## SAMMELN IM GEISTE DER AUFKLÄRUNG

Die King's Library beherbergte die Bücher von George III., bis sie 1997 in die neue British Library an der nahegelegenen Euston Road überführt wurden. Im Jahr 2000 begannen Renovierungen, um der Galerie wieder das ursprüngliche Aussehen von 1820 zu geben. Abgeschlossen wurde dies 2003 – zum 250. Jahrestag der Gründung des Museums. Es war ein logischer Zeitpunkt, um eine Galerie zu eröffnen, die sich auf die Ursprünge des Museums konzentriert und daher auf die ersten Sammlungen zurückgreift.

Diese Sammlungen hatten dem Arzt und eifrigen Sammler Sir Hans Sloane gehört, der einwilligte, sie dem Staat zu überlassen,

wenn seinen Erben £20.000 ausgezahlt würden und man eine öffentliche Einrichtung zur Aufnahme der Objekte gründete. Ein entsprechendes Gesetz verabschiedete das Parlament 1753. Im selben Jahr starb Sloane mit 92 und das British Museum entstand.

Sloane ist in vielerlei Hinsicht interessant, nicht zuletzt, weil sein sehr langes Leben wie eine Brücke zwischen der Naturwissenschaftlichen Revolution des 17. und der Aufklärung des 18. Jahrhunderts scheint. Sloane stammte aus Ulster im heutigen Nordirland. Obwohl seine Familie nicht reich war, konnte er in London sowie in Frankreich studieren, wo er an der Universität von Orange einen Abschluss als Mediziner erwarb. Wieder zurück in Großbritannien praktizierte er erfolgreich als Arzt. Er behandelte eine Reihe von gesellschaftlichen Größen des 18. Jahrhunderts, darunter drei aufeinanderfolgende Monarchen.

Parallel zu seiner medizinischen Tätigkeit war Sloane in der Royal Society – die 1660 von Karl II. gegründet worden war, um die wissenschaftlichen Erkenntnisse voranzutreiben – aktiv und hatte die Ehre, Sir Isaac Newton 1727 als ihr Präsident nachzufolgen. Die Royal Society war vor allem in ihren frühen Jahren nicht auf das Streben nach Wissen um seiner selbst willen ausgerichtet, sondern auf die Art von Entdeckungen, die Nutzen brachten – ob gesellschaftlich, materiell oder militärisch. Sloanes Laufbahn spiegelt dieses Streben gewissermaßen wider: Das Umsetzen neuer wissenschaftlicher Erkenntnisse in die Praxis, etwa in seiner Förderung der Impfungen gegen die Pocken, die heute ausgerottet sind, jedoch bis ins 20. Jahrhundert für viele Tode verantwortlich waren.

Dieses Streben nach Wissen zeigte sich auch in Sloanes Sammlertätigkeit, vor allem im Bereich der Naturgeschichte. Schon als Kind zeigte er Interesse für dieses Gebiet und entwickelte es weiter, als er Ende der 1680er Jahre Christopher Monck, den Herzog von Albemarle, als Leibarzt nach Jamaika begleitete. Dort sammelte er 800 Proben aus der Natur sowie verschiedene Kuriosa. Diese bildeten die Grundlage des Buches, das er später unter dem Titel *A Voyage to the Islands Madera, Barbados, Nieves, S. Christophers, and Jamaica* (Band I 1707; Band II 1725) veröffentlichte. An das Ende der Titelseite setzte Sloane ein Zitat aus dem biblischen Buch Daniel: »Many shall run to and fro, and knowledge shall be increased« (Viele werden es durchforschen und große Erkenntnis finden). Für Sloane war das Anhäufen von Objekten aus der ganzen Welt entscheidend für die Förderung des Wissens.

Ungeachtet dieser noblen Ziele gab es auch eine dunklere Seite an Sloanes Sammlung wie auch an anderen aus dieser Zeit. In der Einleitung zu seiner *Voyage* gab Sloane einen kurzen Bericht über die Sklaverei auf der Insel. Die Zuckerrohrplantagen, die der Herzog in seiner Eigenschaft als Gouverneur beaufsichtigte, wurden von afrikanischen Sklaven beackert. Sloane war offensichtlich fasziniert davon, wie sie lebten, wie sie miteinander

***Links oben*** **Außenansicht der British Library, London, entworfen von Colin St John Wilson mit M.J. Long und anderen 1977–78 und erbaut 1992–99, allerdings schon 1997 eröffnet**

***Links unten*** **Innenansicht der British Library, London, mit Verkehrsflächen und der King's Library**

***Rechts*** **Ein Schabblatt von Sir Hans Sloane aus dem Jahr 1729 von J. Faber, junior, nach einem Gemälde von Sir Godfrey Kneller, 1716**

***Ganz rechts*** **Titelseite des zweiten Bandes von *A Voyage to the Islands Madera, Barbados, Nieves, S. Christophers, and Jamaica…* von Sir Hans Sloane, veröffentlicht 1725**

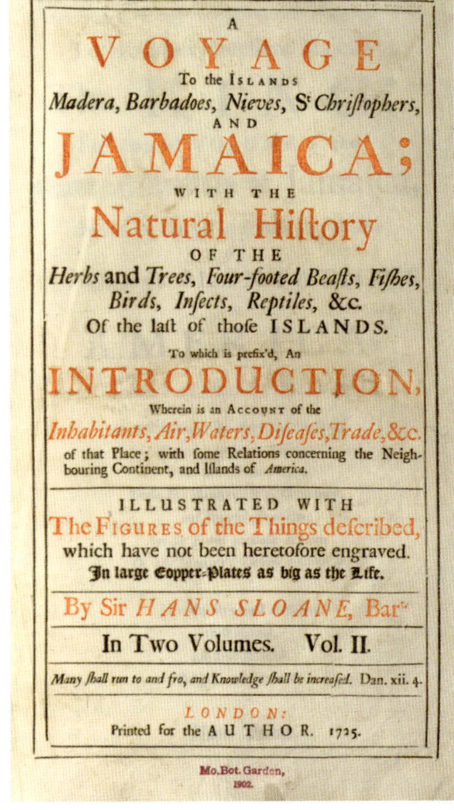

A

VOYAGE

To the ISLANDS

*Madera, Barbadoes, Nieves, S^t Chriſtophers,*

AND

JAMAICA;

WITH THE

Natural Hiſtory

OF THE

*Herbs* and *Trees, Four-footed Beaſts, Fiſhes, Birds, Inſects, Reptiles,* &c.

Of the laſt of thoſe ISLANDS.

To which is prefix'd, An

INTRODUCTION,

Wherein is an ACCOUNT of the

*Inhabitants, Air, Waters, Diſeaſes, Trade,* &c.

of that Place; with ſome Relations concerning the Neighbouring Continent, and Iſlands of *America.*

ILLUSTRATED WITH

The FIGURES of the Things deſcribed, which have not been heretofore engraved. In large Copper-Plates as big as the Life.

By Sir *HANS SLOANE*, Bar^t.

In Two Volumes. Vol. II.

*Many ſhall run to and fro, and Knowledge ſhall be increaſed.* Dan. xii. 4.

*LONDON:*
Printed for the AUTHOR. 1725.

*Links oben* **Die »Enlightenment Gallery«, die eine Reihe von Objekten aus der Sammlung von Sir Hans Sloane enthält, British Museum, London**

*Links unten* **Zeitgenössische Zeichnungen zu einigen Exemplaren aus Sir Hans Sloanes Herbarium, aus dem Natural History Museum, London**

umgingen und von dem, was wir heute als kulturelle Identität bezeichnen würden, die sich in ihrem Glauben, ihren Ritualen und sogar in ihren Musikinstrumenten und ihrer Musik ausdrückte.

Sloanes Verbindungen zu Jamaika – oder auch der Sklaverei – rissen mit seiner Rückkehr nach Großbritannien nicht ab. Er heiratete Elizabeth Langley Rose, die eine Reihe von Plantagen auf Jamaika geerbt hatte. Die Erlöse erlaubten es Sloane, seine Sammlungen im Laufe der folgenden Jahre zu erweitern. Viele der Objekte und Proben kamen direkt aus den neuen Kolonien des britischen Empire, nicht nur in der Karibik, sondern auch aus Nordamerika und Asien. Es ist nur fair zuzugeben, dass Sloanes Sammlungen ohne das Empire und die Sklaverei nicht existiert – oder zumindest ganz anders ausgesehen – haben würden. Er erwarb jedoch auch viele Objekte europäischer oder britischer Herkunft und kaufte gelegentlich auch Sammlungen von anderen Sammlern, die nach deren Tod verfügbar wurden.

In ihrer Breite und Vielfalt standen Sloanes Sammlungen den Kuriositätenkabinetten der früheren Jahrhunderte in nichts nach. Dennoch unterschieden sie sich ganz grundlegend von ihnen – Sloane nutzte wissenschaftliche Erkenntnisse und Techniken für deren Untersuchung und systematische Organisation. So bestand etwa Sloanes Herbarium aus 250 sorgfältig angeordneten Bänden getrockneter und gepresster Pflanzenproben. Anders als in den Kuriositätenkabinetten, die das Exotische bevorzugten und die ungewöhnlichsten Exemplare besonders prominent ausstellten, standen in Sloanes Sammlung alle Proben auf der gleichen Stufe. Auf diese Weise wurde Wissen durch Vergleiche und Gegenüberstellung generiert, was zu einer elementaren Taxonomie führte. Es überrascht kaum, dass Sloane sich mit Carl von Linné austauschte, dem großen schwedischen Botaniker, der die Basis des modernen taxonomischen Systems entwickelte.

## ENTWICKLUNGEN IN DER KLASSIFIZIERUNG UND NEUE KULTURELLE HIERARCHIEN

Naturgeschichte war nur eine der Kategorien, in denen Sloane sammelte. Die Vielfalt seiner Sammlungen ist im Kern der heutigen Enlightenment Gallery im British Museum hinreichend vertreten, auch wenn seine reine Präsenz problematisch ist. In der ursprünglichen Galerie war eine Büste Sloanes von John Michael Rysbrack von ungefähr 1737 in der Nähe des Eingangs platziert. Im Sommer 2020 wurde sie als Reaktion auf die Black-Lives-Matter-Bewegung in eine Vitrine geräumt und wird nun neben Objekten ausgestellt, die seine Sammlung zum Empire in Beziehung setzen. Dies ist ganz offensichtlich ein Aspekt von Sloanes Hinterlassenschaft, der weiterer Erklärungen bedarf und zweifellos die ganze Galerie infragestellt. Im Augenblick schafft es die Galerie nichtsdestotrotz – vielleicht sogar zu gut – die Ausstellungsmodi des späten 18. und frühen 19. Jahrhunderts nachzubilden und dennoch für die Besucher des 21. Jahrhunderts zugänglich zu sein.

*Links* **Porträt von Johann Joachim Winckelmann von Anton Raphael Mengs, 1777**

Die Galerie ist thematisch in sieben Abschnitte aufgeteilt, die sich sowohl auf Sloanes Sammlungen als auch auf das breitere kulturelle Klima beziehen, aus dem das Museum entstanden ist. Obwohl man die Galerie nach Belieben erleben kann, gibt es einen roten Faden, dem Besucher folgen können, wenn sie ein System bevorzugen. Da der größte Teil von Sloanes Sammlung und damit entsprechend des frühen Museums aus geologischen, pflanzlichen oder tierischen Proben bestand, kommt die »natürliche« Welt passenderweise zuerst.[1] Was ihr Vorhandensein in Sloanes Sammlung und damit im British Museum von ihrer vergleichbaren Präsenz in den Kuriositätenkabinetten unterscheidet, zeigt sich am Beispiel der Fossilien. Vor der Zeit der Aufklärung wurden Fossilien als rein geologische Artefakte betrachtet. Etwa ab der Zeit Sloanes erkannte man, was sie wirklich waren und welche neuen wissenschaftlichen Einblicke sie möglicherweise bieten konnten. Diese neue Wertschätzung zog zu Beginn des 19. Jahrhunderts die Entstehung der Disziplin der Paläontologie nach sich.

Diese Reise von den Kuriositäten oder Exotika zu einem wissenschaftlich begründeten Verständnis kann auch in der Verschiebung von der Altertümelei zur Archäologie beobachtet werden – einem weiteren Abschnitt der Galerie. Kurz gesagt, während Altertumsforscher ihr Wissen über die Vergangenheit mittels Dokumenten, schriftlichen Berichten und ihren physischen Spuren sowie bekannten Ruinen bezogen, wandten Archäologen wissenschaftlich begründete Methoden auf diese Beweise an, um ein tieferes Verständnis zu gewinnen. Dieses Vorgehen wurde auf unterschiedliche Weise für alles genutzt, von alten Sprachen und Schriften bis hin zu Artefakten nichtchristlicher Religionen und Rituale – das heute im Mittelpunkt strenger Forschungen steht und nicht nur deshalb geschätzt wird, weil es exotisch und ganz einfach »anders« ist.

Das Kuriositätenkabinett versuchte, die bekannte Welt in einen Mikrokosmos einzuschließen, während das Museum der Aufklärung danach strebte, sie zu klassifizieren, zu ordnen und ihre Artefakte auf systematische und rationale Art als Repräsentation des momentanen Wissens und Werkzeug für weitere Entdeckungen auszustellen. Während dies auf eine Art selbst schon ein Ziel war, hatten diese Prozesse der Klassifizierung die wichtige Nebenwirkung, dass sie es erlaubten, die Geschichte – sowohl die der Natur als auch die der Menschen – im Hinblick auf ihren Fortschritt zu verstehen: vom Einfachen zum Raffinierten, vom Ungeordneten zum Rationalen, von der Wildheit zur heutigen Zivilisation.

Das war nirgendwo stärker zu spüren als im Bereich der Kunst. Die vielen Kavaliere, die ab Beginn des 18. Jahrhunderts auf ihrer Grand Tour nach Südeuropa zogen, erkannten schon bald, in welchem Maße die Theoretiker der Renaissance das ausgeschlossen hatten, was nicht in ihr kulturelles Ideal passte. Als Reaktion auf diese Auslassungen begannen frühe Kunsthistoriker,

*Oben* Vorplatz und Südfassade des British Museum, London, 1854 von Jules Louis Arnout

*Links* Druck mit einer Darstellung der »Elgin Marbles«, die im British Museum ausgestellt sind, ca. 1841

*Rechts* Luftaufnahme des British Museum, London

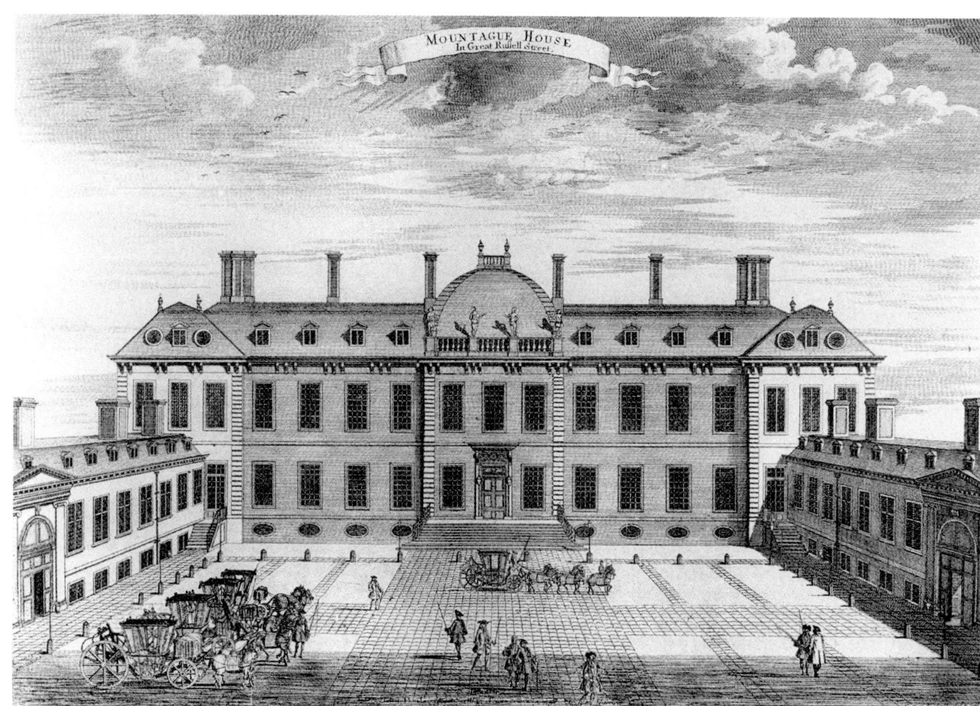


***Links*** **Druck aus dem 18. Jahrhundert mit einer Darstellung des Montagu House, Bloomsbury**

***Rechts*** **Das British Museum im Montague House: ein Grundriss und Fassadenplan der Gartenfassade. Stich von J. Roffe nach A. Pugin, 1823**

allen voran der einflussreiche deutsche Historiker und Archäologe Johann Joachim Winckelmann, die antike Welt nicht als eine einzige zeitliche Einheit aufzufassen, sondern als Abfolge von Perioden mit eigenen Stilen, die schließlich zu einer Art von kulturellem Höhepunkt führten. Für Winckelmann war dies die klassische griechische Kunst, die aber dennoch diese Position nur in Bezug auf ihre ägyptischen und archaischen Vorgänger einnehmen konnte.

Eine der Folgerungen der neuen kulturellen Hierarchien war es, ein eindeutig europäisches kulturelles Ideal zu etablieren, das durch das definiert wurde, was es war, aber auch, was es nicht war: was vorher kam, aber wichtiger noch, was anderswoher kam. Wie man bereits durch Sloanes Sammlungen wusste, gab es im 18. Jahrhundert wohletablierte Handelsrouten in die ganze Welt, über die immer mehr Objekte aller Art aus fernen Ländern nach Europa gelangten. In dieser Zeit entstanden die ersten ethnografischen Sammlungen mit Objekten, die man anhand ihres Herkunftsortes und ihrer Kultur einordnete und nicht einfach nur als Kuriositäten ansah. Viele Sammeltätigkeiten waren eine direkte Folge der Eroberung und Unterdrückung eingeborener Völker – die Geschichte der Museen der Aufklärung ist davon unmöglich zu trennen.

Sloanes Sammlungen wuchsen in einem derartigen Maß, dass er sich gezwungen sah, auf das seinem Wohnsitz am Bloomsbury Place benachbarte Grundstück auszuweichen. 1742 zog er mit seinem immer größer werdenden Sammelsurium an Sammelstücken in ein Herrenhaus in Chelsea in West London um. Dort lebte er bis zu seinem Tod 1753. Nachdem der Staat seine Sammlungen erworben und das British Museum gegründet hatte, wurden sie im Montagu House, einem Herrenhaus aus dem späten 17. Jahrhundert im Stadtteil Bloomsbury ausgestellt, das damit der erste Sitz des Museums wurde. Dieses Haus machte schließlich Platz für Smirkes großartigen Bau, der das Bild der Einrichtung bis heute unauslöschlich prägt.

## PRODUKTE DER AUFKLÄRUNG

Wenn wir zu erklären versuchten, was die Aufklärung von der vorhergehenden Epoche unterscheidet, könnten wir auf ein Wort zurückgreifen: Vernunft. Wie wir im vorigen Kapitel gesehen haben, ergab sich mit dem Entstehen des Humanismus während der Renaissance eine Weltsicht, die nicht länger allein durch die Religion bestimmt war. Die Leistungen der Antike wurde als Modell betrachtet, das man im Jetzt anstrebte. Die Naturwissenschaftliche Revolution des 17. Jahrhunderts baute auf dieser Idee auf und bevorzugte Erfahrungen, Experimente und Messungen vor dem überlieferten Wissen. Die Aufklärung trieb diese Erkenntnis noch weiter voran und erklärte den Einzelnen und seine Erfahrungen in der Welt zur Grundlage von Politik, Gesellschaft und Kultur. Die Denker der Aufklärung waren der Ansicht, dass jeder Mensch mit der Fähigkeit geboren wird, sein eigenes Urteil zu erkennen und zu bilden und die Freiheit des Einzelnen zu freien und glücklichen Gesellschaften führt.

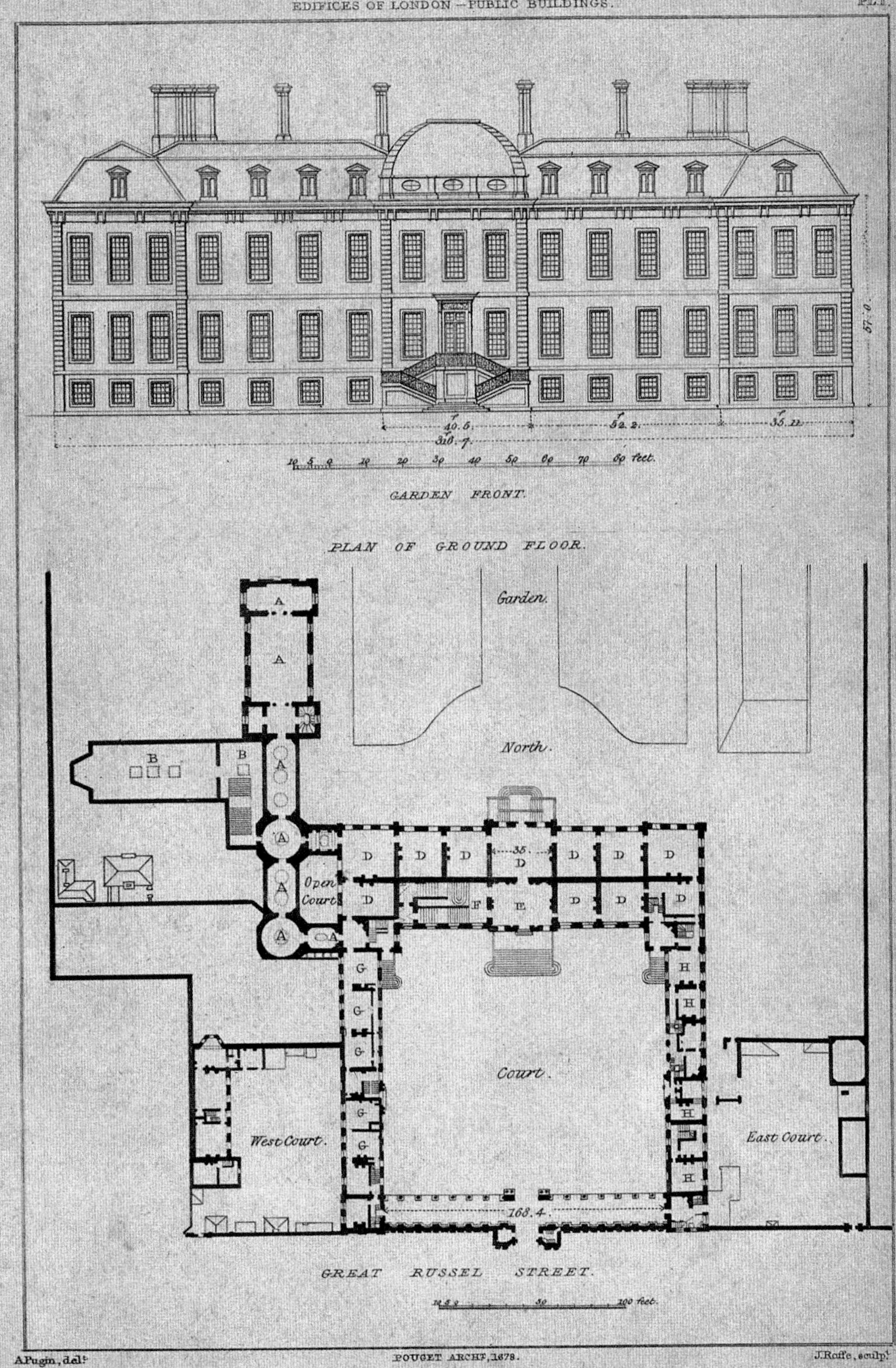
EDIFICES OF LONDON.—PUBLIC BUILDINGS.
PL. I.
57.0
40.6
52.2
35.11
318.7
10 5 0 10 20 30 40 50 60 70 80 feet.
GARDEN FRONT.
PLAN OF GROUND FLOOR.
Garden.
North.
A
B
Open Court.
D
E
F
G
H
35.
Court.
West Court.
East Court.
168.4.
GREAT RUSSEL STREET.
50
100 feet.
A Pugin, del.t
POUGET ARCH.T 1678.
J. Roffe, sculp.t
BRITISH MUSEUM.
C & C.o
London, Published Aug.t 1. 1823, by J. Taylor, High Holborn.

*Links* Fotografie des Louvre, Paris, ca. 1890

*Oben* Fotografie der Flussseite des Louvre, aufgenommen von Edouard-Denis Baldus, ca. 1865

*Rechts* Statue von Pierre Lescot im Louvre, Paris, geschaffen von Henri de Triqueti 1855

Der Einfluss dieser philosophischen Einsichten war natürlich riesig – und manchmal auch explosiv. Sowohl die Praxis als auch die eigentliche Grundlage der Religion wurden mit neuem Eifer infrage gestellt, wenn rationale Denker die Rolle des Klerus, die Art der Interpretation religiöser Texte und manchmal sogar die Existenz Gottes selbst herausforderten. Die Folge waren neue Rechte und Toleranz für Nonkonformisten sowie Rufe nach einer offiziellen Trennung von Kirche und Staat, was sich schließlich in den Verfassungen der USA und Frankreichs niederschlug. Die Naturwissenschaft, die auf Experimente und logische Schlussfolgerungen setzte, wurde selbst fast zu einer Religion – mit der Möglichkeit, die Geheimnisse der Welt zu entschlüsseln.

Besonderen Einfluss auf das politische Denken hatten die Schriften zweier Engländer des späten 17. Jahrhunderts. John Locke und Thomas Hobbes setzten sich auf verschiedene Art für neue Regierungsformen ein, die auf einen sogenannten Gesellschaftsvertrag zwischen dem Volk und dem Staat setzten. Statt von familiärer Geltung oder göttlicher Billigung auszugehen, würde die Macht beim Volk, dem eigentlichen Herrscher, liegen. In Frankreich gingen Denker wie Denis Diderot und Jean-Jacques Rousseau sogar noch weiter und behaupteten, die Freiheit sei der natürliche Zustand des Menschen und würde willkürlich von Staaten beschnitten, die nicht die demokratische Zustimmung des Volkes hätten. Sie blickten dabei auf die absolutistische Monarchie des französischen *Ancien Régime*, das ihrer Ansicht nach die Rechte des Einzelnen beschränkte und dessen Grandeur kein Zeichen von Ansehen, sondern nur von Dekadenz und übermäßigem Luxus sei.

Die Ideen der Aufklärung waren wahrhaftig revolutionär. Sie prägten und lenkten zuerst die Amerikanische Revolution, bei der die Amerikaner sich erhoben und die britische Kolonialmacht verjagten, und dann die Französische Revolution von 1789, durch die Ludwig XVI. und sein Hofstaat gestürzt wurden. Dieser letzte seismische Akt führte zur Gründung eines der großartigsten Museen der Welt, das – fast schon symbolisch – in einem alten königlichen Palast residiert: des Musée du Louvre.

Die Geschichte des Louvre reicht zurück bis ins 12. Jahrhundert, als er nicht als Königspalast, sondern als Festung entstand.[2] Seine Lage am rechten Ufer der Seine sicherte eine Schwachstelle in den Pariser Verteidigungsanlagen. Er besaß außerdem eine symbolische Funktion als sichtbares Zeichen der Macht und des Ansehens Königs Philip II., der zu dieser Zeit auf Kreuzzug war. Der frühe Bau war eine rechteckige Anordnung von befestigten Mauern mit Rundtürmen an den Ecken, umgeben von einem Graben. In Aufbau und Lage am Rande von Paris ähnelte er dem Tower von London, dessen zentrale Komponenten ein Jahrhundert zuvor erbaut worden waren. Elemente der Originalstruktur des Louvre, einschließlich des runden Donjon, der Personen und Gegenstände schützen sollte, wurden ausgegraben und können heute im Museum besichtigt werden.

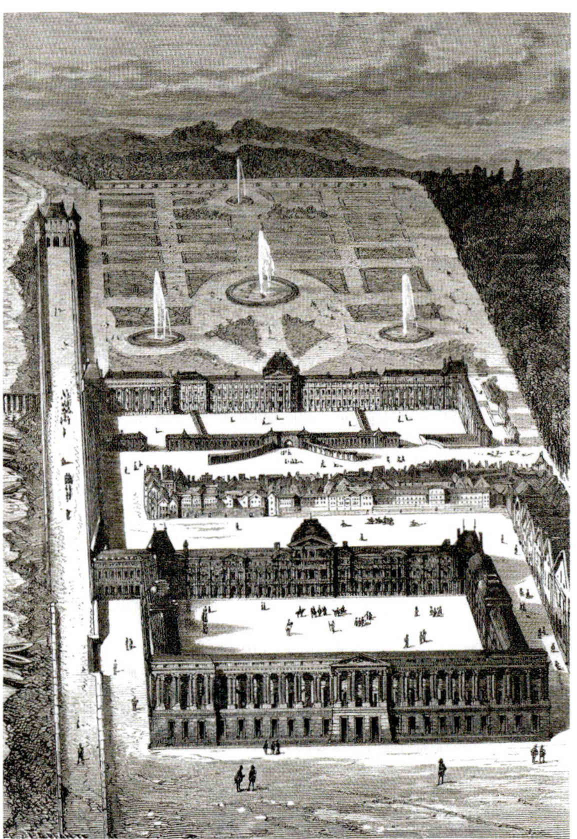

*Oben Eine Versammlung der Königlichen Akademie für Malerei und Bildhauerei im Louvre*, ca. 1712–1721, Öl auf Leinwand, von Jean-Baptiste Martin

*Links* Darstellung aus der Vogelperspektive aus dem 17. Jahrhundert mit dem Tuilerien-Palast, dem Tuilerien-Garten und dem Louvre-Palast, Paris

Fast sofort begann man mit der Veränderung und Erweiterung des Louvre, der sich dadurch immer mehr von einer Burg in einen Palast verwandelte. Im 16. Jahrhundert nahm der Renaissance-Palast, mit dem wir heute vertraut sind – eine Mischung aus klassischen Formen mit Aspekten der traditionellen französischen Architektur – unter Leitung des Architekten Pierre Lescot und im Auftrag von König Franz I. und seinem Sohn Heinrich II. Form an. Dessen Witwe Katharina de' Medici ließ die Arbeiten fortsetzen und den neuen Tuilerien-Palast bauen (1871 zerstört), der den Hof des Louvre an der Westseite abschloss. Einige Jahrzehnte später veranlasste Heinrich IV. den Bau der Grande Galerie, die entlang der ganzen Länge des Palastes an der Seine verlief. Die Arbeiten dauerten bis weit in das 17. Jahrhundert, mit Claude Perraults italienisch anmutender Kolonnade als letzter bedeutender Ergänzung.

In dieser Zeit war der Louvre der Hauptsitz der französischen Monarchie. Seine sich scheinbar ständig vermehrenden Räume beherbergten eine wachsende Sammlung an Bildern und Objekten. Dazu gehörten wichtige Werke von Meistern der nordeuropäischen und italienischen Renaissance, am bekanntesten vermutlich Leonardo da Vincis *Mona Lisa*, die Franz I. 1518 erworben hatte (sie wurde aber auch anderswo ausgestellt).

Als Ludwig XIV. 1682 mit dem Königshof in das Schloss von Versailles südwestlich von Paris zog, wurde der Louvre als wichtigste königliche Residenz abgelöst und begann ein neues Leben als Zentrum der Künste. Ludwig lebte zwar in Versailles, doch große Teile der königlichen Sammlung blieben im Louvre, während Räume für Künstler und wissenschaftliche Akademien und Gesellschaften bereitgestellt wurden, die es oft schon einige Jahrzehnte lang gab. Dazu gehörten die Académie Française, die Académie des Inscriptions et Belles-Lettres, die Académie des Sciences, die Académie d'Architecture und die Académie Royale de Peinture et de Sculpture.

Im 18. Jahrhundert begann man in einigen Kreisen über die Einrichtung eines französischen Nationalmuseums und die Öffnung des Louvre für die Allgemeinheit nachzudenken. Der Philosoph Denis Diderot schlug in seiner *Encyclopédie, ou dictionnaire raisonné des sciences, des arts et des métiers* vor, den Louvre in ein öffentliches Museum nach dem Vorbild des Museion von Alexandria umzuwandeln – in einen Ort, an dem Gelehrte sich treffen könnten, um gemeinsam nach Wissen zu streben, und an dem die größten künstlerischen Schöpfungen der Nation den Menschen zugänglich wären.

Diderots *Encyclopédie* war genau wie das Museum ein klassisches Projekt der Aufklärung. Die nach mehr als 40 Jahren des Forschens, Schreibens und Publizierens erschienene *Encyclopédie* hatte das Ziel, das ganze existierende Wissen zusammenzutragen – am Ende waren es 28 Bände, die vor allem aus Text bestanden, aber auch mehrere Bände mit Illustrationen einschlossen. Das Projekt begann als kommerzielles Unternehmen, initiiert von dem Verleger Le Breton, der einen Markt für die Übersetzung eines

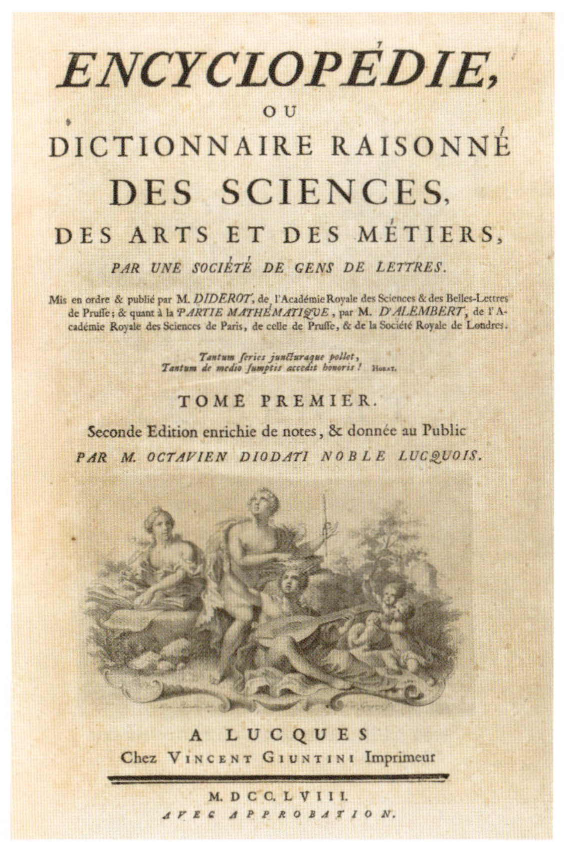

ENCYCLOPÉDIE,
OU
DICTIONNAIRE RAISONNÉ
DES SCIENCES,
DES ARTS ET DES MÉTIERS,
*PAR UNE SOCIÉTÉ DE GENS DE LETTRES.*

Mis en ordre & publié par M. *DIDEROT*, de l'Académie Royale des Sciences & des Belles-Lettres de Pruſſe; & quant à la *PARTIE MATHÉMATIQUE*, par M. *D'ALEMBERT*, de l'Académie Royale des Sciences de Paris, de celle de Pruſſe, & de la Société Royale de Londres.

*Tantum ſeries juncturaque pollet,*
*Tantum de medio ſumptis accedit honoris!* Horat.

TOME PREMIER.

Seconde Edition enrichie de notes, & donnée au Public
*PAR M. OCTAVIEN DIODATI NOBLE LUCQUOIS.*

A LUCQUES
Chez Vincent Giuntini Imprimeur

M. DCC. LVIII.
*AVEC APPROBATION.*

*Unten* **Porträt von Katharina de' Medici ca. 1580 eines unbekannten Künstlers**

*Rechts* **Titelseite von Diderots** ***Encyclopédie*****, diese Ausgabe wurde 1758 veröffentlicht**

vorhandenen Werkes ins Englische sah. Bald wurde klar, dass der Umfang der Arbeit ausgeweitet werden müsste, um erfolgreich zu sein. Le Breton beauftragte den Mathematiker Jean Le Rond d'Alembert sowie Diderot mit der Herausgeberschaft. Beide erkannten, dass das Projekt eindeutig das Potenzial besaß, die Autorität der Kirche und des Staates als Hüter des Wissens herauszufordern. D'Alembert zog sich allerdings 1759 aus dem Projekt zurück.

Diderot hatte mehr als 100 Mitarbeiter, vom Amateur bis zum Experten, darunter Koryphäen der Aufklärung wie Jean-Jacques Rousseau und Voltaire, die unter anderem Einträge zu Geschichte, Geschmack, Politischer Ökonomie und Unzucht lieferten. Zwischenzeitlich geriet das Projekt in Gefahr, als Diderot wegen seiner von der Obrigkeit als subversiv betrachteten Ansichten im Château de Vincennes eingesperrt wurde. Durch den Einfluss verschiedener Kontakte kam er bald wieder frei und so erschien 1751 der erste Band der *Encyclopédie*. Immer wieder gab es Probleme mit der Zensur, da Artikel der Encyclopédie die Gültigkeit der Bibel als unanfechtbare Quelle der Wahrheit infragestellten. Doch auch hier kamen Diderots Kontakte und die wachsende Zahl der Subskribenten zu Hilfe. 1772, acht Jahre vor seinem Tod, erschien der letzte Band.

Als Unterfangen zur Kategorisierung des Wissens, um dies allen Menschen zur Verfügung zu stellen, bildet die *Encyclopédie* eine Art textuelles Äquivalent zum Museum der Aufklärung. Im Fall des Louvre kam dazu der symbolische Akt der Öffnung eines königlichen Palastes für das Volk. Als die bestehende Ordnung 1789 fiel, war der Boden bereit für die Umwandlung des Louvre, die relativ bald durch die nachrevolutionäre Regierung vollzogen wurde.

Vier Jahre nach der Revolution, im August 1793, wurde der Louvre als Museum eröffnet – im selben Jahr starben König Ludwig XVI. und seine Frau Marie Antoinette unter der Guillotine. Was konnte symbolischer für den Umsturz durch die Revolution sein als die Tatsache, dass das »Eigentum« des Königs auf so drastische Weise dem Volk dargebracht wurde?

Interessanterweise war jedoch der Bruch nicht so sauber, wie er im Nachhinein aussieht. Bereits 1737 hatte die Académie Royale de Peinture et de Sculpture Ausstellungen von Werken ihrer Mitglieder im Salon Carré veranstaltet, der Galerie, die in den 1660er Jahren durch den bekannten Architekten Louis Le Vau am östlichen Ende der Grande Galerie erbaut worden war. Diese sogenannten »Salons« erregten in ganz Europa Aufmerksamkeit und spielten sicher eine Rolle bei dem Vorschlag von Diderot und anderen, den Louvre ganz in ein Museum für alle Künste umzuwandeln. Bereits vor der Revolution unternahm man von offizieller Stelle entsprechende Anstrengungen, nämlich Marquis de Marigny und Comte d'Angiviller, sein Nachfolger als De-facto-Minister für die Künste. Dieser gab sogar mehrere Pläne für die Umwandlung der Grande Galerie von Heinrich IV. in einen Ausstellungsraum für die Schätze der königlichen Sammlung in Auftrag. Sie wurden nicht umgesetzt, zumindest nicht in der Form, die man sich vor der Revolution vorstellte. Es wäre auf jeden Fall immer eine Evolution vom königlichen Palast zum *königlichen* Museum gewesen.

*Links* Ansicht der Grande Galerie des Louvre, Paris, gemalt ca. 1880

*Oben* Fotografie der Grande Galerie des Louvre heute, Paris

*Rechts* Salon Carré im Louvre, Paris, entworfen von Louis Le Vau und erbaut in den späten 1660er Jahren

*Unten* Porträt von Denis Diderot, 1767 von Louis Michael van Loo

In der Realität überholte die Revolution die Evolution und der Louvre wurde zu einem öffentlichen Museum. Aus der Grande Galerie wurde ein Ort, an dem das Volk die Gemälde bewundern konnte, die der Krone gehört hatten. Mit der Durchsetzung der radikal egalitären Agenda der neuen Obrigkeit gesellten sich schon bald Werke hinzu, die Geistlichen und Adligen entzogen wurden, gefolgt von solchen, die Napoleon Bonaparte bei seinen Feldzügen aus ganz Europa zusammentrug.

## MUSÉE NAPOLÉON

Napoleon, ein ungemein talentierter militärischer – und rasant aufgestiegener – Anführer war 1796, mit 27, zum Befehlshaber der Italienarmee ernannt worden. Drei Jahre später übernahm er die Kontrolle über ganz Frankreich, als er Le Directoire stürzte – das Komitee, das Frankreich seit 1795 regiert hatte. Seit Beginn seiner Feldzüge auf der italienischen Halbinsel gegen habsburgtreue Herrscher hatte Napoleon nach Kunstwerken Ausschau gehalten, die man beschlagnahmen und nach Paris senden könne. Oft wurde dies in den Friedensverträgen festgehalten, die die besiegten Mächte unterzeichnen mussten, sodass Akte, die ansonsten kaum mehr als Plünderei gewesen wären, den Anschein von Legalität erhielten. Berüchtigt war der Vertrag von Tolentino, der die großen Städte Italiens sowie den Vatikan verpflichtete, ihre Schätze abzutreten.

Zu den Werken, die auf diese Weise nach Paris gelangten, gehörten der *Apollo Belvedere*, der *Laokoon*, Gemälde von Renaissance-Meistern wie Raffael, Tizian, Correggio, Veronese und anderen sowie die vier Bronzepferde aus Venedig, die vom Markusdom aus auf den Markusplatz herabschauten. Bei ihrem Eintreffen in Paris wurden diese Werke mit einem Triumphzug in den Louvre gebracht, vor ihnen ein Banner mit der Aufschrift: »*La Grèce les cèda, Rome les a perdus; Leur sort changea deux fois, il ne changera plus*« (Griechenland gab sie auf; Rom verlor sie; Ihr Schicksal änderte sich zweimal, es wird sich nicht wieder ändern).[3] Mit diesen künstlerischen Schätzen in seinem Besitz sah Frankreich sich nun auf einer Stufe mit den vorherrschenden Zivilisationen der antiken Welt – oder zumindest hofften Napoleon und seine Anhänger dies.

Zur Feier der Errungenschaften Napoleons wurde der Louvre 1803 in Musée Napoléon umbenannt. Im Jahr zuvor hatte der Anführer Frankreichs in einem bedeutsamen Schritt Dominique Vivant Denon, später Baron Denon, zum Direktor des Museums ernannt. Denon hatte Napoleon bereits 1798 und 1799 auf seinem Feldzug nach Ägypten begleitet und würde auch später dabeisein, als sich die militärische Aufmerksamkeit Deutschland und Österreich zuwandte. Die Expedition nach Ägypten sollte die imperialen Interessen Großbritanniens behindern, vor allem die wichtige Handelsroute nach Indien. Sie war aber auch vom Wunsch getrieben, sich an einer der großen antiken Zivilisationen auszurichten

***Links** **Bonaparte beim Überschreiten der Alpen am Großen Sankt Bernhard*** **(Charlottenburger Version), 1801 von Jacques-Louis David**

***Rechts*** **Salle des Cariatides im Louvre, Paris, entworfen von Pierre Lescot und erbaut 1546–1549**

*Ganz links* **Der Stein von Rosetta, Ptolemäische Stele von ca. 196 v. Chr., ausgegraben von Pierre Francois Xavier Bouchard im Jahr 1799**

*Links* **Büste von Dominique Vivant Denon, 1827 von Joseph Charles Marin**

und – für Napoleon persönlich – sich neben einem anderen genialen jungen Feldherrn zu platzieren: Alexander dem Großen.

Napoleons Heer wurde von einer Gruppe aus Künstlern und Wissenschaftlern begleitet. Die Präsenz der Wissenschaftler sorgte dafür, dass die Expedition zumindest teilweise von den Werten der Aufklärung gelenkt wurde und dem Entdecken und Forschen galt und nicht nur der Demonstration französischer Stärke. Allerdings manifestierte sich das Ganze trotzdem in einer Art von kulturell inspirierter Plünderei, die darauf hinauslief, dass nicht nur die ersten oder schönsten Dinge mitgenommen wurden, die man finden konnte, sondern auch nach Objekten von besonderem kulturellem Wert gesucht wurde. Das wichtigste von diesen war zweifellos der Stein von Rosetta.

Bei diesem Stein, den Napoleons Truppen 1799 nahe der Stadt Rashid (Rosetta) gefunden hatten, handelt es sich um das Fragment einer größeren Stele mit einem Erlass des Königs Ptolemaios V., der Ägypten Ende des 2. Jahrhunderts v. Chr. regierte. Der Stein ist für sich genommen relativ unwichtig, allerdings war der Erlass in drei Sprachen abgefasst – Hieroglyphen, Demotisch und Altgriechisch –, sodass er entscheidend zur Entzifferung der ansonsten unverständlichen Schrift der alten Ägypter beitrug und den Weg zu völlig neuem Wissen ebnete.

Der Stein von Rosetta war in vielerlei Hinsicht symbolisch für die archäologischen Funde der Aufklärung. Er stand nicht nur für die Fortschritte beim Verstehen des Alten Ägypten – mit ihm wurde die Ägyptologie begründet – sondern auch für die Art, wie er entdeckt wurde, und wo er schließlich landete. Napoleons Ägyptenzug hatte zwar mit einigen Siegen begonnen, endete aber schließlich in einer Niederlage und der Kapitulation vor den britischen Streitkräften in Alexandria. Der Stein gelangte in britische Hände. Sein Besitz sowie der anderer ägyptischer Antiquitäten, die von den Franzosen zusammengetragen worden waren, wurde mit dem Vertrag von Alexandria 1801 formalisiert, der die Kapitulation Frankreichs festschrieb. Der Stein kam nach London ins British Museum, wo er noch heute zu den bekanntesten Ausstellungsstücken zählt.

Trotz dieses Verlustes wurde der Louvre bzw. das Musée Napoléon weiter mit Kunstschätzen aus ganz Europa gefüllt – Ergebnis des systematischen Raubs, als die militärische sich in eine kulturelle Übermacht wandelte. Es war daher in gewisser Weise passend, dass Denon die Sammlung auf ähnlich systematische Art anordnete. Er gruppierte die Werke anhand ihrer Zeit und »nationalen Schule«, sodass die Besucher die Entwicklung bestimmter Stile über Zeit und Geografie hinweg beobachten konnten. Das Ergebnis war dem botanischen Klassifizierungssystem von Linné vergleichbar – hier eben nur auf die Kunstgeschichte angewandt und nicht auf die Natur. Die daraus resultierende Vorstellung vom Museum als einer Enzyklopädie der Welt – sowohl der menschengemachten als auch der natürlichen – wurde zu einer der definierenden Eigenschaften des Museums der Aufklärung.

Für einen kurzen Moment war der Louvre das Epizentrum der größten künstlerischen Leistungen Europas, ein Museum, das anstrebte, jede Facette der westlichen Kunst zu repräsentieren. Das war jedoch schnell vorbei. Napoleon dankte 1814 nach einer katastrophalen Niederlage ab. Er kehrte 1815 zurück, nur um in der Schlacht von Waterloo endgültig besiegt zu werden. Er wurde nach St. Helena verbannt, eine einsame Insel im Südatlantik, wo er sechs Jahre später starb.

## UMSTRITTENE ERWERBUNGEN

Nachdem Napoleon endgültig gefallen und wieder Frieden in Europa eingekehrt war, strömten die Besucher nach Paris, um die Schätze des Louvre zu besichtigen. Die besiegten Nationen beharrten auf einer Rückgabe der geraubten Kunstwerke. Der Bildhauer Antonio Canova verhandelte im Namen des Vatikan und der Stadt Rom – eine großartige »Quelle von Kunst, Antike und Geschichte«.[4] Nach vielem Hin und Her und der Vermittlung des Herzogs von Wellington, des Siegers von Waterloo, wurden fast alle Schätze aus dem Louvre entfernt, die im Laufe des vorherigen Jahrzehnts in Europa zusammengerafft wurden.

Nicht jeder war damit einverstanden. Vor allem einigen Künstlern gefiel, dass so viele von Europas großen Kunstwerken bequem an einer Stelle zu finden gewesen waren. Der englische Maler Thomas Lawrence bejammerte »die Auflösung einer Sammlung an einer Stelle, die so zentral in Europa ist, wo alles der Öffentlichkeit zugänglich war, mit einem Grad an Freizügigkeit, der anderswo unbekannt ist«. Leider war diese »Freizügigkeit« nur mittels Gewalt zustande gekommen – etwas, das potenziell allen Museen mit enzyklopädischen Ansprüchen gemeinsam war, die auf das Machtungleichgewicht setzten, das mit militärischen Eroberungen und Kolonialisierung einherging.

Während die rechtliche und moralische Unrechtmäßigkeit der Napoleonischen Plünderungen schon damals klar war, was sich in der schnellen Rückgabe der Werke äußerte, waren die Linien in anderen Fällen weniger eindeutig gezogen – und sind es noch heute, wie das Beispiel der Parthenon-Skulpturen beweist. Während Napoleon durch Westeuropa zog, war Lord Elgin, der britische Botschafter im osmanischen Reich, unter dessen Jurisdiktion die Stadt fiel, in Athen damit beschäftigt, die restlichen Skulpturen des Parthenon für ihren Transport nach Großbritannien vorzubereiten.

Als Elgin 1801 mit der Arbeit begann, die vier Jahre dauern sollte, war der Parthenon in einem jämmerlichen Zustand. Größere Umbauten und Schäden an der Originalstruktur gab es seit dem 6. Jahrhundert mit der Umwandlung des Tempels in eine Kirche. Das entscheidendste Ereignis trat jedoch 1687 ein, als der Tempel während der Belagerung der Stadt durch die Venezianer als Pulvermagazin genutzt wurde. Die Osmanen hatten vielleicht

***Ganz links*** **Porträt von Antonio Canova, 1819–1820 von John Jackson**

***Links*** ***Arthur Wellesley, 1. Herzog von Wellington,*** **1815–1816 von Sir Thomas Lawrence**

***Unten*** **Selbstbildnis, 1788 von Sir Thomas Lawrence**

***Gegenüber oben links*** **Fotografie der Karyatiden des Erechtheion auf der Akropolis, Athen, ca. 1849**

***Gegenüber oben rechts*** **Arbeiter entladen einen Teil des Parthenon-Frieses, bevor sie ihn an der Wand der Duveen Gallery im British Museum, London, befestigen**

***Gegenüber unten*** **Ansicht der Propyläen oder des Eingangstors der Akropolis, Athen**

damit gerechnet, dass die Venezianer ein solch wichtiges Gebäude nicht angreifen würden. Leider erwies sich das als trügerisch und ein venezianischer Treffer verursachte eine Explosion, die das Dach sowie eine Reihe von Wänden und Säulen schwer beschädigte.

Nach zwei Jahrtausenden aus Umbauten und Vandalismus befand sich nur noch etwa die Hälfte der Skulpturen an Ort und Stelle. Elgin setzte ein Team aus Künstlern und Arbeitern ein, um die Skulpturen aufzeichnen und aus dem Gebäude entfernen zu lassen. Außerdem ließ er jene einsammeln, die schon vorher heruntergefallen waren. Dazu gehörten die Reste der Giebelskulpturen von den Nord- und Südseiten des Tempels, eine ganze Reihe von Metopen von den vier Seiten des Tempels und der Fries, der um die innere Struktur des Tempel lief. Der Fries war am besten erhalten und bildet nicht nur aus diesem Grund das wichtigste künstlerische Element – hier zeigt sich der Naturalismus der Arbeiten des Phidias am besten.

Auch wenn er behauptete, die nötigen Genehmigungen eingeholt zu haben, gibt es immer noch viele Diskussionen über die Rechtmäßigkeit von Elgins Handeln. Das British Museum beharrt auch heute darauf, dass er »unter Aufsicht der relevanten Behörden agiert« habe.[5] Andere Verteidiger weisen darauf hin, dass Elgin die Skulpturen vor weiteren Beschädigungen und Verfall gerettet habe. Der Parthenon diente nicht nur als Pulvermagazin, es gibt Hinweise, dass die Bevölkerung ihn als Steinbruch nutzte und sogar den Marmor zu Kalk brannte.

Die Debatte über die rechtmäßige Eigentümerschaft der Skulpturen tobt noch heute. Es ist jedoch interessant, auf die Kontroverse zurückzublicken, die ihre Entfernung damals auslöste. Viele kritisierten Elgins Aktion als Plünderung, darunter auch der Dichter Lord Byron, der vier Teile des zweiten Canto seines Gedichts *Childe Harolds Pilgerfahrt* diesem Ereignis widmete. Das 1812 veröffentlichte Gedicht folgt lose Byrons eigenen Reisen durch Griechenland und das Mittelmeergebiet.[6]

XI
Doch von den Räubern dieses Tempels allen,
Dort, auf der Höh', wo Pallas einst gesäumt,
Eh' sie verlassen ihrer Herrschaft Hallen,
Wer hat am schlimmsten, dümmsten aufgeräumt?
Hat Schottland dir, es sei dein Sohn, geträumt?
Ich freue mich, daß es nicht war ein Britte,
Sein freies Herz hätt' sich davor gebäumt;
Doch Jener gab den Tempelsäulen Tritte
Und zog – das Meer fuhr auf! – sie kalt durch seine Mitte.

XII
Und dieser Picte mochte sich noch brüsten,
Daß er zerschellt', was Türk' geschont und Goth'!
Kalt wie die Felsen seiner Heimat Küsten,
Die Seel' so öd', das Herz so hart und todt,

Ist, wer's ersann und wer dann frech gebot,
Athene's arme Reste fortzutragen.
Zu schwach, zu wenden was sie so bedroht,
Empfand der Sohn doch seiner Mutter Klagen;
Da hat die Kette ihm erst recht das Herz zerschlagen.

XIII
Wie? darf es je ein Britte laut erzählen:
England ward reich durch was Athen verlor? –
Wenn Sklaven auch in deinem Auftrag stehlen,
Schrei' doch die That Europen nicht in's Ohr.
Dies England, das die Freiheit sich erkor,
Nimmt noch sein Letztes einem armen Lande!
England, zu dem die Völker schaun empor,
Es raubt jetzt mit Harpyen Hand – o Schande!
Was selbst die Zeit verschont, was kein Tyrann verbrannte!

XV
Kalt ist ein Herz, das dich, schön Hellas, schauet
Und nicht so fühlt wie an der Liebsten Grab;
Stumpf ist das Aug', das nicht in Thränen thauet,
Wenn es erblickt, wie eines Britten Stab
Von deinem Wall das Bildwerk schlägt herab,
Wie sie verschleppen deiner Kunst Altäre!
Verflucht die Stunde, wo sich das begab,

*Oben* **Die Parthenon-Skulpturen im British Museum, London**

*Unten* **Porträt von Lord Byron aus dem 19. Jahrhundert**

*Oben* **Eine Tafel der Parthenon-Skulpturen in den Händen von Trägern, nachdem sie aus Sicherheitsgründen während des Zweiten Weltkriegs in einem unterirdischen Tunnel gelagert worden waren**

*Rechts* **Teil des Frieses der Parthenon-Skulpturen im British Museum, London**

Wo sie um solches Werk durchkreuzt die Meere
Und deine Götterwelt befleckt, und ihre – Ehre!

»Raub«, »Tritte«, »Die Seel' so öd', das Herz so hart und todt«, »am schlimmsten, dümmsten«– Byron hält sich bei seiner Attacke auf Elgin nicht zurück. Interessanter ist jedoch, wie er Elgins Aktionen im Hinblick auf die britische Nation sieht. Insbesondere deutet Byron an, dass »freie Herzen«, als die er zweifellos die Briten betrachtete, gütiger auf Monumente blicken sollten, die an dieser Wiege der Zivilisation und Kultur erschaffen worden waren, »sich bäumen sollten«. Elgin hatte das entfernt, was »kein Tyrann verbrannte« und zerschlug damit den Athenern das Herz. Für Byron war Elgins Handeln gleichbedeutend mit Tyrannei, eine Wunde, die Großbritannien einem »armen Land« schlug und damit weit entfernt von den Werten der Aufklärung.

Elgin ließ die Parthenon-Skulpturen 1807 ausstellen, kurz nach seiner Rückkehr aus Athen. 1817 verkaufte er sie an das British Museum, wo man sie bis heute besichtigen kann. Im Kontext des British Museum, dessen Sammlungen bereits über ihren ursprünglichen Schwerpunkt der Naturwissenschaften hinaus angewachsen waren, wurden sie im Prinzip in die Geschichte der westlichen Kultur eingeordnet, in der sie eine wichtige und wohl auch entscheidende Rolle spielen sollten. Sie stehen hier nicht für sich allein, sondern sind in die westliche Kultur eingebunden, sodass die kulturellen Werte, die sie begründeten – Wahrheit,

Ordnung und Tugend –, sich bis in die Gegenwart verfolgen lassen. Das hat zur Folge, dass die Umstände der Erschaffung der Skulpturen zu diesem speziellen Zeitpunkt und unter dem Eindruck bestimmter kultureller und politischer Faktoren an diesem bestimmten Ort – und wichtig: die Umstände, unter denen sie schließlich in einer Galerie in London gelandet sind – heruntergespielt oder sogar verdrängt werden. Das war es auch, was Byron so sehr ärgerte.

Für unsere heutigen Augen jedoch, für die der klassische Kanon so viel von seinem kulturellen Prestige verloren hat, haben die Parthenon-Skulpturen wie so viele andere Objekte auch eine doppelte Bedeutung: Eine die universell, aber auch spezifisch für die Geschichte und Herkunft des Objekts ist, also im Prinzip sowohl idealistisch als auch materiell. Diese doppelte Bedeutung führt uns in das Herz der Doppeldeutigkeit oder gar des Paradoxes, das im Museum der Aufklärung existiert. Obwohl es auf der Basis der universellen Werte der Vernunft, kritischen Bewertung und der intellektuellen Neugier begründet wurde, beruht seine Existenz und seine enzyklopädische Natur auf geopolitischen Machtspielen, Eroberungen und Kolonialisierung, in denen sie zu wichtigen Symbolen für nationale Selbstständigkeit und nationales Ansehen geworden sind.

Napoleon hat das von Anfang an verstanden, auch wenn er das Musée Napoléon nicht nur in solchen Begriffen auffasste. Tatsächlich kann man das Paradox im Kern des Museums der Aufklärung auch in den zahlreichen aufklärerischen Reformen erkennen, die er in Frankreich durchführte: vom einflussreichen Code Napoleon, der zu einem der ersten zusammenhängenden bürgerlichen Gesetzestexte auf der Welt führte, bis zu den Bildungsreformen, über die ein standardisiertes Bildungssystem eingeführt wurde, und das metrische System, in dem Maße und Gewichte rational aus der Natur abgeleitet wurden, statt auf überkommenen Sitten und Traditionen zu beharren. Das Paradox für Napoleon bestand darin, dass diese Reformen durch eine Militärdiktatur durchgesetzt wurden.

## DAS PRESTIGE AUSNUTZEN

Andere Länder und deren Herrscher fühlten sich offensichtlich von Napoleons Beispiel bei der Schaffung des Musée Napoléon als Ort der Kultur und des Ausdrucks des nationalen Prestiges inspiriert und gründeten ihre eigenen Nationalmuseen, die sie mithilfe ihrer königlichen Sammlungen bestückten. Allerdings war Napoleon keinesfalls der erste, der dies tat. Diese Ehre gebührt Maria Theresia, Erzherzogin von Österreich und Königin von Ungarn und Böhmen, die gemeinsam mit ihrem Sohn, dem Kaiser des Heiligen Römischen Reichs, Joseph II., 1776 beschloss, die kaiserliche Bildersammlung aus der zur Hofburg gehörenden Stallburg in den Oberen Belvedere-Palast zu überführen.

Die Sammlung der Habsburger war zum größten Teil im Laufe des 16. und 17. Jahrhunderts zusammengetragen worden und bestand im Prinzip aus verschiedenen Einzelsammlungen. Am wichtigsten war die des Erzherzogs Leopold Wilhelm, Bruder von Kaiser Ferdinand III., aus der Zeit seiner Regentschaft über die Niederlande von 1647–1656. In der Zeit nach dem Dreißigjährigen Krieg auf dem Kontinent und dem Englischen Bürgerkrieg jenseits des Kanals wurden viele große Kunstwerke und Sammlungen plötzlich verfügbar, als die politische Bedeutung bestimmter Sammler (genau wie ihr Vermögen) schrumpfte, während andere aufstiegen. Dazu gehörten die Sammlungen der Herzöge von Buckingham und Hamilton, die beide einige wichtige italienische Gemälde besaßen, zu denen Leopold Wilhelm Werke der nordeuropäischen Renaissance und zeitgenössischer niederländischer Künstler hinzufügte. Insgesamt handelte es sich um 1.400 Bilder. Das Gemälde *Erzherzog Leopold William in seiner Galerie in Brüssel* von David Teniers dem Jüngeren, der als eine Art Kurator für Leopolds Sammlung diente, zeigt den Erzherzog (und auch Teniers selbst) in seiner Galerie in Brüssel, umgeben von den wichtigsten Werken. Die Dichte und Anordnung der Bilder ist sicher übertrieben, dennoch bietet das Bild einen Eindruck von der Sammlung an ihrem ursprünglichen Standort vor dem Umzug in die Stallburg 1656.

Im Gegensatz zur Hofburg, die sich im Zentrum von Wien befindet, wurde das Belvedere am damaligen Stadtrand erbaut. Es besteht aus zwei Barock-Palästen in einem Landschaftsgarten. Errichtet wurden diese auf Anregung des Prinzen Eugen von Savoyen, der den bekannten Barock-Architekten und Militärtechniker Johann Lukas von Hildebrandt, mit dem er in militärischen Angelegenheiten zusammengearbeitet hatte, mit ihrer Gestaltung beauftragte. Der untere, bescheidenere Palast wurde zuerst fertiggestellt, während das Obere Belvedere, mit seiner großartigen Fassade und der aufwendigen Marmorhalle mit Rokoko-Fresken von Carlo Carlone erst 1723 beendet wurde.

Prinz Eugen starb 1736, ohne ein Testament zu hinterlassen. Nach hinreichender Überlegung bestimmte Kaiser Karl VI., der Vater Maria Theresias, Eugens Nichte Prinzessin Viktoria zur Erbin. 1752 wurde der Palastkomplex an Maria Theresia verkauft. 18 Jahre später sah er die prächtige Feier anlässlich der Heirat ihrer Tochter Maria Antonia, besser bekannt als Marie Antoinette, mit dem künftigen König Frankreichs, Ludwig XVI.

Wie die französischen Könige regierte auch Maria Theresia als absolutistische Herrscherin, die über dem Gesetz stand. Allerdings nutzte sie ihre Macht zumindest in einigen Bereichen ganz anders. Anstatt die Ideen der Aufklärung als Bedrohung zu sehen, setzte Maria Theresia auf »aufklärerische« Reformen. Sie modernisierte den Staat und die Wirtschaft, führte ein neues Steuersystem ein und reformierte die Armee. Außerdem krempelte sie das Bildungssystem um und führte die Schulpflicht ein. Gleichzeitig äußerte sich ihr strenger Katholizismus in ihrer Intoleranz gegen

*Links* Oberes Belvedere, Wien, Österreich, entworfen von Johann Lukas von Hildebrandt und erbaut 1717–1723

*Oben Erzherzog Leopold William in seiner Galerie in Brüssel*, 1651 von David Teniers dem Jüngeren (Version aus dem Kunsthistorischen Museum, Wien)

*Rechts Erzherzog Leopold William in seiner Galerie in Brüssel*, 1651 von David Teniers dem Jüngeren (Version aus dem Prado, Madrid)

*Rechts* Decke im Oberen Belvedere, Wien, entworfen von Johann Lukas von Hildebrandt und erbaut 1717–1723

*Links* **Wilhelm V., Prinz von Oranien und Vater von Wilhelm I., König der Niederlande, präsentiert sich als Ritter des Hosenbandordens auf der Terrasse von Huis ten Bosch, 1752**

*Rechts oben* **Maria-Theresien-Platz und das Kunsthistorische Museum, Wien**

*Rechts unten* **Innenansicht des Kunsthistorischen Museums, Wien**

alles, was sie für unmoralisch hielt. Sie unterdrückte Nichtkatholiken und verhängte strenge Regeln rund um sexuelle Aktivitäten.

Je nach Sichtweise kann man daher die Öffnung des Belvedere für die Allgemeinheit im Jahre 1781 auf zwei ganz unterschiedliche Arten sehen. Einerseits könnte man sie für die Tat einer wirklich »aufgeklärten« Herrscherin halten, die tatsächlich den Wunsch verspürte, die Schätze der königlichen Sammlung dem Volk zugänglich zu machen. Andererseits könnte man hier den Versuch sehen, ihre Macht zu konsolidieren und zu stärken, indem sie das Bild einer gütigen Monarchin präsentiert. Vermutlich war es ein bisschen von beidem. Es hatte sicher politische Vorteile, das Prestige der königlichen Sammlung auf diese neue Art auszunutzen, war aber eindeutig mehr als das. Eine simple Zurschaustellung von Prestige erfordert nicht die sorgfältige und systematische Anordnung von Werken auf eine Weise, die neue kuratorische Standards setzt, oder die Veröffentlichung eines Katalogs, der ebenfalls nach besten wissenschaftlichen Überlegungen zusammengestellt war.

## AUFKOMMENDE KURATORISCHE STANDARDS

1888 wurden die kaiserlichen Sammlungen in das neue Kunsthistorische Museum an der Wiener Ringstraße gebracht. Es war nicht das erste frühe Nationalmuseum, das von seinem ursprünglichen Standort wegzog. Das Rijksmuseum hatte sich 1800 zuerst im Huis ten Bosch, einem königlichen Palast in Den Haag, befunden. Die Idee eines Nationalmuseums entstand mit der Gründung der Batavischen Republik im Jahr 1795, die auf die seit Ende des 16. Jahrhunderts bestehende Republik der Vereinigten Niederlande folgte. Der Finanzminister der neuen Republik, Isaac Alexander Gogel, wollte, dass die Niederländer dem Beispiel der Franzosen folgen und ein Nationalmuseum zu Ehren der neuen Republik einrichten. 1798 wurde Gogels Plan angenommen und ein Museum gegründet, dessen Bestand hauptsächlich aus den Sammlungen der früheren niederländischen Herrscher stammte. Natürlich lag sein Schwerpunkt auf der niederländischen Kunst, vor allem des Goldenen Zeitalters der Mitte des 16. Jahrhunderts.

Die Batavische Republik war als Tochterrepublik Frankreichs gegründet worden, eine Beziehung, die Napoleon 1806 mit der Schaffung des Königreichs Holland und der Einsetzung seines Bruders Louis Napoleon als König formalisierte. Zwei Jahre später befahl Louis den Umzug des Museums von Den Haag nach Amsterdam, das er zur Hauptstadt des Königreichs machte. Dort wurde es im ursprünglich als Rathaus erbauten Königlichen Palast am Dam-Platz untergebracht. Später kam die Sammlung der Stadt hinzu, darunter Rembrandts monumentale *Nachtwache* von 1642. Nachdem Wilhelm I. 1813 als König zurückkehrte, zog die Sammlung erneut um, dieses Mal in das Trippenhuis, einen

*Links oben* Druck nach einem Gemälde mit einer Darstellung des Königspalastes von Amsterdam, ca. 1800

*Links unten* Das Trippenhuis, Amsterdam, entworfen von Justus Vingboons und erbaut 1660–1662

*Rechts oben* Das Prado-Museum, Madrid, entworfen von Juan de Villanueva im Jahr 1785

*Rechts unten* Innenansicht des Prado-Museums, Madrid

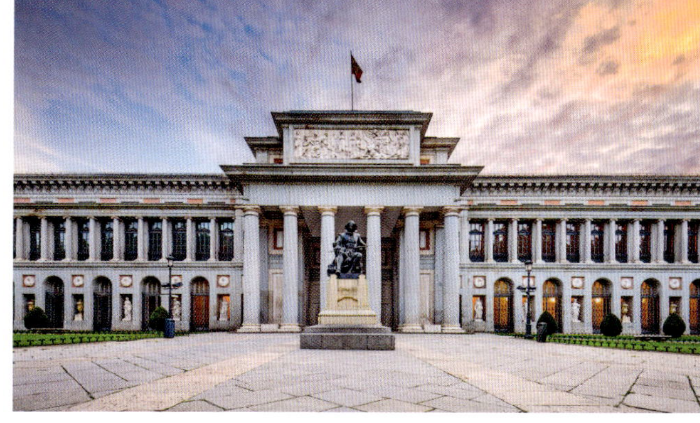

klassizistischen Palast aus der Mitte des 17. Jahrhunderts im Zentrum der Stadt. Kurz darauf wurde die Sammlung aufgeteilt: Historische Objekte wurden nach Den Haag geschickt und in Haarlem wurde eine Sammlung des 19. Jahrhunderts eingerichtet. Der aktuelle Bau, von Pierre Cuypers in einer Kombination aus gotischen und Renaissance-Elementen entworfen, der die Sammlung wieder vereinte, wurde erst 1876 begonnen und neun Jahre später eröffnet.

Die komplexe frühe Geschichte der Institution spiegelt nicht nur das veränderliche politische Umfeld wider, in dem das Nationalmuseum ein wichtiges Symbol war, sondern auch den Wunsch, die Sammlung auf zufriedenstellende Weise zu zeigen, sowie die sich entwickelnden kuratorischen Standards dieser Zeit. Das Trippenhuis war zwar groß, aber nicht groß genug, und niemals wirklich für die Sammlung geeignet.

Während frühe Nationalmuseen oft in Gebäuden untergebracht waren, die eigentlich einen anderen Zweck hatten, wurden einige extra dafür errichtet. Eines der bedeutendsten Beispiele hierfür ist der Prado in Madrid. Eigentlich sollte das Gebäude das naturgeschichtliche Kabinett der spanischen Krone aufnehmen – und kein Kunstmuseum sein.

König Karl III. hatte den Architekten Juan de Villanueva, der oft für die königliche Familie tätig war, mit dem Entwurf des Prado beauftragt. Villanueva ließ sich von den besten klassizistischen Modellen der Zeit inspirieren und schuf eine lange, von Nord nach Süd verlaufende Fassade mit einem riesigen dorischen Portikus in der Mitte und vorspringenden Pavillons an beiden Enden. Von außen wirkt er wie ein Palast, mit einem hochgewölbten Erdgeschoss, einem 1. Stock, der leicht hinter einer Kolonnade ionischer Säulen zurückgesetzt ist, und einem massiven Gesims, das ein flaches Dachgeschoss umgibt. Diese Architektur will durch ihre Größe und dekorative Strenge überwältigen. Innen zieht sich eine lange Galerie mit einem Tonnengewölbe durch den zentralen Teil des Gebäudes und endet im Norden mit einer großartigen kassettierten Kuppel, die auf ionischen Säulen ruht – eine elegante Hommage an die architektonischen Denkmäler der Antike, speziell das Pantheon in Rom.

Obwohl als naturgeschichtliches Museum erbaut, erwies sich der Prado als ideal für die Ausstellung von Kunstwerken, nachdem der Enkel Karls III., Ferdinand VII., auf Drängen seiner Frau, Königin Maria Isabel de Braganza, beschloss, das Gebäude in ein Museum für die königliche Gemälde- und Skulpturensammlung umzuwandeln. Seine Öffnung für die Allgemeinheit im Jahr 1819 wurde wie die des Belvedere fast vier Jahrzehnte zuvor von einem Katalog begleitet, der Einträge für 311 Gemälde enthielt – nur etwa ein Fünftel der gesamten Sammlung.

Das Museo del Prado besitzt viele Werke der italienischen und nordeuropäischen Renaissance, obwohl es natürlich vor allem im Bereich der spanischen Kunst ungeschlagen ist. Durch die Präsentation der Kunstwerke anhand ihrer nationalen Schule fand die spanische Kunst ihren verdienten Platz neben ihren europäischen Nachbarn. Faszinierenderweise war es diese Spezialisierung im Museum der Aufklärung, die überhaupt erst zu Überlegungen zur nationalen Überlegenheit führte.

## KUNST UND KULTUR ALS SYMBOLE DER MACHT

In dieser Hinsicht gibt es einen weiteren Widerspruch im Herzen des Museums der Aufklärung: Fast alle Beispiele für solche Museen, die vorgeblich gegründet wurden, um der Vernunft zu dienen und die Überzeugung zu vertreten, dass alle Menschen mit den gleichen Fähigkeiten geboren werden, die Welt zu erkennen und zu begreifen, wurden von den Herrschern der jeweiligen Länder angeregt, die oft mit absolutistischer Macht regierten. Das gilt nirgendwo mehr als beim Eremitage-Museum von St. Petersburg.

Obwohl die Eremitage erst 1852 für die Allgemeinheit öffnete, geht die Geschichte des Museums zurück auf die Regentschaft Katharinas der Großen, die 1762 mit einem Staatsstreich begann, als sie ihren Ehemann, Peter III., stürzte und selbst Kaiserin von Russland wurde. Katharina war vielleicht mehr als jeder andere Herrscher dieser Zeit den Idealen der Aufklärung ergeben. Neben den verschiedenen Reformen, mit denen sie den russischen Staat und seine Wirtschaft zu modernisieren versuchte, war Katharina eine große Förderin von Kunst, Literatur und Philosophie. Darüber hinaus war sie selbst sehr gebildet, las philosophische Werke und korrespondierte mit einigen der führenden französischen Denker der Aufklärung wie Voltaire und Diderot. Dieser reiste sogar nach Russland, um Katharina persönlich zu treffen.

All dies nährte zweifellos Katharinas Wunsch nach einer Kunstsammlung. Dazu kaufte sie 1764 die Sammlung, die der Händler Johann Ernst Gotzkowsky im Auftrag von Friedrich II. von Preußen zusammengestellt hatte. Die Sammlung wurde verfügbar, weil Friedrich von seiner Vereinbarung mit Gotzkowsky zurückgetreten war und sich weigerte, sie zu kaufen – nach dem Siebenjährigen Krieg fehlten ihm einfach die Mittel. Die Sammlung aus 225 Gemälden konzentrierte sich hauptsächlich auf Nordeuropa und enthielt Werke von Rembrandt, Frans Hals, Rubens, van Dyck, aber auch von einigen italienischen Meistern wie Raffael und Tizian.

Im selben Jahr beauftragte Katharina den Architekten Jurij Felten, neben dem Winterpalast in St. Petersburg ein zweistöckiges Gebäude für ihre neue Sammlung zu errichten. Der Palast war im 18. Jahrhundert nach Entwürfen des Italieners Francesco Bartolomeo Rastrelli gebaut worden, der den Auftrag dazu von Katharinas Vorgängerin, Kaiserin Elisabeth Petrowna, erhalten hatte. An Feltens Gebäude schloss sich ein weiterer Pavillon an, dieser entworfen von dem französischen Architekten Jean-Baptiste Vallin de la Mothe. Beide Werke waren in einem relativ zurückhaltenden klassizistischen Stil und standen damit im Gegensatz zum auffälligeren Barock des Winterpalasts.

In den folgenden Jahren fügte Katharina der Sammlung von Gotzkowsky weitere hinzu. Sie kaufte 1769 den Erben des sächsischen Kanzlers Graf Brühl dessen Sammlungen ab, 1772 vermittelte Diderot zwischen ihr und den Erben von Baron Pierre Crozat; 1779 kaufte sie die Sammlung von Sir Robert Walpole, dem ersten Premierminister Großbritanniens, 1781 die von Graf Baudouin, Graf von Flandern, mit fast 200 Gemälden, und 1787 die von John Lyde-Brown, einem Direktor der Bank of England, der antike Skulpturen zusammengetragen hatte.

Innerhalb weniger Jahrzehnte schuf Katharina also eine der größten Kunstsammlungen Europas, und die Eremitage wurde zu einem der größten Museen der Welt. Für Katharina war die Sammlung sowohl das Symbol als auch die Umsetzung der Aufklärung in Russland. Durch Kunst und Kultur ebenso wie durch Militär oder wirtschaftliche Macht konnte Russland nun neben seinen europäischen Nachbarn bestehen.

In Bezug auf ihre Architektur jedoch vermittelte die Eremitage ein weniger veränderliches Bild: Anbauten an den bereits vorhandenen königlichen Palast folgten dem klassizistischen Stil. Und auch wenn ein Nationalmuseum nicht in einem Königspalast untergebracht wurde, wie etwa der Prado, hielt es sich an dieses Architekturmodell. Der erste wirklich innovative Museumsbau ist in Deutschland zu finden, und zwar in Berlin.[7]

***Unten*** **Der Winterpalast, heute das Eremitage-Museum, St. Petersburg, entworfen von Francesco Bartolomeo Rastrelli 1754–1762**

***Rechts*** **Die Raffael-Loggien im Eremitage-Museum, St. Petersburg. Erschaffen in den 1780er Jahren von Giacomo Quarengh, sind sie eine Kopie der Galerie im päpstlichen Palast des Vatikans**

## DIE EINHEIT ZWISCHEN ARCHITEKTUR UND KUNST

Bereits 1797 wurde dem König von Preußen, Friedrich Wilhelm III., von seinem Berater, dem Altertumsforscher Aloys Hirt der Vorschlag unterbreitet, ein Museum für seine Kunstsammlung einzurichten. Allerdings gewann die Idee eines öffentlichen Museums erst nach 1815 an Schwung, als Napoleon endgültig besiegt worden war und die Kunstwerke, die nach Preußens Niederlage neun Jahre zuvor verschleppt worden waren, zurückkehrten. Für das preußische Volk war die Rückgabe der geplünderten Werke symbolisch für die Wiederherstellung eines gemeinsamen nationalen Erbes und nicht nur für die Rückkehr des Privatbesitzes der Krone.

1822 besuchte Friedrich Wilhelm gemeinsam mit dem Philosophen und einflussreichen Bildungsreformer Wilhelm von Humboldt Italien. Sie planten, als Herzstück eines Berlin, das sie in ein neues Athen zu verwandeln suchten, ein Nationalmuseum zu gründen. Nach ihrer Rückkehr präsentierte der Architekt des Königs, Karl Friedrich Schinkel, Pläne für einen entsprechenden Umbau der Stadt – mit einem neuen Museum in ihrer Mitte.

Schinkels Entwurf – der heute als Altes Museum bekannt ist – sah ein großes, imposantes, rechteckiges Gebäude vor. Es sollte auf einer hohen Basis sitzen, seine Fassade betont durch eine massive ionische Kolonnade. Besucher würden über eine breite Eingangstreppe in eine riesige Rotunde treten, deren kassettierte Kuppel von freistehenden Säulen gestützt würde. Von außen wäre die Kuppel von einem rechteckigen Pavillon umgeben, der aus dem Dach des Gebäudes aufsteigt und damit die betont senkrechte Geometrie bewahrt. Von der Rotunde aus könnten Besucher in die umgebenden Galerien gelangen. Nach seiner Fertigstellung wurde dieser Tempel der Künste zu einem der am meisten bewunderten und einflussreichsten Gebäude der gesamten klassizistischen Periode.

Interessanterweise war Hirt von Schinkels Entwurf nicht sehr begeistert. Vor allem störte ihn, dass das Museum nicht gleichzeitig eine Akademie der Künste und Wissenschaften enthielt, die er zu integrieren gehofft hatte. Er forderte verschiedene Änderungen, um seine ursprünglichen Ideen besser repräsentiert zu sehen. Schinkel lehnte Hirts Vorstellungen ab, weil er nicht vorhatte, »*aus der Gestalt eine Missgestalt zu machen*«.[8] Für Schinkel bildete der Museumsbau eine einzelne zusammenhängende Einheit – sowohl physisch als auch philosophisch –, sodass sich das Ganze grundsätzlich ändern würde, wenn man ein einzelnes Element änderte. Das Gebäude selbst war nur einfach ein großer Aufbewahrungsort, sondern sollte die Essenz der Sammlung vermitteln. Die Rotunde, einer der Räume, denen Hirt am entschiedensten widersprochen hatte, war im wahrsten Sinne zentral dafür. Mit den großen Werken klassischer Bildhauerei zwischen ihren Säulen symbolisierte die Rotunde perfekt

die transzendente Einheit zwischen Architektur und Kunst. Und da sie der erste Raum war, den die Besucher betraten, bereitete sie diese damit auf die Wunder vor, die in den Galerien auf sie warteten.

Als das Museum eröffnet wurde, konnte Hirt sich zumindest in der Formulierung der Inschrift an der Fassade verewigen: »*Fridericus Guilelmus III Studio Antiqvitatis Omnigenae et Artium liberalium Museum Constitvit MDCCCXXVIII*«, also »Friedrich Wilhelm III. gründete dieses Museum zum Studium antiker Objekte aller Art und der schönen Künste«. Indem er den Gründer nannte, die Institution als Museum beschrieb und seinen Zweck auf diese Weise formulierte, lieferte Hirt im Prinzip eine saubere Definition des Museums der Aufklärung.[9] Das war angemessen, da im Beispiel des Alten Museums zum ersten Mal alle Impulse, die die Entstehung dieser Art von Museum angetrieben hatten, ihren reinsten, tiefsten und einflussreichsten Ausdruck fanden – der Drang, eine Sammlung anzuordnen und zu kategorisieren, um eine Enzyklopädie der Kultur zu schaffen, seine Gründung durch einen Vertreter des Staates und ein Gebäude, das symbolisch und funktional diesen neuen Typ von Einrichtung verkörpert.

Seit seiner Eröffnung wurde das Alte Museum in ganz Europa und Amerika bewundert und repräsentierte für viele Beobachter im 19. Jahrhundert ein erstrebenswertes Ideal. Aus unserer Sicht wurde seine Synthese aus Kunst und Architektur seither kaum übertroffen. Eine, wenn auch viel kleinere und hochgradig

***Links*** **Das Alte Museum, Berlin, entworfen von Karl Friedrich Schinkel und erbaut 1823–1830**

***Oben*** **Rotunde des Alten Museums, Berlin**

idiosynkratische Ausnahme könnte man in einem Quasi-Zeitgenossen sehen: Sir John Soane's Museum in London.

Das Soane-Museum, das über vier Jahrzehnte entstand, wenn auch ein Großteil der Arbeit in den 1810er und 1820er Jahren stattfand, ist vermutlich deshalb einzigartig, weil seine Räume durch den Sammler erschaffen wurden – den angesehenen Architekten Sir John Soane –, dessen Sammlungen sie beherbergen. Soanes Sammlung reicht von einem ägyptischen Sarkophag und anderen Antiquitäten zu architektonischen Fragmenten, Skulpturen, Werken der Maler Joshua Reynolds, Canaletto und William Hogarth, Büchern, Architekturzeichnungen und einer Vielzahl von Dingen, die damals wie heute als Kuriositäten gelten würden. Alles wird dort ausgestellt, wo er es wünschte, in den von ihm außerordentlich poetisch und mitschwingend geschaffenen Räumen. Im Prinzip ist es ein Museum als Autobiografie – wo Soane lebte und arbeitete, Besucher unterhielt und seine Studenten von der Royal Academy of Arts, an der er viele Jahre als Professor für Architektur arbeitete, einlud, zu lernen und sich inspirieren zu lassen.

Anfang der 1830er Jahre, als Soane bereits ein alter Mann war, gab es an dem Museum zweifellos Aspekte, die den Zeitgenossen schon altmodisch vorkamen. Dennoch hatte er noch ein As im Ärmel: Er handelte mit dem Parlament einen Vertrag aus, in dem er das Museum nach seinem Tod dem Staat hinterließ, »um es zum Nutzen und Vorteil der Allgemeinheit zu bewahren«.[10]

Die Urkunde erhielt am 20. April 1833 königliche Zustimmung. Soane starb am 20. Januar 1837 und wenige Monate später öffnete das Museum für »Amateure und Studenten der Malerei, Bildhauerei und Architektur und andere solche Personen … [zur] öffentlichen Besichtigung«. Es ist seitdem geöffnet.

Die Vorstellung, dass ein Museum existiert und tatsächlich ausdrücklich – um aus dem Titel von Soanes Vertrag von 1833 zu zitieren – »zum Nutzen der Allgemeinheit« konzipiert, organisiert und betrieben werden kann, setzte sich zunehmend durch. Das nächste Kapitel erkundet, wie sich diese Idee in den nächsten Jahrzehnten weiterentwickelte und zum Kern einer neuen Generation von Museen wurde, die zu einigen der wichtigsten Einrichtungen des 19. Jahrhunderts werden würden.

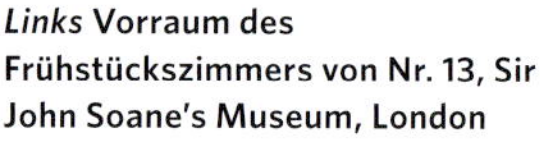

***Links*** **Vorraum des Frühstückszimmers von Nr. 13, Sir John Soane's Museum, London**

***Rechts*** **Dome Area, Sir John Soane's Museum, London**

*Links* **Luftaufnahme des Central Park mit Blick nach Süden Richtung Midtown Manhattan, New York City**

*Rechts* **Fotografie des Hauses von Henry Clay Frick an der Fifth Avenue, heute Frick Collection, während des Baus**

# 3. DAS ÖFFENTLICHE MUSEUM

Ein Spaziergang entlang der Fifth Avenue oberhalb der 60. Straße ist eines der eindrucksvollsten Erlebnisse in New York City. Auf der einen Seite stehen zehn-, fünfzehn- oder zwanzigstöckige Gebäude, auf der anderen Seite die alten Bäume und die fast wilde Landschaft des Central Parks. In keiner anderen Stadt der Welt gibt es einen so abrupten und kraftvollen Übergang zwischen Park und Stadt. In einer Stadt der Wolkenkratzer ist die Offenheit des Central Parks Grund dafür, dass man ihn regelrecht umzingelt. Dass dies der einzige Teil der Stadt ist, in dem keine Bebauung erlaubt ist, scheint die umliegenden Gebäude wahnsinnig zu frustrieren. Das hat natürlich einen einfachen wirtschaftlichen Grund. Wohnungen mit Blick auf den Park sind wertvoller als solche ohne, sodass jeder Bauträger, der etwas auf sich hält, so hoch bauen wird, wie es ihm erlaubt ist.

Es überrascht daher, an der 70. Straße ein Haus vorzufinden, das nicht zwanzig, sondern nur drei Stockwerke besitzt. Und während die umliegenden Gebäude jeden Quadratzentimeter ihres Geländes ausnutzen, belegt dieses auf fast lässige Weise einen halben Häuserblock: von der Fifth Avenue durch einen Rasen und einige Bäume zurückgesetzt und horizontal ausgedehnt, wirkt es eher wie eine große Vorstadtvilla als ein Gebäude im geschäftigen Herzen der »Stadt, die niemals schläft«. Es macht durchaus auf sich aufmerksam, wenn auch auf die höflichste und kultivierteste Art – genau wie es der Industrielle und Kunstsammler Henry Clay Frick beabsichtigte, als er es vor über einem Jahrhundert in Auftrag gab.

Heute die Heimat der Frick Collection, wurde die Villa von Frick mit großem Aufwand an der Fifth Avenue gebaut, um dort zu leben und seine Kunstsammlung auszustellen, in der Erwartung, dass sie nach seinem Tod zu einem öffentlichen Museum werden würde. Mit dem Entwurf beauftragte Frick den Architekten Thomas Hastings von der führenden Agentur Carrère and Hastings. Mit seinem Partner John Merven Carrère hatte Hastings an der École des Beaux-Arts in Paris studiert, wo sie in der klassischen Tradition ausgebildet wurden und lernten, großartige, meist stark verzierte Bauwerke zu schaffen, die sich an verschiedenen klassischen Vorbildern orientierten: vom kaiserlichen Rom bis zum italienischen Barock. Dieser Stil – bekannt als Beaux-Arts – war im späten 19. und frühen 20. Jahrhundert in Amerika sehr populär, und Carrère und Hastings gehörten zu den Vorreitern, die durch den Auftrag für die New York Public Library bekannt wurden.

Zuvor befand sich an diesem Ort die Lenox Library mit einer Mitte des 19. Jahrhunderts von James Lenox zusammengetragenen Sammlung, die jedoch später in die Gründungssammlung der New York Public Library eingegliedert wurde. Das frühere Gebäude war ein recht markantes Beispiel für die griechisch inspirierte Architektur der Mitte des 19. Jahrhunderts. Frick ließ es jedoch 1912 abreißen, nachdem er von den Nutzungsbeschränkungen für das sechs Jahre zuvor erworbene Grundstück befreit worden war. Die Arbeiten begannen im folgenden Jahr und wurden 1914 abgeschlossen.

*Links* Außendetail der Frick Collection heute

*Unten* Fotografie von Henry Clay Frick

*Rechts* Zeitgenössische Fotografie des Inneren der Frick Collection, mit dem Bild *Mutter und Kinder*, 1876, von Pierre-Auguste Renoir

Das aus Indiana-Kalkstein errichtete Gebäude kostete die außerordentliche Summe von fast 5 Millionen Dollar (Grundstück inklusive), das entspricht heute über 100 Millionen Dollar. Von der Fifth Avenue aus sieht man die drei Stockwerke des Hauptgebäudes auf einem Sockel, der das Gebäude und seinen Vorgarten über die Straße erhebt. Ionische Säulen betonen die drei zentralen Erker, von denen aus eine Treppe auf den Rasen führt. Auf beiden Seiten des Gebäudes befinden sich zwei ungleiche Flügel: der südliche ist in der ähnlich privaten Sprache gehalten wie der Haupttrakt, während der größere Flügel im Norden etwas stärker institutionell geprägt ist und somit als einer der wichtigsten Galerieräume gilt. Diese Asymmetrie ist ein typisches Merkmal der Beaux-Arts.

Das Haus beherbergte nicht nur Fricks Kunstsammlung, sondern bot auch Wohnraum für ihn selbst, seine Frau Adelaide, seine Tochter Helen und alle Bediensteten. Die Fricks waren 1901 nach New York gezogen und hatten ab 1905 das Vanderbilt House in der 640 Fifth Avenue gemietet. Das Gebäude in der 70. Straße bot Frick die Möglichkeit, etwas Dauerhaftes zu schaffen und sein Vermächtnis in der Stadt zu festigen.

## DIE GESCHICHTE DES GRÜNDERS

Frick wurde 1849 als Sohn eines eingewanderten Landwirts im ländlichen Südwesten von Pennsylvania geboren. Er begann als Verkäufer und Buchhalter zu arbeiten. 1871 gründete er mit einem Cousin eine Firma, um mehrere Industrieöfen zu erwerben. Sie machten Kohle zu Koks, der bei der Stahlherstellung verwendet wurde. Das junge Unternehmen war sehr erfolgreich und wurde bis zum Ende des Jahrzehnts zu Pittsburghs größtem Kokshersteller, der in H. C. Frick Coke Company umbenannt wurde, nachdem Frick seine einstigen Partner aufgekauft hatte.

1882 ging Frick, inzwischen verheiratet und mit Sitz in Pittsburgh, eine Partnerschaft mit dem Stahlmagnaten Andrew Carnegie ein. Es war eine Boomzeit für die Stahlherstellung, denn die immer weiter nach Westen ausgebauten Eisenbahnen brachten einen unstillbaren Hunger auf Stahl mit. Doch es lief nicht immer mit Volldampf, nicht zuletzt wegen Fricks tiefer Verachtung für gewerkschaftlich organisierte Arbeiter und der oft schwierigen Beziehung zwischen ihm und Carnegie.

Die Situation spitzte sich 1892 zu, als die Arbeiter der Homestead Works streikten und das Werk aus Protest umstellten. Frick ließ daraufhin eine Mauer zwischen der Fabrik und den Streikenden errichten. Es wurden Pinkerton-Agenten angeheuert, die die Arbeiter notfalls mit Gewalt entfernen sollten. Bei dem darauffolgenden Kampf wurden zehn Männer getötet und sechzig verwundet.

Im selben Monat verlor Frick selbst beinahe sein Leben, als er – wegen seines schlechten Rufs – von einem jungen russischen Anarchisten angegriffen wurde. Obwohl er schwer verwundet

*Oben* Die Steel Works in Homestead, Pennsylvania, Anfang des 20. Jahrhunderts

*Rechts* Der Streik in den Homestead Steel Works im Jahr 1892

*Links oben* **Großer Lesesaal der Frick Art Reference Library, 6 East 71. Straße, New York City, 1936**

*Links unten* **Karteiindexraum der Frick Art Reference Library, 6 East 71. Straße, New York City, 1936**

wurde, gelang es Frick, den Angreifer zu überwältigen und wenig später ein Telegramm an Carnegie und seine Mutter zu schicken, er sei »zweimal angeschossen worden, aber nicht gefährlich«.

Obwohl Frick den Kampf um den Homestead-Streik letztlich gewann, war er von seiner Partnerschaft mit Carnegie zunehmend desillusioniert. Die Beziehungen brachen 1899 vollständig ab, als Carnegie Fricks – wenn auch ehrenamtliche – Position als Vorstand der H. C. Frick Coke Company einseitig aufhob. Nach einem Rechtsstreit zwischen den beiden wurde Fricks Anteil mit 30 Millionen Pfund bewertet, heute fast 4 Milliarden Pfund, die er als Wertpapiere erhielt. Später wurde er einer der Direktoren der neuen United States Steel Corporation, was ihn noch reicher machte.

Fricks Aktivitäten als Kunstsammler begannen schon in seiner Jugend, als er sich mit Bildern umgab. Wirklich ernsthaft begann er jedoch erst ab den 1890er Jahren zu sammeln, als er sich aus dem Tagesgeschäft zurückzog. Fricks Sammlung war relativ klein; bei seinem Tod hinterließ er dem Museum 137 Gemälde. Er kaufte jedoch gut ein. Er konzentrierte sich auf alte Meister und erwarb Werke von Rembrandt, Velazquez, Tizian, Bellini, Holbein, El Greco, van Dyck, van Ruisdael, Goya, Constable, Fragonard und Piero della Francesca. Er stellte sie nicht in einem kunsthistorischen Kontext aus, sondern dort, wo sie ihm gefielen, indem er die Räume anpasste und die Möbelstücke, die er ebenfalls erwarb, neu anordnete, während er neue Gemälde in seine Sammlung aufnahm.

Obwohl das Gebäude mehrfach umgebaut und Fricks ursprüngliche Sammlung durch weitere Ankäufe ergänzt wurde, bietet ein Rundgang noch heute einen tiefen Eindruck von der Vision des Gründers für sein Museum. Es vermittelt die Vorstellung eines sehr persönlichen Projekts – die Kunst wird in einem eher häuslichen als institutionellen Rahmen präsentiert, trotz seiner Opulenz und der besonderen Galerieräume.

Als Frick 1919 starb, verfügte er testamentarisch, dass Haus und Einrichtung zusammen mit seiner Kunstsammlung in ein nach ihm benanntes Museum umgewandelt werden sollten. Dies erfolgte unter der Treuhänderschaft von Fricks Witwe und den Kindern, darunter seine Tochter Helen Clay Frick, die 1920 selbst die Frick Art Reference Library gründete. Unter ihrer Leitung wurden zahlreiche Veränderungen am Gebäude vorgenommen, um es von einem Wohnhaus in eine öffentliche Einrichtung umzuwandeln – was dank der 15 Millionen Dollar möglich wurde, die Frick als Stiftung hinterlassen hatte.

Die Frick Collection wurde 1935 offiziell eröffnet und hat sich seither zu einem der beliebtesten Museen New Yorks entwickelt. Im Vergleich zu den bekannteren Attraktionen wie dem Metropolitan Museum of Art oder dem Guggenheim Museum weiter oben an der 5th Avenue hat es den seltenen Status eines »versteckten Juwels« – auch wenn es inzwischen jährlich von fast 300.000 Menschen besucht wird.

## DIE ENTSTEHUNG DES ÖFFENTLICHEN MUSEUMS

Es mag seltsam erscheinen, ein Kapitel über das öffentliche Museum, wie es sich im 19. Jahrhundert entwickelte, mit dem Beispiel eines Museums zu beginnen, das von einem Mann konzipiert wurde, aus seiner Sammlung entstand und in einem Gebäude untergebracht war, das er selbst gebaut hatte, um darin mit seiner Familie zu leben. Doch allein die Tatsache, dass Frick entschied, seine Sammlung für die Einrichtung eines ausdrücklich öffentlichen Museums zu nutzen, sagt viel über die Werte, den Status und die Assoziationen des Museums als erklärtermaßen öffentlicher Einrichtung im 19. Jahrhundert aus.

Frick gehörte zu der Generation von Industriellen, die oft als Raubritter bezeichnet werden: Geschäftsleute, die durch ihre rücksichtslose Ausbeutung der Industrialisierung Amerikas zu fast unvorstellbarem Reichtum gelangt waren. Die Opulenz und der Prunk ihres Lebensstils - der sich in den von ihnen gekauften und gebauten Gütern widerspiegelte - waren der Inbegriff dessen, was als Gilded Age bekannt wurde - ein Zeitalter der rasanten wirtschaftlichen Modernisierung, aber auch der extremen Ungleichheit. Frick gehörte nicht nur zu einer Gruppe von Männern, die sich in den Augen vieler durch Ausbeutung bereichert hatten, sein Ruf wurde zu Lebzeiten und nach seinem Tod auch durch seine persönliche Beteiligung an den Ereignissen in den Homestead Works 1892 schwer beschädigt.

Frick ist jedoch nicht als Gauner in die Geschichte eingegangen, was er durchaus verdient hätte. Stattdessen erinnern wir uns an ihn als Sammler außergewöhnlicher Kunstwerke und als Gründer eines der großen Museen New Yorks. Ob zu Recht oder zu Unrecht, Fricks Karriere als Industrieller wird für immer im Schatten seiner Aktivitäten als Kunstsammler bleiben. Dies bringt uns zu einigen der grundlegenden Fragen dieses Kapitels: Wie hat Fricks Schritt, seine Sammlung öffentlich zu machen, seinen Ruf verändert? Was hatte sich im 19. Jahrhundert an der Rolle und in der Wahrnehmung von Museen verändert, um diese bemerkenswerte Wende zu ermöglichen? Die Antwort war das Aufkommen des öffentlichen Museums - einer Institution, die sich vor allem der Bildung und kulturellen Bereicherung der Massen verschrieben hatte.

Aus Sicht des 21. Jahrhunderts, in dem diese Idee grundlegend für unsere Vorstellung vom Museum ist, mag dies offensichtlich erscheinen. Wir könnten einfach annehmen, dass dies das Einzige war, was Frick hätte tun können, wenn es ihm überhaupt darum gegangen wäre, seinen Ruf wiederherzustellen. Doch die Idee, ein Museum diene der Wertschätzung der Öffentlichkeit und dem besonderen Ziel, das öffentliche Verständnis der Künste, der Wissenschaften oder eines anderen Bereichs des menschlichen Wissens zu fördern, ist erst unter den besonderen

*Gegenüber* **Eingang zur Frick Collection an der 70. Straße, New York City**

*Oben* **Garden Court der Frick Collection, New York City**

Umständen des 21. Jahrhunderts entstanden. In dieser Zeit wurde das Museum zu einem der bestimmenden Symbole und Ausdruck des Interesses eines Einzelnen, einer Stadt oder sogar eines Nationalstaates an der Öffentlichkeit – und wie wir sehen werden, manifestierte sich dies architektonisch auf vielfältige und manchmal widersprüchliche Weise.

In diesem Kapitel wird gezeigt, wie sich das Museum von einem Ort, an dem menschliches Wissen und Kultur systematisch organisiert und studiert werden konnten (wie dies im Museum der Aufklärung in der Mitte des 19. Jahrhunderts der Fall war), zu einem Ort entwickelte, an dem dieses Wissen für die spezielle Aufgabe der Bildung der Allgemeinheit genutzt wurde. Viele von denen, die diesen Wandel anführten, glaubten leidenschaftlich daran, dass der arbeitende Mann (und gelegentlich auch die Frau) durch Bildung einen Weg finden würde, seine soziale und kulturelle Stellung zu verbessern.

Ein so kluger und gerissener Unternehmer wie Frick erkannte offensichtlich den Status, den öffentliche Museen heute genießen, und verstand, dass die Übergabe seiner Sammlung an die Öffentlichkeit eine Möglichkeit wäre, sein Erbe zu verwandeln. So wurde seine Tat zur aufgeklärten Großzügigkeit eines Mannes, der aus bescheidenen Verhältnissen kam, aber sein Vermögen gemacht hatte, und nicht zu dem letzten vergeblichen Versuch eines skrupellosen und ausbeuterischen Industriellen, sein Vermächtnis nach dem Tod zu kontrollieren.

*Oben* **Waggonreparaturwerkstatt, South Yorkshire, ca. 1916**

*Rechts* **Fotografie von William Edward Kilburn der Chartisten-Versammlung auf dem Kennington Common im Jahr 1848**

## EIN JAHRHUNDERT NIE DAGEWESENEN WANDELS

Wir neigen dazu, Geschichte in Form von Beschleunigung zu betrachten. Je weiter wir zurückblicken, desto langsamer scheinen sich die Dinge zu verändern. Wir sehen, wie sich die Geschichte erst über Jahrtausende hinweg entfaltet, dann über Jahrhunderte, über Jahrzehnte und einzelne Jahre, bis wir das exponentiell zunehmende Chaos der Gegenwart erreichen. Dabei gehören die sozialen, wirtschaftlichen und politischen Veränderungen, die sich in vielen Teilen der Welt im 19. Jahrhundert vollzogen, sicherlich zu den transformativsten der Menschheitsgeschichte.

Am Beispiel Großbritanniens, des Landes an der Spitze der Industriellen Revolution, zeigt sich, dass die Entwicklung Anfang der 1800er Jahre noch in einem relativ frühen Stadium steckte. Innovationen wie die Dampfmaschine, Werkzeugmaschinen und die Eisenproduktion in großem Maßstab breiteten sich aus, aber ihre Auswirkungen ließen noch auf sich warten. Um 1900 sah das ganz anders aus. Großbritannien war nun ein Land mit Fabriken, Fließbändern, Eisenbahnen, Dampfschiffen und Metallkonstruktionen, in dem der Telegraf bereits vom Telefon abgelöst worden war und das Stromnetz und das Auto nicht mehr weit von einem breiten Einsatz entfernt waren.

Mit diesen technischen Veränderungen gingen tiefgreifende soziale und politische Veränderungen einher. Die Vorherrschaft des traditionellen Landadels wurde durch das kapitalistische Bürgertum,

die »Bourgeoisie«, abgelöst. Die Arbeiterklasse, die vor der Industriellen Revolution in der Landwirtschaft beschäftigt war, fand nun Arbeit in den Fabriken. Die Bedingungen waren ausnahmslos sehr hart: lange Arbeitszeiten, oft gefährlich und ungesund, und Kinderarbeit war an der Tagesordnung. Die Abwanderung der Landbevölkerung in die Städte und das allgemeine Bevölkerungswachstum führten außerdem dazu, dass ein Großteil der Arbeiter gezwungen war, in beengten, häufig unhygienischen Verhältnissen zu leben, in denen Krankheiten weit verbreitet waren.

Politisch reichten die Reaktionen von reaktionär bis revolutionär. Auf der reaktionären Seite stand das Schreckgespenst – und für viele die grausame Realität des Armenhauses. Nach dem Poor Law Amendment Act von 1834 war das Armenhaus der einzige Ort, an dem arbeitsfähige, arme Menschen Unterstützung finden konnten. Dort wurden die »Insassen« einem strengen, stark reglementierten Regime unterworfen, die Familien wurden getrennt und zu niederen Arbeiten gezwungen. Es sollte als Abschreckung gegen die Faulheit der Armen und als Korrektiv für diejenigen dienen, die scheinbar töricht genug waren, dort hineinzukommen.

Auf der fortschrittlicheren Seite standen diejenigen, die soziale, politische und wirtschaftliche Reformen befürworteten, sei es aus liberaler, sozialistischer oder gar revolutionärer Sicht. Zu ihnen gehörten die Gewerkschaften, die zu Beginn des 19. Jahrhunderts an Bedeutung gewannen, als die wachsende Zahl der Industriearbeiter erkannte, dass sie gemeinsam mehr Macht hatten, um bessere Arbeitsbedingungen und Löhne auszuhandeln. Die Aufhebung der Corn Laws 1846 bedeutete eine entscheidende Wende hin zu Freihandel und wirtschaftlicher Modernisierung. Sie beschnitt die ökonomische Macht und den Einfluss des Landadels. Dies spiegelte die Veränderungen im Wahlrecht durch den Reform Act von 1832 wider. Es reichte jedoch nicht aus, um die Bewegung für ein breiteres (männliches) Wahlrecht zu unterdrücken, die von der Chartisten-Bewegung angetrieben wurde, die mehr Rechte für die Arbeiter forderte und 1848 in Demonstrationen in London gipfelte – zu einer Zeit, als es in ganz Europa zu revolutionären Unruhen und politischen Umwälzungen kam.

Am Ende widerstand man den Forderungen der Chartisten vorerst, und die Unruhen, die eine Zeit lang überzukochen drohten wie auf dem Kontinent, lösten sich auf (obwohl viele Forderungen der Chartisten in den folgenden Jahrzehnten verwirklicht wurden). Die relativ ruhige Zeit unmittelbar nach den Protesten bildete die Kulisse für eine triumphale Feier der wirtschaftlichen Macht Großbritanniens und seiner Stellung als Weltmarktführer in der Industrie und im verarbeitenden Gewerbe, bei der die Umwälzungen der industriellen Revolution und die Welt der Museen direkt aufeinander trafen. Die »Great Exhibition of the Works of Industry of All Nations« von 1851 – besser bekannt unter dem Namen »Great Exhibition« oder »Weltausstellung« – spielte eine wichtige Rolle bei der Gründung verschiedener Museen und bei der Neudefinition des Museums im späteren 19. Jahrhundert.

*Links oben* **Die Stained Glass Gallery auf der Great Exhibition von 1851**

*Links unten* **Ansicht der britischen Abteilung der Great Exhibition**

*Unten* **Fotografie von Henry Cole**

*Rechts oben* **Farbiger Druck aus dem 19. Jahrhundert des »Crystal Palace«, wiederaufgebaut in Sydenham, South London**

*Rechts unten* **Farbiger Druck aus dem 19. Jahrhundert des Whitworth-Standes mit Maschinen auf der Great Exhibition**

## DIE FÖRDERUNG DES WELTWEITEN GLÜCKS

Treibende Kraft hinter der Weltausstellung war Prinz Albert, Prinzgemahl und Ehemann von Königin Victoria. Albert erkannte die Chance, die größten Errungenschaften aus Fertigung und Design aus der ganzen Welt zu feiern, allerdings mit besonderem Schwerpunkt auf Großbritannien. In der *Comprehensive History of England* wurde dies so beschrieben:

> Es sollte eine ganze Welt der Natur und der Kunst sein, die auf den Ruf der Königin der Städte hin versammelt wurde – ein Wettbewerb, in dem jedes Land einen Platz haben könnte und jede Art von Intellekt ihren Anspruch und ihre Chance auf Anerkennung. Nichts Großes oder Schönes oder Nützliches, sei es auch noch so bescheiden oder obskur, keine noch so bescheidene Entdeckung oder Erfindung, kein noch so niedriger Kandidat, der nicht zugelassen und nach seinem wahren Wert eingeschätzt werden würde. Es sollte für das 19. Jahrhundert das sein, was das Turnier für das 14. und 15. Jahrhundert gewesen war – eine direkte Herausforderung und ein Willkommensgruß an alle, die kamen, und zu dem jedes Land nicht wie früher seine schönste Dame und seine tapferste Klinge schicken konnte, sondern sein bestes Produkt und sein glücklichstes Instrument für die Förderung des allgemeinen Glücks und der Brüderlichkeit.[1]

Die Idee war teils eine Reaktion auf die Pariser Weltausstellung von 1844 und teils die Fortsetzung einer Reihe kleinerer, eher lokaler Ausstellungen, die im vorangegangenen Jahrzehnt in ganz Großbritannien veranstaltet worden waren. Albert arbeitete eng mit führenden Mitgliedern der Society for the Encouragement of Arts, Manufactures and Commerce zusammen, insbesondere mit Henry Cole. Anfang 1850 wurde eine königliche Kommission zur Leitung des Projekts eingesetzt.

Viele der Nationen, die zur Teilnahme eingeladen wurden, waren zunächst skeptisch und befürchteten, wie Albert selbst einräumte, »dass die Vorteile, die sich aus der Ausstellung ergeben könnten, hauptsächlich England zugute kommen würden«. Wie der Staatsmann Lord Carlisle jedoch angab, waren die Absichten der Organisatoren der Ausstellung

> der Zivilisation einen neuen Impuls, der Industrie eine zusätzliche Belohnung und der Freundschaft der Nationen eine neue Garantie zu geben. Ja, die Nationen wurden auf ihren Ruf hin wach, aber nicht so, wie die Trompete zum Kampf ertönt; sie riefen sie auf das friedliche Feld eines edleren Wettbewerbs; nicht um die Überlegenheit oder Vorherrschaft eines Landes auf der Depression und Niederwerfung eines anderen aufzubauen, sondern wo alle danach streben können, die am meisten zur Verschönerung, Verbesserung und Aufwertung ihrer gemeinsamen Humanität beitragen können.

*Links oben* **Fotografie mit einer Darstellung des Mittelschiffs des Crystal Palace während seines Aufbaus**

*Links unten* **Der Crystal Palace in Sydenham, mit dem Park im Vordergrund, ca. 1855**

*Rechts* **Reparaturen an Joseph Paxtons Great Conservatory, einem wichtigen Vorläufer des Crystal Palace, in Chatsworth, Derbyshire, Ende des 19. Jahrhunderts**

Für einige grenzte der Anspruch der Ausstellung an eine Utopie. Laut Richard Cobden, einem weiteren der Beauftragten, stellte die Ausstellung ein »Mittel [dar], um die Schranken zu überwinden, die die Menschen verschiedener Nationen voneinander getrennt haben, und eine universelle Republik zu bezeugen«.[2]

Entscheidend für den Erfolg des Projekts waren nicht nur die ausgestellten Exponate, sondern auch das Gebäude. Nach dem inzwischen etablierten Modell für ein Museum sollte es ein geräumiger und praktischer Bau sein und eine starke symbolische Aussage zu den allgemeinen Werten und Bestrebungen des Projekts und seiner Schöpfer treffen. Im Gegensatz zu einem Museum musste es in diesem Fall auch sehr schnell auf dem Gelände im Hyde Park errichtet werden und nach der Ausstellung leicht wieder abgebaut werden können. Die Kommissare schrieben einen Wettbewerb für den Entwurf aus und erhielten fast 250 Bewerbungen. Keiner der Vorschläge wurde jedoch für geeignet befunden. Sie schlugen deshalb selbst einen Bau mit einer riesigen Kuppel vor. Aber auch dieser Entwurf erwies sich als unpopulär und undurchführbar. Daraufhin wurde Joseph Paxton, Chefgärtner und gelegentlicher Architekt des Chatsworth House in Derbyshire, um einen Vorschlag gebeten.

Paxton erarbeitete seinen Entwurf in nur neun Tagen. Als er ihn den Kommissaren vorlegte, waren die Reaktionen jedoch eher lau, nicht zuletzt, weil deren eigener Entwurf bereits recht weit war. Paxton beschloss, sie zu umgehen. Er veröffentlichte seinen Entwurf in der *Illustrated London News*, wo er großen Anklang fand.

Paxtons Projekt war im Prinzip eine Weiterentwicklung – und massive Vergrößerung – seiner innovativen Gewächshäuser in Chatsworth. Wie bei diesen kam eine neuartige Eisen- und Stahlkonstruktion zum Einsatz, bei der Module für eine schnelle Montage vor Ort vorgefertigt wurden. Der sogenannte »Crystal Palace« wurde mit beispielloser Geschwindigkeit aus dem Boden gestampft. Die Arbeiten begannen im August 1850, und im Dezember waren bereits 2.000 Männer auf der Baustelle tätig, die dank Paxtons innovativer Bauweise unglaublich produktiv waren. Jede Woche konnten 80 Männer die unglaubliche Zahl von 8.000 Glasscheiben anbringen. Dies war von entscheidender Bedeutung, denn das Gebäude umfasste insgesamt 900.000 Quadratmeter Glas, 3.330 Eisensäulen, 2.224 Träger und 205 Meilen Sprossen.

Sowohl in Bauweise als auch Aussehen war der Crystal Palace ein kraftvoller Ausdruck der Moderne: Ganz zweifellos hatte die menschliche Zivilisation die Errungenschaften der antiken Welt nun endlich übertroffen. Während er die Summe der industriellen Leistungen der Welt zusammenfasste, wies er auch kühn in die Zukunft, indem er die vielen Veränderungen ankündigte, die noch bevorstanden, und durch seine öffentliche Aufgabe klarmachte, dass diese allen zugute kommen würden. Der enorme Einfluss des Crystal Palace zeigt sich unter anderem darin, dass die ersten modernistischen Architekten des frühen 20. Jahrhunderts ihn als bahnbrechende Manifestation dessen sahen, was durch Verbindung von Architektur und Industrie möglich wäre.

MINISTERE DE LA GUERRE
PRODUITS DE L'ALGERIE
BRONZE D'ART
FOURDINOI
SCULPTEUR MEUBLES

*Links oben* *France No 2 at the Great Exhibition*, 1854, von John Nash aus Dickinsons' *Comprehensive Pictures of the Great Exhibition of 1851*

*Links unten* *The Mediaeval Court at the Great Exhibition*, 1854, von John Nash aus Dickinsons' *Comprehensive Pictures of the Great Exhibition of 1851*

*Unten rechts* Britannia Bridge über die Menai Strait, Wales, ca. 1880. Eine der hier verwendeten hydraulischen Pressen war auf der Great Exhibition ausgestellt worden.

## DER GIPFEL MENSCHLICHEN KREATIVEN SCHAFFENS

Erstaunlicherweise wurde der Bau rechtzeitig fertig, sodass Königin Viktoria die Ausstellung am 1. Mai 1851 eröffnen konnte. Von Anfang an und trotz der zunächst hohen Eintrittspreise kamen die Besucher in außerordentlicher Zahl und wurden von einem schier unglaublichen Anblick empfangen. Auf den ersten Blick muss das Gebäude selbst wie eine Erscheinung gewirkt haben – ein gewaltiges Bauwerk, 33 Meter hoch, 563 Meter lang und 124 Meter breit, nicht aus Ziegeln oder Stein, den früher üblichen Materialien für ein Gebäude dieser Größe, sondern aus Eisen und Glas. Im Inneren wurde das Staunen nur noch größer: 100.000 Exponate von 15.000 Ausstellern aus 40 Ländern waren auf 10 Meilen Tischen und Ausstellungsflächen zu sehen.

Um den Besuchern zu helfen, das Gesehene zu verstehen und sich in dem riesigen Angebot an Exponaten zurechtzufinden, wurde die Anordnung der Objekte an die zeitgenössische Museumspraxis angelehnt. Die westliche Hälfte des Gebäudes konzentrierte sich auf Großbritannien und sein Empire, während der Rest den Ausstellern aus anderen Ländern gewidmet war. Im Rahmen dieser Unterscheidung waren die Exponate in vier Hauptkategorien unterteilt: Rohstoffe, Maschinen, Handwerk und Kunst, mit weiteren Unterkategorien. Dies brachte nicht nur Ordnung in die Ausstellungen, sondern demonstrierte auch den Verlauf des industriellen Prozesses: Rohstoffe, die von Maschinen in Manufakturwaren oder Objekte verwandelt werden, wobei die Kunst den Höhepunkt des menschlichen Schaffens darstellte.

Die ausgestellten Exponate waren von unterschiedlicher Größe und Komplexität: von gigantischen Dampfeisenbahnen und riesigen Maschinen bis hin zu Präparaten, Tierhäuten und dem Koh-i-Noor-Diamanten, einem der größten Diamanten der Welt, eine Leihgabe von Königin Viktoria. Beim Rundgang durch die Ausstellung stießen die Besucher auf Gold aus Chile, Textilien aus Indien, deutsche Glaswaren, Colt-Schusswaffen aus den Vereinigten Staaten, persische Wandteppiche, Sèvres-Porzellan aus Frankreich, Schlitten aus Russland und alle möglichen Objekte, die die industrielle Vormachtstellung Großbritanniens zeigten, wie die neuesten Druckmaschinen, landwirtschaftliche Maschinen und eine riesige hydraulische Presse, die beim Bau der Britannia Bridge verwendet wurde, die die Menai Strait zwischen Anglesey und dem walisischen Festland überspannt. Eines der

beliebtesten Ausstellungsstücke war ein reichlich acht Meter hoher Springbrunnen aus vier Tonnen Glas in der Mitte des Gebäudes. Die zeitgenössischen Museen konnten zwar mit der Weltausstellung mithalten, was die Anzahl der Objekte in ihren Sammlungen anbelangt, aber keines kam auch nur annähernd an die Zahl der ausgestellten Objekte oder an die schiere Größe und das Spektakel des Gebäudes heran, in dem sie untergebracht waren. Sie konnten auch nicht mit den riesigen Besucherzahlen mithalten. Ursprünglich betrug der Eintrittspreis 3 £ für Männer und 2 £ für Frauen. Drei Wochen nach der Eröffnung wurden die Preise auf einen Schilling pro Person gesenkt. Menschen aus allen Gesellschaftsschichten, von Aristokraten bis zu Fabrikarbeitern, kamen aus dem ganzen Land, um das Spektakel zu bestaunen.

Bis zum Ende der Ausstellung am 11. Oktober hatten 6.170.000 Menschen die Ausstellung besucht – ein Drittel der damaligen Bevölkerung des Landes. An einem einzigen Tag gegen Ende waren knapp 110.000 Besucher gekommen.[3] Die Reaktionen waren fast durchweg enthusiastisch, von Angestellten bis zu Königin Viktoria selbst, die kommentierte: »Der ungeheure Jubel, die Freude, die in jedem Gesicht zum Ausdruck kam, die Weite des Gebäudes mit all seinen Dekorationen und Exponaten, die Klänge der Orgel und mein geliebter Mann, der Schöpfer dieses großen ›Friedensfestes‹, das die Industrie und die Kunst aller Nationen der Erde vereinte, war einfach überwältigend.«[4]

*Links* **Fassade an der Cromwell Road des Victoria and Albert Museum, London, ca. 1935**

*Rechts* **Der Sackler Courtyard des heutigen V&A Museum, entworfen von Amanda Levete Architects, 2017**

## ALBERTOPOLIS

Statt eines Verlusts, wie einige frühe Kritiker des Projekts befürchtet hatten, erbrachte die Ausstellung einen Gewinn von 186.000 Pfund (heute mehr als 25 Millionen Pfund). Dieser Erfolg trieb wiederum eine weitere wichtige Entwicklung der Idee eines wirklich »öffentlichen« Museums voran. Eine neue königliche Kommission wurde eingerichtet, um dieses Geld auszugeben und Prinz Alberts Mission fortzusetzen, »die Mittel für die industrielle Ausbildung zu erhöhen und den Einfluss von Wissenschaft und Kunst auf die produktive Industrie auszuweiten«.[5] Man kaufte 86 Acres Land in South Kensington und errichtete ein neues Viertel von Museen und Colleges: das Victoria and Albert Museum, das Science Museum, das Natural History Museum, die Royal Albert Hall und das Imperial College, sowie das Royal College of Art und das Royal College of Music. Der Crystal Palace selbst wurde verkauft und in Sydenham im Süden Londons wieder aufgebaut, wo er 1936 niederbrannte.

»Albertopolis«, wie das neue Museumsviertel in South Kensington inoffiziell genannt wurde, verkörpert mehr als alles andere die Idee des 19. Jahrhunderts vom Museum als Ort der öffentlichen Bildung und Verbesserung, indem es die Werte der Weltausstellung aufgreift und sie mit bereits etablierten Museumskonzepten und -praktiken verschmilzt. Von nun an genügte es nicht mehr, die kulturellen Schöpfungen des Menschen zu kategorisieren und zu systematisieren, wie es das Museum der Aufklärung getan hatte; in Zukunft sollte das Museum dieses Wissen instrumentalisieren und zum Nutzen der Öffentlichkeit einsetzen. Auf der einen Seite war diese Ambition wirklich altruistisch, wohlwollend patriarchalisch und spiegelte einen tiefen Respekt vor dem Drang des »einfachen« Mannes oder der Frau wider, sich selbst zu verbessern. Auf der anderen Seite könnte es aber auch aus einer eher herablassenden Sicht auf die Arbeiterklasse entstanden sein, für die Bildung und guter Geschmack als lebenswichtige zivilisatorische Kräfte galten: kurz gesagt, als eine Möglichkeit, sie niederzuhalten.

Dieses Paradoxon lässt sich klar an der frühen Geschichte des South Kensington Museum ablesen, das später in Victoria and Albert Museum umbenannt wurde und heute als V&A bekannt ist. Es war die erste der aus den Gewinnen der Weltausstellung neugegründeten Institutionen und diejenige, in der die Betonung des Wertes von Design als Brücke zwischen Industrie und Kunst am stärksten zu spüren war und bis heute ist.

## DAS VICTORIA AND ALBERT MUSEUM

Das V&A wurde 1852 unter der Leitung von Henry Cole, einem der Hauptinitiatoren der Weltausstellung, als »Museum of Manufactures« gegründet. Cole sicherte sich einen Zuschuss von 5.000 Pfund, um eine Reihe von Exponaten zu erwerben, die den

*Rechts und unten* Fotografien, von denen einige den Bau des South Kensington Museum dokumentieren, ca. 1860

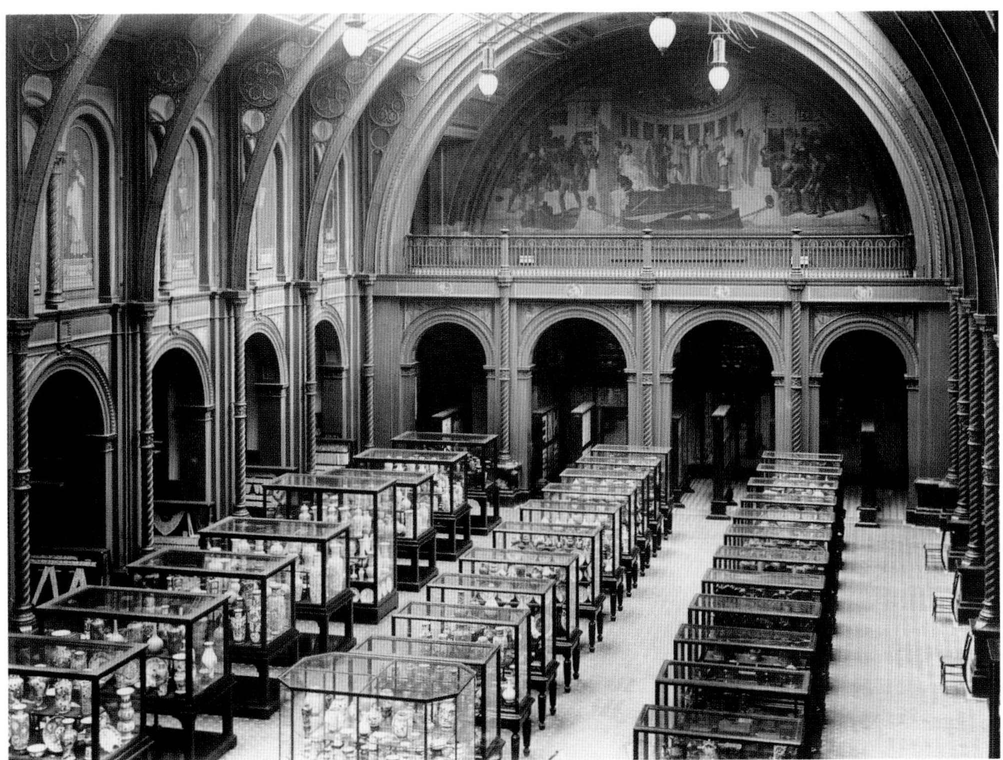

*Links* Ansicht des South Court des South Kensington Museum, heute das V&A, im Jahr 1886

Kern der Sammlung des neuen Museums bildeten. Neben der Leitung dieses Museums wurde Cole auch mit der der Government School of Design betraut, die 1837 gegründet worden war und aus der später das RCA hervorging. Beide Museen erhielten Räume im Marlborough House in der Pall Mall.

Coles Mission bestand darin, »Verbesserungen im Charakter unserer nationalen Manufakturen« zu fördern.[6] Anstatt sich auf die Hersteller selbst zu konzentrieren – die Angebotsseite der Gleichung –, wollte Cole den Geschmack der Öffentlichkeit verbessern und die Nachfrage nach gutem Design kultivieren. Die Frage war nur wie. Am naheliegendsten war es, eine Auswahl vorbildlicher Objekte zusammenzustellen, die Attribute von »gutem Design« aufwiesen. Eines von Coles frühen Experimenten zielte jedoch auf das Gegenteil ab: eine *Galerie der falschen Prinzipien*, in der die Öffentlichkeit mit verschiedenen Beispielen für »schlechtes Design« konfrontiert wurde.

Für Cole zeigten sich die »falschen Prinzipien« des Designs in Objekten mit übertriebener oder übermäßiger Verzierung, sehr realistischen Darstellungen von Blumen oder Blättern, in Objekten, bei denen ein Missverhältnis zwischen einer schweren Dekoration und der Leichtigkeit des Materials (oder umgekehrt) wahrgenommen wurde, in übermäßig unruhigen oder überladenen, flachen Oberflächen, die versuchten, eine Illusion von Tiefe zu erzeugen, in Designs, bei denen die Dekoration der Funktion im Wege stand oder bei denen die Form der konventionellen Logik von Struktur und Masse widersprach.

Leider konnte nur eine Handvoll der in dieser Ausstellung gezeigten Objekte in der Sammlung des V&A wiedergefunden werden. Natürlich war die Ausstellung bei den Herstellern der gezeigten Objekte sehr unbeliebt, während das Publikum eher belustigt als aufgeklärt war. Es überrascht nicht, dass die Ausstellung nur wenige Wochen lief. Dennoch ist diese Episode wichtig, da sie zeigt, wie leicht der öffentliche Nutzen in eine Herabsetzung der Klasse abgleiten kann, wenn letztlich willkürliche Designwerte – oder einfach Ästhetik – unter dem Vorwand ihrer scheinbaren Universalität vorgeschrieben werden.

Trotz dieses frühen Fehltritts wurde das Museum of Manufactures schnell zu groß für die Räume im Marlborough House. Cole nutzte seinen Einfluss, um sich einen Standort auf den 86 Acres Land zu sichern, die die Royal Commission zur Verwaltung der Erlöse der Weltausstellung in Brompton erworben hatte. Das Gebiet lag zwischen der Südseite des Hyde Parks und der nördlichen Grenze von Chelsea, und es war tatsächlich Coles Idee, es in South Kensington umzubenennen, was sich auch im Namen der Einrichtung niederschlug: South Kensington Museum.

Die Gebäude, in denen das South Kensington Museum nach seinem Umzug im Jahr 1857 zunächst untergebracht war, waren noch weit entfernt von dem raffinierten architektonischen Komplex von heute. Schnelligkeit und Sparsamkeit waren entscheidend, und so waren die ersten Gebäude auf dem Gelände relativ rudimentär: große Eisenrahmenkonstruktionen, die eher an Fabriken als an Museumsgalerien erinnerten. Bald kamen

***Links*** **Der Admiralty Arch steht am Ende von The Mall, London. Er wurde von Aston Webb entworfen, der auch einen Großteil des V&A Museum gestaltete.**

***Rechts*** **Marlborough House in St James's, London. Es beherbergte das Museum of Manufactures und die Government School of Design, Vorläufer des V&A bzw. des Royal College of Art**

weitere Gebäude mit bedeutenden technischen und funktionellen Innovationen hinzu. So wurde z. B. eine Galerie mit Gasbeleuchtung ausgestattet, um später zu öffnen und ein Publikum von Arbeitern anzuziehen, die tagsüber beschäftigt waren. Doch auch Soziales, Moralisches, Politisches und Kulturelles wurden vermengt, wie eine Äußerung von Cole belegt: »Die abendliche Öffnung öffentlicher Museen kann ein wirksames Gegenmittel gegen den Gin-Palast sein.«

Zu den weiteren Innovationen in den nachfolgenden Gebäuden gehörten Systeme zur Steuerung des Lichts, eine einfache mechanische Klimaanlage und die Konstruktion aus Stahl und Glas. Allmählich bildete sich eine eigene Architektursprache heraus: italienische Renaissance statt klassizistischem Stil, der für das Museum der Aufklärung charakteristisch war, oder der vorherrschenden Mode des Gothic Revival. Unter der Leitung eines Militäringenieurs, Captain Francis Fowke, entstand das, was wir heute als »Masterplan« bezeichnen würden – eine ganzheitliche Vision für das Gelände, sodass die späteren Gebäude zu einem relativ kohärenten Ganzen beitragen.

Im Laufe des Projekts beauftragte Fowke eine Reihe führender Künstler und Designer, darunter Frederic Leighton, William Morris und Owen Jones, die Entwürfe in Zusammenarbeit mit seinem eigenen Dekorationsstudio unter der Leitung von Godfrey Sykes zu bereichern. Cole, Fowke und Sykes waren sich darüber klar, dass die Gebäude des Museums ein Symbol für ihren Inhalt sein und für die Werte stehen sollten, die das Museum in der Gesellschaft vermitteln will. Gleichzeitig wollten sie das Museum aber auch zu einem Ort machen, an dem man sich gerne aufhält und dessen Publikum nicht nur aus Fachleuten oder Liebhabern besteht. Das South Kensington Museum war das erste Museum der Welt, das etwas einrichtete, was heute allgegenwärtig ist: ein Café bzw. einen Erfrischungsraum, wie es damals hieß, in dem die Besucher eine Tasse Tee und etwas zu essen kaufen konnten.

Das Museum wurde bis in die 1880er Jahre hinein erweitert, auch nach dem Tod von Fowke und Sykes. In den 1890er Jahren war das Museum enorm gewachsen, doch der Komplex musste modernisiert werden und brauchte eine einheitliche Vision, um die Teile miteinander zu verbinden. Es wurde ein Wettbewerb ausgeschrieben, den der junge Architekt Aston Webb gewann, der später die Mall gestalten und den Buckingham Palace renovieren sollte. Webbs Entwurf sah eine prächtige neue, von einer Kuppel gekrönte, Fassade zur Cromwell Road vor sowie zusätzliche Höfe, um die dahinter liegenden Räume im Osten und Westen auszufüllen. Der Grundstein wurde am 17. Mai 1899 von Königin Viktoria selbst gelegt. Bei dieser Gelegenheit wurde das Museum auch umbenannt – in Victoria and Albert Museum – ein passender Abschluss für eine Geschichte, die fünf Jahrzehnte zuvor von ihrem Mann begonnen worden war.

*Unten und rechts* **National Gallery, London, entworfen von William Wilkins und fertiggestellt 1838**

## MUSEUMSMODELLE

Wenn das V&A ein neuer Typus von öffentlichem Museum war, dann nicht nur aufgrund seiner Ursprünge in der Weltausstellung, sondern auch, weil es auf dem Vorbild des British Museum, dessen Ursprünge wir im vorigen Kapitel untersucht haben, sowie der National Gallery beruhte, die 1824 gegründet worden war und in vielerlei Hinsicht als Brücke zwischen der Aufklärung und dem öffentlichen Museum fungiert.

Die National Gallery hat einen anderen Ursprung als ihre europäischen Pendants. Sie wurde nicht durch die Verstaatlichung einer königlichen Sammlung gegründet, sondern durch den Ankauf der Sammlung des Bankiers John Julius Angerstein im April 1824 für 57.000 Pfund (heute mehr als 8 Millionen Pfund), mit der Absicht, eine nationale Gemäldesammlung zu schaffen.

Die National Gallery befand sich zunächst in den bescheidenen Räumlichkeiten von Angersteins Haus in der Pall Mall 100, bevor sie 1838 in den von William Wilkins entworfenen großartigen Zweckbau am Trafalgar Square umzog – ein angemessenerer Rahmen für das inzwischen übliche Modell solcher Institutionen, eine enzyklopädische Sammlung westlicher Malerei zusammenzustellen und gleichzeitig die vorgebliche Vormacht des eigenen Landes in der Kunst hervorzuheben. Ein Unterschied bestand darin, dass es sich um ein neues Gebäude und nicht um einen königlichen Palast handelte und dass die strategische Lage zwischen Westminster und der City of London sowohl von den vornehmen Vororten im Westen als auch von den Arbeitervierteln des East End aus zugänglich war. Die National Gallery ähnelte zwar in ihren Bestrebungen den königlichen Sammlungen auf dem Kontinent, war aber in Geist und in Praxis eher öffentlich.

So wie das British Museum und die National Gallery in Großbritannien den Weg für die Entstehung öffentlicher Museen wie des South Kensington Museum ebneten, boten die bereits etablierten Museen der Aufklärung in der zweiten Hälfte des 19. Jahrhunderts wichtige Vorbilder für die Gründung neuer Museen auf dem Kontinent. Dazu zählten naturhistorische Museen wie das Museum der Naturwissenschaften Belgiens in Brüssel (1846), das Zoologische Museum in Kopenhagen (1862) und das Naturhistorische Museum in Wien (1872), die den aufklärerischen

Drang zur Klassifizierung der Natur mit neuen wissenschaftlichen Ansichten und Erkenntnissen verbanden. Dann gab es Museen, die sich der Wissenschaft und der Industrie widmeten und die neuesten technischen Entwicklungen präsentierten, wie das Deutsche Museum in München, gegründet 1903 und heute das größte Museum für Wissenschaft und Technik der Welt.

In der zweiten Hälfte des 19. Jahrhunderts entstanden darüber hinaus ethnografische Museen, die neben ihrer kolonialen Funktion auch der wissenschaftlichen Forschung dienten. Dazu gehörten das 1864 gegründete Tropenmuseum in Amsterdam, das 1876 gegründete Nationalmuseum für Vorgeschichte und Völkerkunde Pigorini in Rom und vor allem der 1897 errichtete Kolonialpalast von König Leopold II. im belgischen Tervuren. Hier stellte Leopold eine Reihe von ethnografischen Objekten zusammen – Präparate, ausgestopfte Tiere, Kunst und Handwerk –, die er gewaltsam aus dem Freistaat Kongo entwendet hatte, den er brutal als persönliches Lehen regierte. Erschreckenderweise »importierte« er sogar 260 Kongolesen, die ein nachgebautes Dorf auf dem Gelände des Palastes bewohnen sollten. Sieben starben bereits im ersten Winter. 1910 zog das Museum in ein größeres Gebäude um und wurde in Museum von Belgisch-Kongo umbenannt. Dort befindet es sich noch heute als Afrika-Museum, eine Einrichtung, die sich der Wissenschaft widmet, deren koloniale Vergangenheit jedoch immer Teil ihrer Geschichte sein wird.

THE NATIONAL GALLERY
THE NATIONAL GALLERY
THE NATIONAL GALLERY

*Links* Seitenansicht des Gebäudes der Smithsonian Institution, des sogenannten Castle, in Washington, DC, entworfen von James Renwick Jr. und fertiggestellt 1855

*Rechts* Aquarell aus der Mitte des 19. Jahrhunderts von James Smithson

## EINE AMERIKANISCHE KULTURINSTITUTION

Als Nation, die sich durch den Sturz ihrer kolonialen Machthaber entstand, verfügten die USA über die imperialen Verstrickungen vieler europäischer Staaten, waren aber mit der Zulassung der Sklaverei auch immer noch sehr stark an der kolonialistischen Ausbeutung der afrikanischen Bevölkerung beteiligt. Doch mit einer Geschichte, die eher in Jahrzehnten als in Jahrhunderten gemessen wurde, waren anders als in Europa Konzepte wie nationale Identität und Öffentlichkeit in den USA nicht selbstverständlich. Das galt auch für die Rolle des Museums. Aus städtebaulicher und architektonischer Sicht war die Hauptstadt der USA - das 1791 gegründete Washington, DC - sogar noch jünger als die Nation, was die Frage aufwirft, ob und in welcher Form ein nationales Museum oder eine kulturelle Einrichtung dort angesiedelt werden sollte.

Bei seinem Tod am 27. Juni 1829 vermachte der britische Wissenschaftler James Smithson sein Vermögen den Vereinigten Staaten, »um in Washington unter dem Namen Smithsonian Institution eine Einrichtung zur Vermehrung und Verbreitung von Wissen unter den Menschen zu gründen«. Angesichts der noch relativ kurzen nationalen Entwicklung überrascht es kaum, dass das Vermächtnis eine Debatte auslöste, die über ein Jahrzehnt andauerte.[7] Sie beschränkte sich nicht auf die Art der Institution, sondern erstreckte sich auch auf das Selbstverständnis der frühen USA und auf das Verhältnis zwischen der Regierung und den Bundesstaaten, wobei viele infragestellten, ob die Regierung überhaupt befugt war, eine nationale Institution zu schaffen.

Die Befürworter setzten sich durch, und 1846 wurde die Smithsonian Institution gegründet, der heute weltweit größte Museumskomplex mit Sammlungen und Einrichtungen, deren Schwerpunkte von der bildenden Kunst, der Naturgeschichte, dem Kunsthandwerk und der dekorativen Kunst über die Luft- und Raumfahrt bis hin zur amerikanischen Geschichte reichen, darunter auch Museen, die sich der Geschichte und Kultur der amerikanischen Ureinwohner und der Afroamerikaner widmen.

Das Motiv für Smithsons Vermächtnis bleibt unklar. Warum beschloss ein relativ unbedeutender englischer Wissenschaftler, einer Nation auf einem anderen Kontinent 508.318 Dollar zu hinterlassen? War es altruistische Philanthropie, eine Geste des intellektuellen Wohlwollens gegenüber einer noch jungen Nation oder die Chance zur Selbstverherrlichung? Wir werden es nie herausfinden, und das wenige, was wir über Smithson selbst wissen, lässt keine eindeutigen Schlüsse zu. Es ist jedoch wahrscheinlich, dass er als Wissenschaftler das Vermächtnis von Sir Hans Sloane an die britische Nation eine Generation zuvor im Hinterkopf hatte. Smithson war ebenfalls in wissenschaftlichen Kreisen der Aufklärung aktiv, setzte sich für die Förderung der Wissenschaft zum Wohle der Öffentlichkeit ein und war in ganz Europa gut vernetzt. Aber es gab wenig, was ihn mit den Vereinigten Staaten verband.

*Rechts* Frontansicht des Gebäudes der Smithsonian Institution, des sogenannten Castle, in Washington, DC, entworfen von James Renwick Jr. und fertiggestellt 1855

*Links* **Ausstellungsstücke in der Lower Main Hall, Smithsonian Institution, 1886**

*Rechts* **Grafikausstellung, Smithsonian Institution, 1920**

Smithsons Testament sah vor, seinen Nachlass an seinen Neffen Henry James Hungerford zu übergeben, jedoch mit der Auflage, dass er, falls dieser keine Erben hätte, an die USA fallen würde. Dies geschah sechs Jahre später, als Hungerford ohne Nachkommen starb. Wie bereits angedeutet, wurde das Erbe in den USA bei weitem nicht von allen begrüßt. Einige bezweifelten, dass die Bundesregierung die verfassungsmäßige Befugnis habe, eine solche Schenkung anzunehmen, und dass dies nicht nur die Rechte der Bundesstaaten beschneiden, sondern auch weitere Schenkungen von Personen fördern würde, die sich eine nach ihnen benannte Einrichtung wünschten. Andere hielten es für bedenklich, ein Erbe anzunehmen, das von der Kolonialmacht stammte, mit der das junge Land gerade so hart um seine Unabhängigkeit gekämpft hatte. Präsident Andrew Jackson erkannte jedoch sofort das positive Potenzial des Geschenks und sorgte dafür, dass es unversehrt und ohne Rechtsunsicherheiten in die USA gelangte, indem er den Anwalt Richard Rush nach London schickte, um sich für das Land einzusetzen.

Selbst nachdem man sich auf die Annahme des Nachlasses geeinigt hatte, blieb offen, was damit geschehen sollte. Sollte es für die Forschung verwendet werden, wie der Kongressabgeordnete und ehemalige US-Präsident John Quincy Adams argumentierte? Oder für die Gründung einer neuen nationalen Universität? Oder sollte es für eine Hochschule verwendet werden, um Lehrer auszubilden, die in einem neuen öffentlichen Bildungssystem arbeiten könnten? Oder vielleicht für die Gründung einer Institution verwendet werden, die sich der Wissenschaft widmete, die schließlich Smithsons eigene Disziplin war? Am Ende wurde ein Kompromiss erzielt, und der Gesetzentwurf zur Gründung des Smithsonian berücksichtigte viele der Vorschläge mit Ausnahme der Universität. Obwohl die Forschung einen wesentlichen Teil der Arbeit der Einrichtung ausmachen sollte, sollte sie für jedermann offen sein, wie es eine Universität von Natur aus nie sein konnte. Am 10. August 1846 unterzeichnete Präsident James K. Polk das Gesetz, und das Smithsonian war geboren.

## EINEN ZWECK DEFINIEREN

Faszinierend an Museen ist, wie die Errichtung eines Museumsgebäudes oder sogar eines Erweiterungsbaus die Institution zwingen kann, sich über ihren Auftrag und ihre Ziele klar zu werden. Auch wenn der Zweck des frühen Smithsonian ein wenig unklar war, trugen die Planung und der Bau eines neuen Gebäudes an der National Mall dazu bei, ihn herauszuarbeiten. Der Gesetzesentwurf zur Gründung des Smithsonian sah vor, dass ein neues Gebäude eine Kunstgalerie, Museumsräume, eine Bibliothek, einen Vortragssaal und wissenschaftliche Labors enthalten musste, auch wenn er nicht sagte, was darin geschehen sollte.

*Oben* **Das Kapitol, Washington DC**

Der Entwurf des Gebäudes wurde dem Architekten James Renwick Jr. anvertraut. Interessanterweise wich er dabei vom klassizistischen Stil des nahe gelegenen Weißen Hauses und des Kapitols ab und griff stattdessen auf einen neomittelalterlichen Stil zurück, der an ein College in Oxford oder Cambridge erinnerte. Obwohl das Smithsonian eine völlig neue Art von Institution war – für die USA und wohl auch für die Welt –, orientierte es sich architektonisch an der Vergangenheit mit Kreuzgängen, individuell gearbeiteten Kapitellen, Türmen und Türmchen. Dies war eines der Paradoxa im Herzen des öffentlichen Museums, nicht nur des Smithsonian: kühne, neue, idealistische Institutionen, die architektonische Ausdrucksformen der Vergangenheit verwenden. Aus heutiger Sicht mag dieses Paradoxon an einen Widerspruch grenzen, doch wir können das traditionelle architektonische Gewand dieser neuen Institutionen auch als eine Art Köder betrachten – ob bewusst oder unbewusst –, der die Aufmerksamkeit davon ablenkte, wie fortschrittlich und umwälzend ihre öffentliche Agenda sein konnte.

Das Gebäude wurde 1855 fertiggestellt, und wie es sich angesichts seiner architektonischen Vorbilder vielleicht gehört, fungierte das frühe Smithsonian unter der Leitung von Joseph Henry als wissenschaftliches Forschungszentrum, das den Dialog zwischen amerikanischen und europäischen Wissenschaftlern förderte. Häufige öffentliche Vorträge sorgten dafür, dass dieses Wissen über die wissenschaftliche Elite hinaus verbreitet wurde, wie es der Kongress gefordert hatte. Henrys Nachfolger Spencer Fullerton Baird, der fast dreißig Jahre lang sein Stellvertreter gewesen war, konzentrierte sich stärker auf das Sammeln, insbesondere im Bereich der Naturgeschichte.

Die Hundertjahrfeier der USA im Jahr 1876 und die Centennial Exposition, die in Philadelphia stattfand, boten die Gelegenheit, die Sammlung erheblich zu erweitern. Baird handelte aus, dass viele der Aussteller ihre Exponate nach Abschluss der Ausstellung dem Smithsonian stifteten. Die drastische Vergrößerung der Sammlung machte den Bau eines neuen Museumsgebäudes erforderlich: das US National Museum, heute bekannt als Arts and Industries Buildings, das 1881 unter der Leitung des Smithsonian eröffnet wurde.

In den folgenden Jahrzehnten nahm die Smithsonian Institution, wie wir sie heute kennen, allmählich Gestalt an, als die Sammlung in neue Richtungen erweitert wurde und neue Museen gegründet wurden, um sie unterzubringen und zu präsentieren. Heute umfasst die Smithsonian Institution neunzehn Museen sowie zahlreiche Bibliotheken, Forschungszentren, Zoos und Gärten. Darunter befinden sich einige der beliebtesten und meistbesuchten Museen der USA, wie das National Air and Space Museum, das National Museum of Natural History, der National Zoological Park, die Freer Gallery, das Hirshhorn Museum and Sculpture Garden und das National Museum of African American History and Culture – der jüngste Neuzugang – auf den später in Kapitel fünf eingegangen wird (siehe Seite 283).

Obwohl viele der Smithsonian-Museen das Wort »national« in ihrem Namen tragen, was ihrem Status als Träger verschiedener Teile der nationalen Sammlungen der USA entspricht, sind sie in einem ganz anderen Sinne national als die Nationalmuseen, die in Europa zu Beginn des 19. Jahrhunderts gegründet wurden. Diese Museen entstanden durch die Verstaatlichung fürstlicher Sammlungen und deren Überführung vom persönlichen Eigentum des Monarchen in das Eigentum des Nationalstaates. Die Sammlungen des Smithsonian hingegen wurden im Laufe der Zeit mit dem Anspruch aufgebaut, die Nation durch ihre Geschichte, Kultur, Kunst und Errungenschaften zu repräsentieren. Auf diese Weise ist das Smithsonian ein öffentliches Museum, nicht nur weil es existiert, um der Öffentlichkeit den Zugang zu seinen Sammlungen zu ermöglichen, sondern auch aufgrund der Natur der Sammlungen selbst, die darauf abzielen, der amerikanischen Nation und ihrem Volk einen Spiegel vorzuhalten.

***Unten*** **Das National Museum of Natural History, Washington DC**

## EINE NATIONALE IDENTITÄT AUSDRÜCKEN

Obwohl diese Idee komplex und in ihrer Ausprägung potenziell problematisch ist, überrascht es nicht, dass sie keineswegs nur auf die USA beschränkt ist, auch wenn es einer jungen Nation bedurfte, um ihr eine so starke Wirkung zu verleihen. Zur der Zeit, als das Smithsonian in den 1870er Jahren Gestalt annahm, entstand diese Idee auch in einer viel älteren Nation und Kultur und formte die Frühform dessen, was dann zum Nationalmuseum Tokio wurde.[8]

Die Ursprünge des Nationalmuseums Tokio gehen auf die Yushima Seido Exposition zurück – eine Ausstellung, die im März 1872 zwanzig Tage lang in der Taiseiden-Halle des Yushima Seido, eines ehemaligen Tempels, stattfand. Die Ausstellung wurde vom Museumsbüro des Bildungsministeriums im Rahmen der Vorbereitungen für die Teilnahme Japans an der Wiener Weltausstellung initiiert. Es wurde zur Einreichung von Objekten für die Ausstellung aufgerufen, in der die besten Werke der japanischen Kultur gezeigt werden sollten. Als die Ausstellung am 10. März eröffnete, war sie so erfolgreich, dass sie um zehn Tage verlängert werden musste und schließlich 150.000 Besucher anlockte.

Im folgenden Jahr wurde die Ausstellung nach Wien geschickt, begleitet von einer großen Delegation, um sie zu aufzubauen und von den westlichen Bauweisen und Technologien zu lernen, die auf der Messe zu sehen waren. Die Besucher des japanischen Pavillons bestaunten ausgestopfte Tiere und einen goldenen Shachi (ein Fabelwesen mit dem Kopf eines Tigers und dem Körper eines Fisches), einen riesigen Buddha aus Pappmaché und die Nachbildung eines japanischen Gartens. Die Messe zog 7,2 Millionen Besucher an, wobei der japanische Beitrag zu den beliebtesten gehörte.

Um an diesen Erfolg anzuknüpfen, legte Sano Tsunetami, der mit Okuma Shigenobu (Präsident bzw. Vizepräsident des für die Messe gegründeten Ausstellungsbüros) zu den treibenden Kräften des Projekts gehört hatte, der japanischen Regierung einen ausführlichen Bericht vor, in dem er die Einrichtung eines Museums in Tokio befürwortete, um die besten Kunst- und Handwerksgegenstände des Landes auszustellen. 1876 wurde der Ueno-Park in Tokio von der Regierung für die Errichtung eines neuen Museumskomplexes zur Verfügung gestellt, in dem die verschiedenen Sammlungen und die 1872 eingerichtete Bibliothek zusammengeführt werden sollten. Die Bauarbeiten begannen rasch, wobei das bemerkenswerteste Gebäude das Honkan war, eine der japanischen Kunst gewidmete Galerie, die der britische Architekt Josiah Conder entwarf. Am 20. März 1882 wurde das Gebäude von Kaiser Meiji feierlich eröffnet. Es überdauerte bis zum großen Kanto-Erdbeben von 1923 und wurde danach durch das heutige Gebäude ersetzt.

*Links* **Das Gebäude des Japanischen Nationalmuseums, Tokio, das das nach einem Erdbeben im Jahr 1923 zerstörte Originalgebäude ersetzte**

*Oben* **Das heutige Koreanische Nationalmuseum, das 2005 im Stadtteil Yongsan von Seoul eröffnet wurde**

Es war kein Zufall, dass dieser Hort der japanischen Kultur zu einem Zeitpunkt entstand, als sich das Land dafür interessierte, wie es sich im Ausland profilieren könnte, was sich bald sowohl militärisch als auch kulturell zu manifestieren begann. Der Einflussbereich Japans wuchs mit der raschen Industrialisierung im späten 19. Jahrhundert beträchtlich, und nach Kriegen gegen China und später Russland konnte Japan 1910 Korea annektieren. Unter diesem zunehmenden japanischen Einfluss war es auch kein Zufall, dass der kurz vor seiner Absetzung stehende koreanische Kaiser 1909 ein der koreanischen Kultur gewidmetes Museum einrichtete. Nach der Befreiung 1945 bildete dieses Museum eine der Gründungssammlungen des Koreanischen Nationalmuseums, zu dem ein neues Nationalmuseum für Völkerkunde – das heutige Nationale Volksmuseum von Korea – hinzukam, das von der US-Armee gegründet wurde, wohl wissend, dass die koreanische kulturelle Identität starke nationale Symbole brauchte.

Diese Beispiele zeigen, dass Museen häufig als Mittel zur Artikulation der nationalen Identität dienten. Indem ein Museum die schönsten Objekte aus der Kulturgeschichte einer Nation versammelt, setzt es sie explizit oder implizit in Beziehung zu denen anderer Länder und ermöglicht es einer Nation, sich durch das zu definieren, was sie ist und auch durch das, was sie nicht ist. Gleichzeitig wurde der Reichtum einer Museumssammlung, nicht nur der eigenen nationalen Kunstschätze, sondern auch derjenigen, die, oft durch Kolonialisierung und Eroberung, aus der ganzen Welt zusammengetragen wurden, zu einem wichtigen Kennzeichen für nationales Prestige und Status, so beunruhigend und problematisch dies heute auch ist. Letztere Motivation verschwand im Laufe des 19. Jahrhunderts nicht, wurde aber durch ein echtes und eher altruistisches Bestreben ergänzt, das Beste der Weltkultur zusammenzuführen, nicht nur zum Ruhm der Nation, sondern zur Bildung und Bereicherung ihrer Bevölkerung. Dies gilt insbesondere für zwei Museen, die fast zeitgleich und nur einen Steinwurf voneinander entfernt in New York gegründet wurden.

*Links* Ansicht der Pagode im National Folk Museum, Seoul

## ZWEI GEBÄUDE VON NATIONALER BEDEUTUNG

Im April 1869 unterzeichnete der Gouverneur von New York, John Thompson Hoffman, ein Gesetz, mit dem das American Museum of Natural History offiziell ins Leben gerufen wurde. Die Idee für das Museum stammte von dem Naturforscher Albert Smith Bickmore, der unter anderem von dem Bergbaumogul William E. Dodge Jr., dem bedeutenden Anwalt Joseph Choate, dem Geschäftsmann und Vater des späteren Präsidenten Theodore Roosevelt, Theodore Roosevelt Sr. und dem Finanzier J. Pierpont Morgan unterstützt wurde. Ursprünglich war es im Gebäude des Central Park Arsenal untergebracht. Diese Räumlichkeiten reichten jedoch bald nicht mehr aus, und so wurde 1874 mit dem Bau eines neuen Gebäudes am Manhattan Square, direkt am Central Park, zwischen der 77. und 81. Straße, begonnen. Den Grundstein legte Präsident Ulysses S. Grant, und 1877 wurde es von Präsident Rutherford B. Hayes feierlich eröffnet.

Das erste Gebäude entstand im gotischen Stil - in Anlehnung an die Gebäude im benachbarten Central Park -, während spätere Erweiterungen im romanischen Stil ausgeführt wurden, vielleicht unter dem Einfluss des fast zeitgleichen Entwurfs von Alfred Waterhouse für das Natural History Museum in London. Die ikonische Beaux-Arts-Südfassade wurde in den 1930er Jahren von John Russell Pope hinzugefügt, der zu dieser Zeit auch für die National Gallery of Art in Washington, DC, verantwortlich war. Rückblickend betrachtet markierte die Errichtung dieses neuen Flügels für das Museum das Ende der Blütezeit der Entdeckungen, das in dieser Zeit eine Reihe wichtiger Expeditionen in alle Teile der Welt unternommen hatte, z. B. zum Nordpol, nach Sibirien, in die äußere Mongolei und nach Afrika.

Zur gleichen Zeit, als das Gebäude des American Museum of Natural History an der Upper West Side entstand, wurde ein weiteres gebaut, das einem der größten Museen der Welt ein dauerhaftes Zuhause bieten sollte. Dabei handelte es sich um den ersten Zweckbau des Metropolitan Museum of Art, direkt am Rande des Central Park gegenüber der Fifth Avenue an der 82. Straße. Das Met, wie es informell genannt wird, zog am 30. März 1880 in das neue Gebäude ein, zehn Jahre nach seiner Gründung, wie es in der Gründungsurkunde heißt:

> Zu dem Zweck, in der genannten Stadt ein Kunstmuseum und eine Kunstbibliothek einzurichten und zu unterhalten, das Studium der schönen Künste und die Anwendung der Kunst auf die Produktion und das natürliche Leben zu fördern und zu entwickeln, das allgemeine Wissen über verwandte Themen zu erweitern und zu diesem Zweck populäre Unterweisungen und Erholungsmöglichkeiten zu schaffen.[9]

***Links*** **Die Beaux-Arts-Fassade des Metropolitan Museum of Art, New York City, die vom Architekten Richard Morris Hunt 1902 entworfen wurde**

***Rechts*** **Fassade des Metropolitan Museum of Art, New York City, wie sie sich heute darstellt**

*Links* **Die große Eingangshalle des Metropolitan Museum of Art, New York City**

*Rechts* **Der Ägyptische Tempel von Dendur, ausgestellt im Sackler Wing des Metropolitan Museum of Art, New York**

Ein weiteres Gesetz aus dem Jahr 1893, in dem festgelegt wurde, dass die Sammlungen des Museums »das ganze Jahr über für die Öffentlichkeit unentgeltlich geöffnet und zugänglich sein müssen«, verankerte den öffentlichen Auftrag des Museums.[10]

Das war durchaus passend, denn es war genau diese Idee, die den Anstoß zur Gründung des Museums gegeben hatte. Sie entstand bei den Gesprächen einflussreicher amerikanischer Geschäftsleute, Finanziers und Künstler während einer Reise nach Paris, die beschlossen, in den USA ein Museum zu gründen, in dem die einfachen Amerikaner Kunst erleben können. Zu dieser Gruppe gehörte der Anwalt John Jay, der den Vorschlag aufgebracht hatte und sich nach seiner Rückkehr nach New York maßgeblich an der Umsetzung des Projekts beteiligte. Am 13. April 1870 wurde das Metropolitan Museum of Art gegründet.

Der Zeitpunkt war günstig, denn infolge des Deutsch-Französischen Krieges von 1870 waren zahlreiche bedeutende Gemälde Alter Meister verfügbar geworden. Der erste große Ankauf des Museums umfasste eine Gruppe von 174 Gemälden. Ermöglicht wurde er durch den Gründungstreuhänder William T. Blodgett, der mit den europäischen Händlern Léon Gauchez und Étienne Le Roy zusammenarbeitete, um die Werke zu sichern. Der Kauf umfasste eine Reihe namhafter Werke von Künstlern wie Anthonis van Dyck, Frans Hals, Giovanni Battista Tiepolo, Nicolas Poussin und anderen bedeutenden Alten Meistern. Dank dieser Werke in der Sammlung konnte das Museum mit großem Erfolg eröffnet werden.

Das erste Objekt, das das Museum erwarb, war jedoch ein römischer Sarkophag – ein Geschenk von J. Abdo Debbas, dem amerikanischen Vizekonsul in Tarsus, das am 20. November 1871 in die Sammlung aufgenommen wurde und einen frühen Hinweis auf die außergewöhnliche Breite und Qualität der Sammlung des Met gab.[11]

Das Museum wurde am 20. Februar 1872 in den relativ bescheidenen Räumlichkeiten des Dodworth-Gebäudes in der Fifth Avenue 681, einem vierstöckigen ehemaligen Privathaus und einer Tanzschule, offiziell für die Öffentlichkeit zugänglich gemacht. Trotz seiner geringen Größe erfreute sich das Museum großer Beliebtheit und zog in den ersten drei Monaten mehr als sechstausend Besucher an. John Taylor Johnston, der Präsident des Museums, beschrieb die Eröffnungsveranstaltung so:

> Die Damen und Herren waren zahlreich erschienen, und alle waren sehr zufrieden. Die Bilder sahen prächtig aus, und die Komplimente waren so zahlreich und stark, dass ich befürchtete, die Münder der Kuratoren würden chronisch und dauerhaft in einem breiten Grinsen erstarren ... Wir können davon ausgehen, dass das Museum ordnungsgemäß und unter günstigen Vorzeichen eröffnet wurde ... Wir haben etwas, auf das wir als Museum hinweisen können, etwas Greifbares und etwas Gutes.[12]

*Links* **Ausgestellte altägyptische Skulpturen im Metropolitan Museum of Art, New York City, fotografiert 1935**

*Rechts* **Detail des Äußeren des Metropolitan Museum of Art, New York City**

Es überrascht nicht, dass nach diesem vielversprechenden Start der Platz schnell knapp wurde. Im März 1873 sicherte sich das Museum einen Mietvertrag für das Douglas Mansion in der 128 West 14th Street.[13] Zum ersten Mal konnte das Museum die Cesnola-Sammlung zyprischer Objekte ausstellen, die es kürzlich erworben hatte. Das Douglas Mansion war zwar größer und geräumiger als das Dodworth-Gebäude, aber immer noch ein Wohnhaus, das sich nicht zur Unterbringung einer öffentlichen Sammlung eignete. Das Haus ausreichend zu heizen, war ein großes Problem, so dass die ausgesprochen kühlen Bedingungen die Besucher sogar abschreckten, wie der stellvertretende Superintendent H. Gordon Hutchins damals berichtete:

> Wir haben im Moment nicht viele Besucher, und ich denke, ein wichtiger Grund dafür ist die Tatsache, dass bekannt ist, dass das Gebäude so kalt ist. Die wenigen Leute, die kommen, haben viel zu erzählen, sie gehen weg und erzählen es ihren Freunden, und so ist es in der ganzen Stadt bekannt - ich habe sogar selbst gehört, wie Damen und Herren in den Straßenbahnen darüber gesprochen haben.[14]

Es muss also eine gewisse Erleichterung gewesen sein, als das neue Gebäude an der Fifth Avenue am 30. März 1880 endlich der Öffentlichkeit zugänglich gemacht wurde. Entworfen wurde es von Calvert Vaux und Jacob Wrey Mould im Stil der Neogotik (wie das American Museum of Natural History). Es bildet den Kern des heutigen Komplexes und ist auch heute noch vom Robert-Lehman-Flügel aus zu sehen - einem neuen Flügel, der 1975 eröffnet wurde, um die Sammlung aufzunehmen, die der Bankier Lehman dem Museum nach seinem Tod 1969 vermacht hatte. Nur acht Jahre nach seiner Fertigstellung begannen die Erweiterungen des ersten Zweckbaus des Met. Die ikonische Beaux-Arts-Fassade entlang der Fifth Avenue wurde 1902 vom Architekten und Museumstreuhänder Richard Morris Hunt hinzugefügt. Zu dieser Zeit war das Met bereits auf dem besten Weg zu einem der ganz großen Museen der Welt zu werden, mit bedeutenden Beständen nicht nur an Alten Meistern, impressionistischer und postimpressionistischer Kunst, sondern auch an Kulturgütern aus allen Kontinenten und fast allen Epochen.

## KUNST UND KULTUR FÜR ALLE

Für die Gründer von Museen wie dem Met war der Gedanke offensichtlich entscheidend, dass das, was sie taten, dem Gemeinwohl diente. Als 1893 der Grundsatz bekräftigt wurde, dass das Museum »für die Öffentlichkeit kostenlos zugänglich« sein sollte, hätten nur wenige Beobachter infragegestellt, wer oder was diese »Öffentlichkeit« war. Auch in Kanada war die Aufgabe der 1860 gegründeten Art Association of Montreal – des heutigen Montreal

CONSTABLE

Museum of Fine Arts – klar, »die Wertschätzung der schönen Künste unter den Einwohnern der Stadt zu fördern«. Dies prägte die weitere Geschichte des Museums, das zunächst als Wanderausstellung fungierte und 1879 sein erstes Domizil am Phillips Square fand, bevor es 1912 in ein großes neues Gebäude im Beaux-Arts-Stil in der Sherbrooke Street umzog. Ab 1972 war es keine private Einrichtung mehr, sondern wurde zu einer gemeinnützigen, teilweise staatlich finanzierten Organisation, die heute das größte Kunstmuseum Kanadas bildet. Da war die Idee, dass ein Museum für die Öffentlichkeit, das Volk, die Massen, für alle da ist, bereits selbstverständlich.

Allerdings ist den Museen bewusst, dass die Besucher nicht repräsentativ für die Gesamtbevölkerung sind, nur weil ein Museum allen offen steht und vielleicht nicht einmal Eintritt verlangt. Es war schon immer so, dass bestimmte sozioökonomische Gruppen eher ein Museum besuchen als andere. Deshalb beschäftigen viele Museen heutzutage Teams, die Programme für den »Zugang« oder die »Verbesserung der Beteiligung« entwickeln, um Menschen zu erreichen, die sonst nicht daran denken würden, ein Museum zu besuchen.

In vielerlei Hinsicht stehen solche Programme in der heutigen Museumspraxis an vorderster Front. Die Ideale und Bestrebungen, die sie antreiben, unterscheiden sich nicht sonderlich von denen, die zur Gründung des öffentlichen Museums im 19. Jahrhundert führten: die Idee, dass Kunst und Kultur für jeden zugänglich sein sollten und die Beschäftigung mit ihnen das Wohlbefinden der Menschen verbessert. Auch die Art, wie wir heute von Museen als Teil der sozialen und kulturellen Infrastruktur einer Stadt sprechen, ist gar nicht so weit entfernt von den instrumentalistischen Vorstellungen, die man im 19. Jahrhundert von Museen hatte, als sie als ebenso lebenswichtig für eine Stadt galten wie Polizeistation, Feuerwehr, fließendes Wasser oder Kanalisation. Im Unterschied zu damals fassen wir Wohlergehen heute in sozialer oder psychologischer Hinsicht auf, während es im 19. Jahrhundert sehr oft moralisch gesehen wurde und sich weniger auf den Einzelnen als auf die Bevölkerung als Ganzes konzentrierte.

Es war zwar nur ein Zufall, aber dennoch bezeichnend, dass die National Gallery of British Art (die heutige Tate Britain) 1897 in London auf dem Gelände des alten Millbank-Gefängnisses gegründet wurde. Kunst und Kultur – vermittelt durch das Museum – galten nun als ein besseres Heilmittel für soziale Probleme als das strafende Regime des Gefängnisses. Der Museumsbesuch war zwar eine Freizeitbeschäftigung, doch die Tatsache, dass Museen auch Orte der Bildung und Erziehung waren, sorgte dafür, dass sie als soziales Heilmittel weit entfernt von »Brot und Spielen« blieben.

In einigen Fällen erstreckte sich der Bildungsauftrag eines Museums auch auf die formale Bildung. Wir haben bereits Beispiele von Universitätsmuseen erörtert, in denen die Sammlung

***Ganz links*** **Außenansicht der Tate Britain, Millbank, London**

***Links*** **Fassade des Montreal Museum of Fine Arts. Das aktuelle Gebäude an der Sherbrooke Street stammt von 1912**

***Links*** **Hof und Portikus des Museum of Fine Arts, Boston**

***Rechts*** **Große Treppe des Museum of Fine Arts, Boston**

als Schwerpunkt für die akademische Forschung diente. Es gibt aber auch wichtige Beispiele, in denen das Museum nicht nur die Wissenschaft, sondern auch die künstlerische Praxis fördert. Das Museum of Fine Arts in Boston ist eines der bemerkenswertesten, denn mit seiner Eröffnung im Jahr 1876 wurde im selben Gebäude auch die School of the Museum of Fine Arts, Boston, gegründet. Heute ist sie Teil der School of Arts and Sciences der Tufts University und in einem Gebäude untergebracht, das an den jetzigen Sitz des Museums in der Huntingdon Avenue angrenzt, mit dem sie immer noch eng verbunden ist. (Das nahe gelegene Isabella Stewart Gardner Museum – das außergewöhnliche Haus und die Sammlung der großen Sammlerin und Philanthropin, die 1924 für die Öffentlichkeit zugänglich gemacht wurden – vervollständigt das kulturelle Ensemble in diesem Bostoner Stadtteil.)

Es war nur ein kleiner Schritt von einem Museum, das sich um die Ausbildung der nächsten Künstlergenerationen bemühte, zu einem Museum, das eine Sammlung der »Alten Meister von morgen« anhäufen sollte. Dies waren die Worte des Stahlmagnaten Andrew Carnegie, der 1896 das wohl erste Museum gründete, das diesem Ziel gewidmet war. Nicht lange nach dem endgültigen Abbruch der Beziehungen zu Henry Clay Frick verkaufte Carnegie seine Firmenanteile an J. Pierpont Morgan, der kurz darauf die United States Steel Corporation gründete, einen der größten Konzerne der Welt. Carnegie zog sich weitgehend aus dem Geschäftsleben zurück und widmete den Rest seines Lebens der Philanthropie. Zu seinen vielen bemerkenswerten philanthropischen Taten gehörte die Gründung des Carnegie-Instituts, heute als Carnegie-Museum bekannt, in seiner Wahlheimat Pittsburgh, und insbesondere die Einrichtung eines naturhistorischen und eines Kunstmuseums.

Um den Aufbau einer Sammlung für letzteres zu unterstützen, eröffnete Carnegie die Carnegie International – eine jährliche Ausstellung zeitgenössischer Kunst, aus der das Museum häufig Ankäufe tätigte. So konnte es schnell eine Sammlung von Werken bedeutender Künstler des späten 19. Jahrhunderts wie Winslow Homer, Camille Pissarro und James McNeill Whistler zusammentragen.

1904 begannen die Museen mit einer großen Baukampagne, ausgelöst durch die Notwendigkeit, eine wachsende Dinosauriersammlung unterzubringen, darunter eine nach Carnegie selbst benannte Art: *Diplodocus carnegii*. Dieses Projekt sollte dem Museum umfangreiche weitere Räumlichkeiten bieten und neue Galerien sowie die ikonische Halle der Architektur schaffen – eine riesige Halle, die dem Mausoleum von Halikarnassos nachempfunden und mit Gipsabgüssen einiger der größten Bauwerke der Weltgeschichte gefüllt ist, von denen Carnegie wusste, dass die überwiegende Mehrheit der Bevölkerung der Industriestadt nie die Gelegenheit haben würde, sie zu sehen.

*Links oben* **Große Treppe des Carnegie Museum of Art, Pittsburgh**

*Links unten* **Die Hall of Sculpture des Carnegie Museum, Pittsburgh**

*Rechts* **Fassade des Carnegie Museum of Art, Pittsburgh**

## EIN ARCHITEKTONISCHES PARADOX

In dieser Hinsicht sind die Carnegie-Museen wohl die tiefgreifendste Verkörperung des 19. Jahrhunderts – und gleichzeitig weisen sie durch den Fokus des Kunstmuseums auf den »Alten Meistern von morgen« einen Weg in Richtung der im nächsten Kapitel besprochenen Museen. Aus architektonischer Sicht fehlt dieser letzte Teil des Museumsauftrags jedoch völlig in seinem ursprünglichen öffentlichen Erscheinungsbild, einer prachtvollen Beaux-Arts-Fassade, die ganz im Zeichen ihrer Zeit steht und alle üblichen Ausdrucksformen von Bildung und Autorität verwendet. Das Ergebnis ist ein Paradoxon: eine Institution mit einer neuartigen, vielleicht sogar radikalen Mission, die sich selbst, ihre Ideen und Bestrebungen in einer architektonischen Sprache präsentiert, deren Autorität aus der Vergangenheit herrührt. Aber das war nicht ungewöhnlich. Im Laufe dieses Kapitels haben wir eine Reihe von Museen untersucht, deren Gebäude in Bezug auf Planung, Struktur und Technologie häufig innovativ waren, die aber symbolisch auf das architektonisch Etablierte und Vertraute zurückgriffen.

Über Museen hinaus war dieses Paradox für einen Großteil der Architektur des 19. Jahrhunderts typisch, als verschiedene Wiederbelebungen, ob griechisch, gotisch oder römisch, um die Vorherrschaft konkurrierten. So erhielt etwa das technisch hochinnovative neue Parlamentsgebäude in London ein gotisches Gewand, weil man der Meinung war, dass dies die natürliche Freiheit Großbritanniens am besten symbolisiere, während die Stadt Washington, DC, Ausdruck eines aus den Idealen der Aufklärung geborenen Nationalstaates, auf die Architektursprache der römischen und griechischen Antike zurückgriff. Gegen Ende des Jahrhunderts wurde diese Art von Diskrepanz in den Augen einiger Architekten jedoch zunehmend unhaltbar, ebenso wie viele Künstler es zunehmend ablehnten, innerhalb der Grenzen der akademischen Tradition zu arbeiten.

Für Architekten, Künstler und andere Kulturschaffende stellte sich daher eine grundlegende Frage: Welche Art von kultureller Sprache könnte den neuen Geist des Industriezeitalters angemessen widerspiegeln? Antwort: die Moderne – das Phänomen, das im Prinzip am besten als kulturelle Antwort auf die schrittweisen Umwälzungen durch die industrielle Revolution zu verstehen ist. Anstatt zu versuchen, die industrielle Moderne mit den künstlerischen und architektonischen Traditionen der Vergangenheit zu assimilieren, strebten die Modernisten nach neuen kulturellen Sprachen, die das neue Zeitalter widerspiegeln und ihm einen Sinn geben sollten, und die für viele Architekten sogar eine Rolle bei seiner Gestaltung spielen sollten. Natürlich hat dieses Denken auch tiefgreifende Auswirkungen auf die Museen: auf die Art der Objekte, die sie nun enthalten, deren Präsentation und die architektonische Form der Gebäude, die sie beherbergen. Wir werden das im nächsten Kapitel untersuchen.

ODOUL

*Links* **Luftaufnahme des Centre Georges Pompidou im Stadtbild von Paris**

*Rechts* **Richard Rogers und Renzo Piano im Gespräch auf der Baustelle des Centre Georges Pompidou**

# 4. DAS MODERNE MUSEUM

1971 gab es im Élysée-Palast – dem Amtssitz des französischen Präsidenten – eine Pressekonferenz, auf der die Gewinner des Wettbewerbs um die Gestaltung eines neuen, interdisziplinären Kunstzentrums auf dem leerstehenden Plateau Beaubourg in Paris verkündet wurden. Auf der einen Seite stand der makellos gekleidete Präsident Georges Pompidou, auf der anderen die Architekten: langhaarig und eher lässig gekleidet in Tweed, Jeans und Selbstgefärbtes. Einer hatte sogar einen Bart.

Der siegreiche Plan der Architekten Renzo Piano und Richard Rogers, beide damals in ihren Dreißigern, war sogar noch radikaler als ihr Äußeres. Ihr Entwurf sah einen großen Stahlrahmen vor, mit Aufzügen, Rolltreppen und Lüftungskanälen an der Außenseite, sodass das Innere vollkommen offen und anpassbar bliebe. Im Prinzip stellte dies den Höhepunkt des architektonischen Diktums der Moderne dar: »Form follows Function«. Das Aussehen des Gebäudes wäre eine direkte Folge seiner geplanten Funktion als kultureller Mehrzweckraum und Museum, deren Inneres nicht durch technische Gebäudeausrüstungen oder strukturelle Stützen behindert wäre.

Das Centre Georges Pompidou, wie es später getauft wurde, verkörperte den Höhepunkt einer zu diesem Zeitpunkt ein halbes Jahrhundert alten modernistischen Denkweise in der Architektur. Es beruhte aber auch auf vielen früheren Ideen, welche Form ein Museum in der heutigen Zeit annehmen könnte, und führte sie zu ihrer logischen Schlussfolgerung. Eine der wichtigsten und einflussreichsten davon war, dass ein Galerieraum so neutral wie möglich sein sollte, um alle Aufmerksamkeit auf das Objekt selbst zu lenken: ob ein Gemälde, eine Skulptur oder irgendeine Art von Artefakt. Diese Idee bereitete dem inzwischen archetypischen »White Cube«-Galerieraum den Weg, mit weiß gestrichenen Wänden, Holzfußboden und Beleuchtung von oben. Aus diesem Raum wird alles Überflüssige entfernt, sodass ein kontextuelles Vakuum entsteht, in dem das Objekt vollständige Autonomie über das Erlebnis des Betrachters erhält.

Die radikal offene Konfiguration des Pompidou war in vielerlei Hinsicht der Gipfel dieser Idee. Die Architektur war ausschließlich als Hilfsmittel gedacht, ohne jede symbolische Referenz. Dies war aber bei weitem nicht der einzige Aspekt des Pompidou, der aus Sicht seines Status und seiner Funktion als Museum radikal anders war. Eine der wichtigsten Entwurfsentscheidungen der Architekten bestand darin, dass das Gebäude nur etwa die Hälfte des zugewiesenen Platzes einnehmen solle, sodass die andere Hälfte für die Schaffung einer neuen öffentlichen Piazza zur Verfügung stand. Dieses Museum sollte nicht nur als Ablageort für bereits vorhandene Kunst dienen, sondern das Gebäude selbst würde dazu beitragen, neue Formen von Kultur und Kreativität zu ermöglichen.

## EIN ANPASSUNGSFÄHIGER RAHMEN

Hier drückten sich Aspekte der progressiven Kultur der 1960er Jahre aus. Aus der Perspektive der Architektur war es am meisten dem nicht realisierten Projekt des Fun Palace geschuldet, das 1961 von dem eigenwilligen Architekten Cedric Price und der einflussreichen Theaterregisseurin Joan Littlewood entwickelt. Price, der die Monumentalität traditioneller Kultureinrichtungen ablehnte, stellte sich den Fun Palace als beweglichen und anpassungsfähigen Rahmen vor, fast wie ein Baugerüst oder einen Metallbaukasten, den man immer wieder neu zusammensetzen konnte. Daran könnte man Leinwände für große Projektionen, Lautsprecher oder Beleuchtungen befestigen, um neue soziale und kulturelle Interaktionen zu ermöglichen. Statt dem Besucher über das Gebäude mitzuteilen, was zu tun sei, hätte dieser die Freiheit zu tun, was er wolle, und das Gebäude entsprechend anzupassen. Im Entwurf von Price und Littlewood hieß es:

> Entscheiden Sie, was Sie tun wollen – oder schauen Sie jemand anderem dabei zu. Lernen Sie, mit Werkzeugen, Farbe, Babys, Maschinen umzugehen, oder lauschen Sie einfach Ihren Lieblingsklängen. Tanzen Sie, reden Sie oder lassen Sie sich hochheben, bis Sie sehen können, wie andere Menschen Dinge tun. Setzen Sie sich hin mit einem Drink und hören Sie darauf, was anderswo in der Stadt passiert. Versuchen Sie, einen Aufstand anzuzetteln oder ein Gemälde zu malen – oder legen Sie sich hin und starren Sie in den Himmel.[1]

Das Centre Pompidou wäre im Prinzip ohne den Fun Palace kaum vorstellbar. Dass es gebaut wurde und der Fun Palace nicht, lag an der Bereitschaft der Architekten, ihre radikalen Ideen an praktische Anwendungen anzupassen, sowie an der entscheidenden Mitwirkung des Ingenieurs Peter Rice. Es war aber auch ein Kompromiss oder eine Allianz zwischen dem architektonischen Avantgardismus der 1960er Jahre und dem Establishment. Der unmittelbare Hintergrund für das Projekt waren die Pariser Studentenaufstände von 1968, die kurz sogar die politische Ordnung bedroht hatten. Pompidou, ein Konservativer, war im folgenden Jahr Präsident geworden und die neue Kultureinrichtung im früheren Marktgebiet des Beaubourg stellte seinen Versuch dar, Kontrolle und Ordnung über die Stadt und ihre Bewohner wiederherzustellen.

Zu behaupten, dass der Vorschlag der damals noch recht unbekannten Piano und Rogers in dem Wettbewerb Chancen auf Erfolg gehabt hätten, wäre übertrieben. Dennoch gingen sie aus mehr als 680 Beiträgen siegreich hervor, was auf eine Kombination aus der Klarheit des Vorschlags, seiner pragmatischen Radikalität, der ausgezeichneten Jury, zu der unter anderem

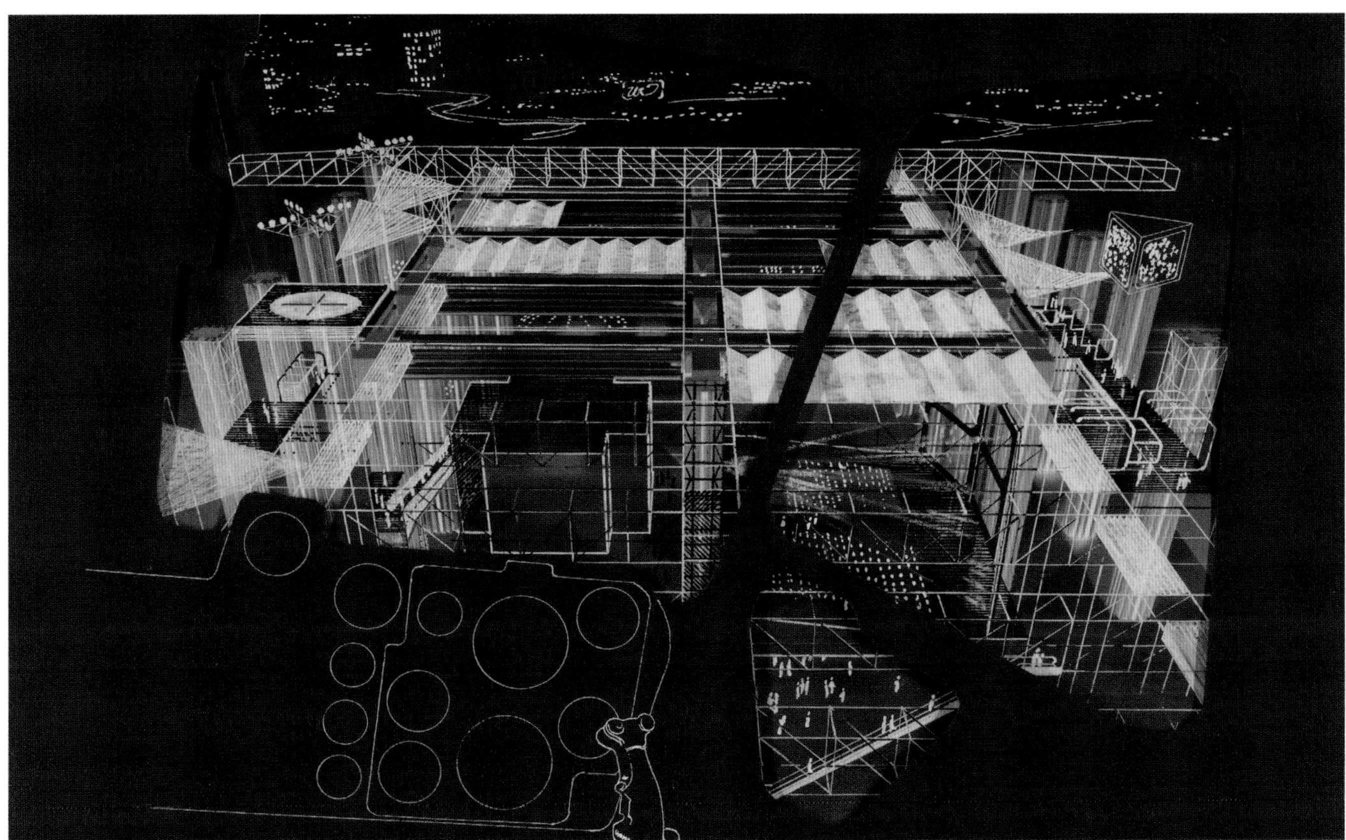

Oscar Niemeyer, Jean Prouvé und Philip Johnson gehörten, und der Tatsache, dass in Pianos eigenen Worten »die Sterne, die Planeten, die Satelliten alle in der richtigen Position standen«, zurückzuführen war.

Aus finanziellen und praktischen Gründen konnten einige Aspekte des Wettbewerbsgewinners bei der praktischen Umsetzung nicht realisiert werden. Dazu gehörten die großen äußeren Leinwände, die beweglichen Fußböden und die Möglichkeit, Teile des Gebäudes »abzukoppeln« und durch neue Module zu ersetzen. Der kinetische Aspekt des Originalvorschlags blieb jedoch in den charakteristischen Rolltreppen erhalten, die diagonal über die zur Piazza gewandten Front des Gebäudes aufsteigen. Als es am 31. Januar 1977 offiziell eröffnet wurde, konnte es sein anfängliches Versprechen auf dramatische Weise einlösen. Es gab auf der Welt einfach kein weiteres solches Gebäude dieser Größe. Und auch wenn die ersten Reaktionen manchmal negativ ausfielen, wurde das Pompidou ein riesiger Erfolg, der eine machtvolle Vision von einer wirklich demokratischen Kultur und einem Museum ablieferte, das die emanzipatorischen Möglichkeiten der modernen Zeit annahm und, in Rogers' eigenen Worten:

> ein Ort für alle Menschen, die jungen und die alten, die armen und die reichen, alle Bekenntnisse und Nationalitäten war, eine Kreuzung aus der Vitalität des Times Square und des kulturellen Reichtums des British Museum.[2]

***Links*** **Westfassade des Centre Georges Pompidou, Paris**

***Oben*** **Draufsicht des Fun Palace für Joan Littlewood, Stratford East, London von Cedric Price, 1959–1961**

***Links oben Olympia*, 1863, Öl auf Leinwand, von Édouard Manet**

***Links unten Bar in den Folies-Bergère*, 1882, Öl auf Leinwand, von Édouard Manet**

***Rechts Musik im Tuileriengarten*, 1862, Öl auf Leinwand, von Édouard Manet**

## BEZIEHUNGEN NEU DEFINIEREN

Das Pompidou bildete die Apotheose des modernen Museums, aber im Nachhinein auch seinen Endpunkt – wohin sollte es noch gehen? Die Ästhetik des quasi nach außen gewendeten Gebäudes ist vollkommen von der Doktrin des »Form follows Function« durchdrungen, während die kulturellen und egalitären Prinzipien, für die seine Architekten eintreten, ein fast schon utopisches Ideal sind. Zum Zeitpunkt seiner Eröffnung wendete sich der Trend bereits wieder gegen die verallgemeinernde Mission der Moderne, vor allem in der Architektur, wie wir sehen werden.

Beginnen wir jedoch mit den Ursprüngen des modernen Museums, insbesondere mit den Ursprüngen der Moderne selbst, wenn wir die neue Beziehung untersuchen, die im 20. Jahrhundert zwischen Gebäude und Einrichtung, Ausstellung und Raum erwuchs. So wie die Moderne einen Versuch des Bruchs mit der früheren Welt darstellte, versuchte auch das moderne Museum in seiner reinsten Form, die Mission des Museums für das moderne Zeitalter neu zu konzeptualisieren. Ging es im Museum der Aufklärung darum, eine (enzyklopädische) Sammlung systematisch zu katalogisieren und auszustellen, und diente das öffentliche Museum dazu, dieses Forschen und Lernen für die Allgemeinheit verfügbar zu machen, dann dachte das moderne Museum die grundsätzliche Beziehung zwischen Objekt und Darstellung auf neue Weise. Die sich daraus ergebenden Implikationen galten nicht nur für Museen moderner Kunst, sondern für Museen ganz allgemein. Sie würden nicht nur die Galerieräume formen, sondern auch die zentrale Beziehung zwischen Museen und der Art, wie ihre Missionen und Ideale durch die Architektur vergegenständlicht und verkörpert wurden.

## EIN NEUER AUSBLICK AUF DIE WELT

Noch ist nicht ganz abschließend geklärt, wann die Moderne begann. Es gibt mehrere Kandidaten: die ersten kubistischen Gemälde, Marcel Duchamps Urinal, die Poesie Baudelaires, die Philosophie von Nietzsche oder die Entstehung der Psychoanalyse. Unauslöschlich mit den Anfängen der Moderne verbunden ist jedoch das Werk des Künstlers Édouard Manet. Der aus einer wohlhabenden Familie stammende Manet wurde von dem namhaften Maler Thomas Couture ausgebildet. Wie andere Maler aus der akademischen Tradition hatte sich Couture auf die Historienmalerei spezialisiert und malte mythologische, biblische oder allegorische Szenen, die in einem geschmeidigen, glatten, größtenteils idealisierten Stil dargestellt wurden.

Manets Vorgehen war ganz anders, sowohl im Hinblick auf seine Themen als auch seine Technik. Er lehnte die abgenutzten Konventionen und Themen der Historienmalerei ab und bevorzugte lebhafte Szenen des zeitgenössischen Alltags. Diese malte er

in einem typisch »flachen« Stil, mit starken Kontrasten zwischen Licht und Schatten und scheinbar viel gröberer Pinselführung. Im Gegensatz zur Lebensfremdheit der akademischen Historienmalerei haben Manets Gemälde eine raue, fast viszerale Energie. Das zeigt sich besonders an seinem Interesse für Alltagsszenen: Menschen im Café, ein Konzert in den Tuilerien (*Musik im Tuileriengarten*, 1862), Menschen, die auf den Straßen des modernen Paris ihren Geschäften nachgehen, sowie für kontroversere Themen, wie die nackte Kurtisane in *Olympia* (1863), die selbstbewusst auf den Betrachter blickt.

Sein letztes großes Werk – *Die Bar in den Folies-Bergère* (1882) – zeigt ein Barmädchen in einem Pariser Nachtclub. Hinter ihr sehen wir im Spiegel die Reflexion dessen, was vor ihr liegt. Rechts spiegeln sich ihr Rücken sowie ein Mann, mit dem sie zu sprechen scheint. Sind wir das, der Betrachter, oder ein Mann, der neben uns steht? Das bleibt bewusst unklar, genau wie die Rolle des Mädchens: Serviert sie nur die Getränke oder kann man auch sie kaufen? Die Mehrdeutigkeit der Rollen vermittelt zusammen mit der räumlichen Komplexität der Szene eine frühe und machtvolle Vision der Veränderungen, die die Moderne schon bald entfesseln würde.

In diesem Gemälde erspähen wir vielleicht schon den ersten Blick auf die fragmentierten Perspektiven des Kubismus, die ersten Spuren der psychosexuellen Untersuchung des Unbewussten durch den Surrealismus und sogar die ersten Hinweise auf die Abstraktion. Es geht aber noch etwas Grundsätzlicheres vor, das bis zur Wurzel der Beziehung zwischen dem Betrachter und dem Kunstwerk vordringt. Wie zweifellos kein anderes Werk zuvor lässt das Gemälde den Betrachter unsicher über seinen eigenen Status zurück; wir betreten die Welt des Gemäldes, doch ebenso überfällt es unsere Welt. Aus diesen Gründen wirkt es auch nach fast 150 Jahren immer noch so frisch und kraftvoll. Es dreht sich bei dem Gemälde vor allem darum, wie wir schauen – auf die alltägliche Welt, aber auch auf die Kunst selbst.

Wenn *Die Bar in den Folies-Bergère* das erste Gemälde der Moderne ist, dann ist es auch eines der ersten Werke, die gewissermaßen für das Museum gemalt wurden. Ja, es gab auch im 19. Jahrhundert Maler, die hofften, dass ihre Bilder von einem Museum gekauft werden würden. Aber keiner setzte sich scheinbar so selbstbewusst mit der Beziehung zwischen Betrachter und Kunstwerk auseinander – die, wie wir im letzten Kapitel gesehen haben, entscheidend für die eigentliche Konzeption des Museums ist. Diese Reflektiertheit war zentral für den Bruch mit der Vergangenheit, auf den die Modernisten in Malerei, Bildhauerei, Design, Prosa, Poesie, Musik, Theater oder Film abzielten. Die Moderne bot einen neuen Ausblick auf die Welt. Anstatt sich abzuwenden, stellte sie sich den Veränderungen der Industriellen Revolution und den modernen Bedingungen. Die Industrie verwandelte die Produktionsmittel, die Moderne versuchte, das Wesen der menschlichen Existenz zu verwandeln – und das Museum war einer der Bereiche, in dem sich diese Veränderungen abspielen würden.

*Rechts* **Luftbild des Crown Building, vorher bekannt als Heckscher Building, erster Standort des MoMA, und des Vanderbilt Mansion, New York, ca. 1921**

*Ganz rechts* **Fassade des Museum of Modern Art, New York City, an der West 53. Straße, 1939, entworfen von Philip L. Goodwin und Edward Durell Stone**

## DAS MUSEUM FÜR MODERNE KUNST

Das moderne Museum war nicht einfach ein Museum für Neues. Bereits 1818 sammelte das Musée de Luxembourg in Paris neu geschaffene Bilder. Und wie wir im vorherigen Kapitel sahen, verfolgte auch das Ende dieses Jahrhunderts gegründete Carnegie Museum of Art diese Mission. Doch keines war ein modernes Museum. Das erste moderne Museum zeigte dies passenderweise in seinem Namen. Am 7. November 1929, kurz nach dem Crash an der Wall Street, öffnete das Museum of Modern Art (MoMA) in New York seine Türen. Das frühe MoMA war noch ganz anders als die heutige Institution. Es belegte Räume im Heckscher Building, an der Ecke Fifth Avenue und 57. Straße. Außerdem hatte es keine eigenen Sammlungen, sondern veranstaltete temporäre Ausstellungen, deren erste – mit dem Titel *First loan exhibition: Cézanne, Gauguin, Seurat, van Gogh* – genau einen Monat lief.

Obwohl diese vier Künstler zu diesem Zeitpunkt als wichtige Figuren anerkannt waren, war ihr Werk in New York bzw. ganz allgemein in den USA bisher kaum gezeigt worden. Als Institution bedeutete das MoMA für eine Stadt, in der das Met dominierte, eine Ausnahme. Ein Reporter des *Time*-Magazine berichtete anlässlich der Eröffnung:

Wie ein großes Mausoleum belegt das Metropolitan Museum of Art ein Acre des Central Park in Manhattan, gegenüber den Häusern der Reichen an der Fifth Avenue. In ihm gibt es viele Gräber – Gräber ägyptischer Pharaos, von exaltiertem Schnickschnack, von Kunst. In der Kunst sind Gräber Beispiele für die Werke der großen Maler und Bildhauer früherer Zeiten. Da sind Rubens', Rembrandts, Rodins, Tizians, Tintorettos, Tiepolos, Unmengen bewährter Mittelmäßigkeiten, ein Botticelli. Progressive Künstler im ganzen Osten haben schon lange die Hoffnung auf Modernität im Metropolitan begraben. Nur wenige besuchen jemals seine Gewölbe. Spöttisch betrachten sie es nur als Balzplatz für Verkäuferinnen und ihre Verehrer, ein Unterschlupf für Kindermädchen und Babys an einem verregneten Tag, als »interessantes Ziel« für Touristen. Es ist das einzige offizielle Kunstmuseum in New York City. Letzte Woche wurden die Kunstkreise durch die Meldung aufgeschreckt, dass … ein Komitee aus sieben Kunstsammlern und Mäzenen ein Museum für moderne Kunst geplant und angekündigt hat, das im Oktober mit einer Ausstellung der Väter der heutigen »modernen« Kunst öffnet: Cezanne, Gauguin, Van Gogh, Renoir. Das Komitee hat einen galeriegroßen Raum gemietet. Zwei Jahre lang werden die Bilder aktueller europäischer, mexikanischer und US-amerikanischer Maler und Bildhauer gezeigt werden, direkt aus den Ateliers der Künstler,

HAHN BROS

*Links* **Detail des Äußeren des Museum of Modern Art, New York City**

***Links*** **Luftbild des Museum of Modern Art, New York City, das die Umbauten von Yoshio Taniguchi 1997–2004 zeigt, der das Wohnhochhaus von Cesar Pelli aus dem Jahr 1984 und Philip Johnsons Gebäude von 1964 verband**

***Oben*** **Eingang und Hof des Museum of Modern Art, New York City**

> geliehen oder gestiftet von Förderern, geliehen oder verkauft von Händlern. ... in zwei Jahren will das Moderne Museum sein eigenes Gebäude bauen. Viele Gönner verpflichteten sich zu großzügigen Spenden, um zu schauen, »ob die Sache ein Erfolg wird«.[3]

Viele Unterstützer wollten erst einmal abwarten, nicht jedoch die drei Freundinnen Lillie P. Bliss, Mary Quinn Sullivan und Abby Aldrich Rockefeller, treue Kunstmäzeninnen, die den Bedarf für eine fortschrittliche, der modernen Kunst geweihte Institution erkannten. Ihr Handeln machte das MoMA möglich, genau wie das der Mitgründer Paul Sachs, Frank Crowninshield, Josephine Boardman Crane und A. Conger Goodyear, der der erste Präsident wurde. Sachs empfahl die Berufung des jungen Wissenschaftlers Alfred H. Barr Jr. zum Direktor des neuen Museums.

Barr, ein studierter Kunsthistoriker, interessierte sich besonders für die Arbeiten lebender »moderner« Künstler, die er in seinen Forschungen und Vorlesungen in Princeton und am Wellesley College untersuchte. Seine Vision für das Museum unterschied sich sehr davon, wie andere Museen organisiert waren. Statt Abteilungen für bestimmte nationale Schulen oder Zeiträume einzurichten, schlug vor, medienbezogen zu arbeiten: mit Abteilungen für Malerei, Bildhauerei, Zeichnen, Druck, und später Architektur, Fotografie und Film. Das war revolutionär und lenkte den Fokus der Kuratoren von traditionellen Überlegungen wie den Umständen der Entstehung eines Objekts auf das Material und die erfahrbare Präsenz des Objekts selbst.

## DEN FUNKTIONALISMUS ANNEHMEN

Barrs Innovationen hörten damit jedoch nicht auf. Das Museum sollte über die traditionellen Vorstellungen der Hochkultur hinausgehen und auch funktionale, alltägliche Objekte umfassen, deren Design als besonders sinnvoll oder bahnbrechend erachtet wurde. Dies zeigte sich in einer der wichtigsten und einflussreichsten frühen Ausstellungen am MoMA: *Machine Art*, vom 5. März bis 29. April 1934. Kuratiert wurde sie von Philip Johnson, den man heute besser als Architekt kennt, der damals aber die Architektur-Abteilung des Museums leitete. Für die Ausstellung trug Johnson eine Auswahl an »Objekten ... produziert von Maschinen für häusliche, gewerbliche, industrielle und wissenschaftliche Zwecke« zusammen.

> Schönheit – mathematische, mechanische und zweckmäßige – war bestimmend für ihre Aufnahme in die Ausstellung, unabhängig davon, ob ihre schöne Gestalt von einem Künstler oder einem Ingenieur vorgesehen oder lediglich das unbewusste Ergebnis der Effizienz aufgrund der Massenproduktion war.[4]

Die Objekte wurden in sechs Kategorien eingeteilt:

1. *Industrielle Einheiten*: Maschinen und Maschinenteile: Federn, Isolatoren, Kabelabschnitte, Propellerblätter usw.
2. *Haushalts- und Bürogeräte*: Spülbecken, Ofen, Badschränke, Geschirrspüler, Teppichkehrer und Büromaschinen.
3. *Küchengeschirr*
4. *Mobiliar und Zubehör*: Alltagsgegenstände: Tafelgeschirr, Vasen und Schüsseln, Raucherzubehör, Beleuchtungskörper und Möbel.
5. *Wissenschaftliche Instrumente*: Präzisions-, optische, technische Zeichen- und Überwachungsinstrumente.
6. *Laborglas und -porzellan*: Bechergläser, Hydrometer-Gefäße, Petrischalen und Kochkolben.

So revolutionär wie der Inhalt war auch die Präsentation der Ausstellung, wie eine eigene Pressemitteilung verriet:[5]

> Zum ersten Mal legt das Museum genauso viel Wert auf die Installation wie auf die Ausstellung selbst. Der Hintergrund, vor dem die Objekte gezeigt werden, ist nicht allgemein, sondern spezifisch und wurde so gestaltet, dass jedes Objekt maximale Aufmerksamkeit erhält und dennoch eine gewisse Kohärenz zwischen den mehr als 1.000 Gegenständen besteht.

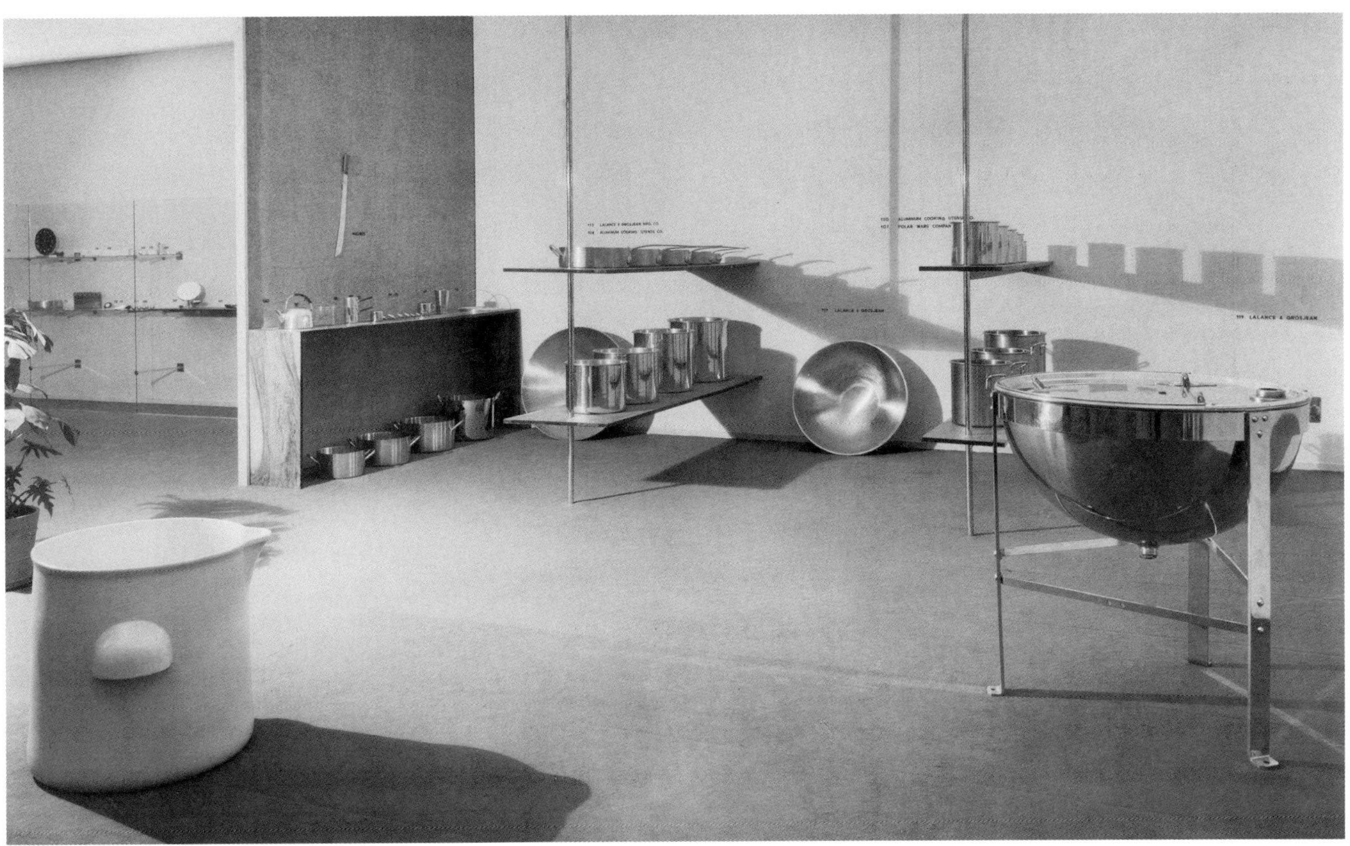

Zur Natur der Installation:

> Falsche Decken, konstruiert aus Musselin, verteilen das von oben hereinfallende Licht gleichmäßig. Der gesamte Grundriss des Museums und die Wandflächen wurden durch bewegliche Leinwände, Tafeln und Stellwände aus Aluminium, Edelstahl und Micarta sowie durch Abdeckungen aus Öltuch, belgischem Leinen und Stramin verändert, die hellblau, rosa und grau eingefärbt sind. Stände und Anzeigetafeln sind aus duftender Zeder und tscherkessischer Walnuss gebaut, die Regalbretter aus schwarzem und weißem Carrara-Glas.

Als Ergebnis dieser Eingriffe entstand eine völlig neue Umgebung für die auszustellenden Objekte, die, und das war wichtig, die dekorativen Elemente des damaligen Museumssitzes, eines »Brownstone«-Stadthauses aus dem 19. Jahrhundert, verdeckte. Die Fotos der Installation zeigen eine außergewöhnliche Einheit zwischen Installation und Objekt, wodurch die gemeinsamen Werte der neuen, zurückhaltenden, funktional-modernen Ästhetik betont werden. Diese Innenansichten kontrastieren lebhaft mit dem Foto eines schlanken Propellers, der außen am Gebäude auf die Ausstellung inmitten des Chaos und der Unordnung der es umgebenden Stadt hinweisen sollte – was natürlich die Pointe der Ausstellung war. Die Moderne strebte den Bruch mit allem an, was davor kam.

***Links und oben*** **Installationsansicht der Ausstellung *Machine Art* (5.–29. April 1934) im Museum of Modern Art, New York City**

*Oben* Das Bauhaus, Dessau, entworfen von Walter Gropius, 1925–1926

*Unten* Fotografie von Walter Gropius, 1956

*Rechts Mädchen mit blauem Haar* von Eugen Hoffmann bei der Nazi-Ausstellung *Entartete Kunst*, 1937

*Ganz rechts oben* Nazis tragen 1931 ein Modell des Hauses der Deutschen Kunst von Paul Ludwig Troost durch die Straßen von München

*Ganz rechts unten* Installationsaufnahme der *Großen Deutschen Kunstausstellung*, 1937

## WIDERSTAND GEGEN VERÄNDERUNGEN

Johnsons relativ kurze, aber hochproduktive Zeit in der Abteilung für Architektur führte zu einer weiteren Ausstellung. Ko-Kurator war der Historiker Henry-Russell Hitchcock, der zwar aus kuratorischer Sicht weniger innovativ war, sich aber als noch einflussreicher in seinem Metier erwies. Die am 9. Februar 1932 eröffnete (und bis zum 23. März laufende) Ausstellung *Modern Architecture: International Exhibition* vereinte zum ersten Mal eine Reihe von heute kanonischen Beispielen moderner Architektur, entworfen von führenden Vertretern des neuen »International Style«, wie Johnson ihn nannte. Dazu gehörten Koryphäen der Moderne wie Le Corbusier, J.J.P. Oud, Mies van der Rohe, Alvar Aalto, Erich Mendelsohn und Walter Gropius.

Verglichen mit *Machine Art* war die Installation der Ausstellung recht simpel: An den Wänden klebten Fotografien der Bauten, auf den Tischen in der Mitte der Räume befanden sich Zeichnungen, Informationstafeln und Modelle. Dennoch war ihr Einfluss riesig: In New York kamen in dieser kurzen Zeit etwa 33.000 Menschen, bevor die Ausstellung durch Amerika tourte und dem Land, wie Johnson sagte, »eine neue Architektur vorstellte … [die] in fast jedem zivilisierten Land der Welt … auf dem Vormarsch ist«.[6] Dieser Kommentar verriet den Widerspruch im Herzen der Ausstellung und tatsächlich in vielen Auffassungen

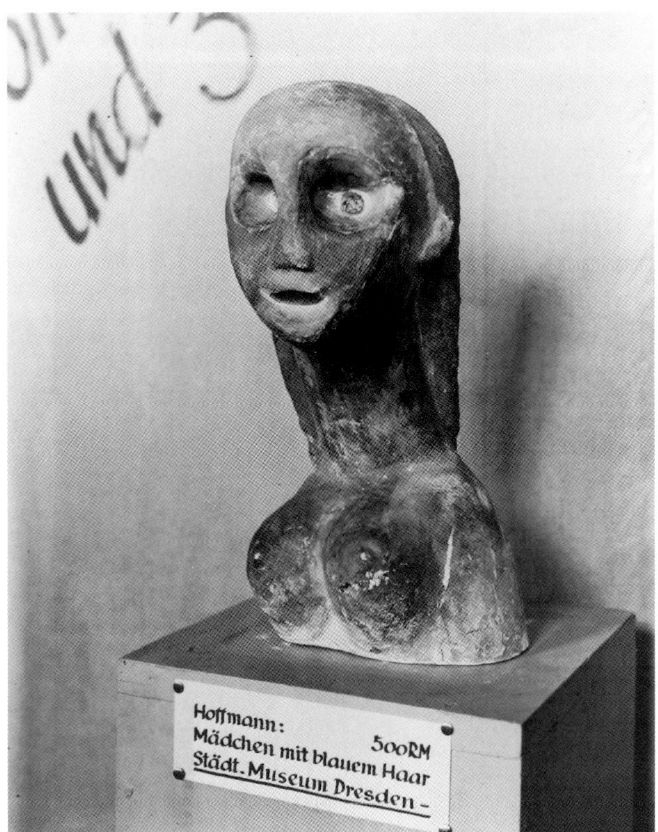

der Moderne selbst, vor allem im Bereich Architektur: Dass eine Bewegung, von scheinbar universellen Ideen getrieben, europäisch im Ursprung war und auch Jahrzehnte später immer noch ein prinzipiell westliches Projekt blieb. Diese Anschuldigung kann man übrigens auch gegen das moderne Museum erheben, wie das nächste Kapitel zeigen wird.

Doch selbst in Kontinentaleuropa, wo die Moderne in den 1920er und 1930er Jahren in der Architektur und besonders in der Kunst Fuß fasste, provozierte sie starke Reaktionen, vor allen bei jenen, die sich durch ihre scheinbare Ablehnung nationaler Kulturen und Traditionen und durch ihre gesellschaftlich fortschrittlichen Werte bedroht sahen. Die extremsten Reaktionen gab es im nationalsozialistischen Deutschland, das die moderne Kunst als »entartet« diffamierte.

Vor dem Aufstieg der Nazis an die Macht bot die Weimarer Republik der modernistischen Kultur fruchtbaren Boden. An vorderster Front stand das Bauhaus – die einflussreiche, 1919 von Gropius gegründete Kunstschule, an der zahlreiche Vertreter der Klassischen Moderne unterrichteten. Barr hatte die Schule in den 1920er Jahren besucht, bevor er Direktor des MoMA wurde, und auch Johnson und Hitchcock suchten sie im Zuge ihrer Recherchen für *Modern Architecture* auf – Gropius' revolutionärer Bau war eines der Kernstücke dieser Ausstellung.

Für die Nazis repräsentierte das Bauhaus alles, was verkehrt an der Moderne war: nicht-deutsch, vermutlich jüdisch und wahrscheinlich kommunistisch. 1937 inszenierten sie im Münchner Hofgarten unter dem höhnischen Titel *Entartete Kunst* eine Ausstellung moderner Kunst. Gezeigt wurden 650 Werke führender deutscher Künstler der Moderne, darunter Georg Grosz, Paul Klee, Otto Dix und Kurt Schwitters, sowie ausländischer Künstler wie Pablo Picasso, Piet Mondrian und Wassily Kandinsky – die meisten Werke waren in deutschen Museen beschlagnahmt worden. Mehr als zwei Millionen Menschen sahen die Ausstellung, die auch in anderen Städten gezeigt wurde und damit ein wichtiges Element der Propagandamaschine der Nazis bildete.

Gleichzeitig begannen die Nazis einen Gegenentwurf zu erschaffen, der die ihrer Meinung nach natürliche und authentische deutsche Kultur repräsentierte. Seine Form fand er im Haus der Deutschen Kunst, einem monumentalen neoklassizistischen Bau von Paul Ludwig Troost unweit der Ausstellung *Entartete Kunst* für Kunstwerke, die den vom Nazi-Regime verkündeten Werten entsprachen. Hitler beteiligte sich persönlich an der Auswahl der Werke – hauptsächlich Landschaften und Genremalereien in traditionellen Stilen. Nach der Eröffnung des Hauses gab es jährlich die *Große Deutsche Kunstausstellung*, auf der die neuesten von den Nazis genehmigten deutschen Kunstwerke gezeigt wurden. Für Hitler war das so wichtig, dass er sogar noch im Februar 1945, als die Niederlage der Nazis bereits greifbar war, die Vorbereitungen für die *Große Deutsche Kunstausstellung* dieses Jahres befahl.

## KUNST WÄHREND DES ZWEITEN WELTKRIEGS

Obwohl die Nazis der Moderne feindselig gesinnt waren, erkannten sie die Bedeutung von Kunst in kultureller und finanzieller Hinsicht. Spezielle Einheiten folgten ihren Armeen auf ihren Eroberungszügen durch Europa, um kulturelle Artefakte zu konfiszieren. Kunstwerke wurden sowohl aus den Museen der besetzten Ländern als auch bei jüdischen Familien geraubt, die teils große Sammlungen besaßen. Die Nazi-Führung bediente sich bei den beschlagnahmten Werken - auch Hitler, der sich in jungen Jahren erfolglos als Künstler versucht hatte. Hitler träumte schon lange davon, in seiner österreichischen Heimatstadt Linz, die er als neue Kulturhauptstadt der Welt sah, ein Museum einzurichten. Nach dem Anschluss Österreichs an Nazi-Deutschland im Jahr 1938 begann er, diese Pläne in die Praxis umzusetzen. Er wählte eine Stelle aus, bestellte einen Entwurf und beauftragte Hans Posse, Direktor der Dresdner Gemäldegalerie, unter den von den Nazis geraubten Werken eine Auswahl für das Museum zu treffen.

Während die alliierten Armeen seinem Bunker in Berlin immer näher kamen, wuchs Hitlers Besessenheit mit dieser Vision. Als im März 1945 jedoch klar wurde, dass der Krieg verloren war, gab er den berüchtigten »Nerobefehl« heraus, in dem er anordnete, Infrastruktur, Industrie, Versorgungsanlagen und andere wertvolle Dinge in Nazi-Gebieten zu zerstören, um den Vormarsch der Alliierten zu behindern. Dies schloss auch die für Linz vorgesehene Raubkunst ein, die in einem Salzbergwerk im österreichischen Altaussee gelagert war. Die Nazis hatten in den dortigen Tunneln Fußböden und Wände eingezogen, um dort mehr als 6.500 Gemälde, mehr als 3.000 Zeichnungen und Drucke sowie tausende anderer Objekte unterzubringen. Zum Glück wurden die Befehle zur Sprengung des Bergwerks missachtet. Das Bergwerk wurde von der Abteilung »Monuments, Fine Arts, and Archives« der alliierten Truppen, den heute berühmten »Monuments Men«, entdeckt, die den sicheren Abtransport der Werke organisieren konnten - wie in vielen anderen Fällen auch.

Unmittelbar nach dem Krieg wurden viele der gestohlenen Kunstwerke zurückgeführt und ihren ursprünglichen Besitzern übergeben, wenn man diese ermitteln konnte. Oft jedoch erwies sich dies als schwierig oder unmöglich, wenn es keine Aufzeichnungen gab oder die Originalbesitzer verstorben waren. Aus diesem Grund werden sogar heute noch Forderungen nach Rückgabe von Kunstwerken gestellt, wenn diese bei Auktionen auftauchen, während Museen sorgfältig prüfen, ob es sich bei Werken möglicherweise um Nazi-Raubkunst handelt, bevor sie diese in ihre Sammlungen eingliedern. Und natürlich sind immer noch Werke verschollen oder können niemals zurückgegeben werden, weil ihre ursprünglichen Besitzer nie gefunden wurden.

***Links*** **Adolf Hitler verkündet am 15. März 1938 vor einer Menschenmenge auf dem Heldenplatz im Zentrum von Wien den Anschluss Österreichs an Deutschland.**

***Rechts oben*** **Ansicht des Zwingers, des Barock-Palastes, neben dem die Gemäldegalerie Alte Meister liegt, aufgenommen am 17. August 1990**

***Rechts unten*** **Mitglieder des Komsomol der KPdSU besuchen die Gemäldegalerie Alte Meister in Dresden, aufgenommen im Oktober 1970 während des Deutsch-Sowjetischen Jugendfestivals.**

*Ganz links* **Ein Gemälde des Kardinal Richelieu von Philippe de Champaigne aus der National Gallery, London, wird während der Einlagerung im Schieferbergwerk nahe Blaenau Ffestiniog, Gwynedd, Wales, untersucht.**

*Links* **Gemälde aus der National Gallery werden 1942 aus der Höhle geholt, in der sie während des Krieges eingelagert waren.**

## DIE MACHT DER KOLLEKTIVEN KULTURELLEN BEREICHERUNG

Unter all den Schrecken und Brutalitäten des Krieges gab es auch Museen, die Leuchttürme der Hoffnung, Solidarität und geteilten Erfahrungen blieben. Das berühmteste Beispiel für ein Museum, das allen Widrigkeiten trotzte, war die Londoner National Gallery. Kurz vor der Kriegserklärung hatte der Direktor der Galerie, Kenneth Clark, angeordnet, dass alle Gemälde nach Wales gebracht werden sollten, wo man sie in einem alten Schieferbergwerk nahe Blaenau Ffestiniog unterbrachte.

Angesichts leerer Galerien und mit einer Bevölkerung, die kulturelle Ablenkungen brauchte, wenn vieles geschlossen war, organisierte die National Gallery ungemein beliebte Mittagskonzerte der Pianistin Myra Hess. Und selbst während des Blitzkrieges und trotz des Schadens, den die Galerie selbst erlitt, organisierte man eine Reihe von temporären Ausstellungen, was für ein traditionelles Museum damals ungewöhnlich war.

Als ab 1942 die Bombardierungen nachließen, wurde jeden Monat ein Gemälde aus Wales geholt und öffentlich präsentiert. Das riesige Interesse und Aufsehen, das diese Aktion erregte, bewies die Macht und Bedeutung der kollektiven kulturellen Bereicherung selbst in den dunkelsten Tagen einer Nation.

## EIN UNGEMEIN HUMANISTISCHES UNTERFANGEN

Aus dem Krieg ging eine veränderte Welt hervor. Europa lag in Trümmern. Der Pazifikkrieg hatte große Gebiete Südostasiens, Chinas und Japans verwüstet. Millionen Menschen waren tot, viele vertrieben. Die USA und die Sowjetunion – die zwei Weltmächte – befanden sich derweil in den ersten Phasen des Kalten Krieges, der jederzeit in einen heißen Krieg umschlagen könnte. Dennoch sahen viele trotz der Verzweiflung und der Zerstörungen eine Chance, die Welt zu erneuern, eine neue internationale Ordnung zu etablieren, die auf Internationalismus, Konsens und freiheitlichen Werten beruhte, die geballten Energien in den Aufbau einer besseren Zukunft für jedermann zu investieren. Es war sowohl eine Zeit des Pragmatismus, in der Staaten wiederaufgebaut werden mussten, um ihre Völker ernähren und unterbringen zu können, als auch für viele eine Zeit des Optimismus, der Chancen und des Idealismus.

Was in Architektur und Stadtplanung, sozialer Sicherheit und Wirtschaftspolitik vor dem Krieg radikal schien, wurde plötzlich zur Normalität. In der Welt der Museen wurde aus dem Funken der Moderne, den das MoMA in den 1930er Jahren gezündet hatte, in den Jahrzehnten nach dem Krieg eine leuchtende Flamme, die zu einem Anstieg an Museumsbauten auf der ganzen Welt führte, deren Größe, Ambition und architektonische Innovation bisher unerreicht waren. Allerdings kamen die ersten Anzeichen dieses neuen Geistes nicht unbedingt in Form von Museen, sondern von Ausstellungen oder ausstellungsartigen Projekten. Das wichtigste davon war *Le Musée Imaginaire*, das Imaginäre Museum (oder Museum ohne Wände), das 1947 von André Malraux formuliert wurde, dem französischen Autor, Theoretiker, Mitglied der Résistance und Minister für kulturelle Angelegenheiten unter Charles de Gaulle.

*Links* **André Malraux legt Fotografien für *Le Musée Imaginaire* zurecht.**

*Rechts* **André Malraux beim Betrachten von Fotografien unterschiedlicher Größen für *Le Musée Imaginaire***

Die Idee beruhte auf Malrauxs Behauptung, dass das Museum alle kulturellen Artefakte in »Kunst« verwandelt hätte. Vor dem Museum gab es den westlichen Kunstkanon und es gab alles andere. Im Kontext des Museums jedoch, das Objekte enthält, die im westlichen Sinn als Kunst entstanden sind, und Objekte von Herstellern, für die solche Konzepte bedeutungslos waren, beobachtete Malraux, dass alle Objekte in einen konzeptuellen und visuellen Dialog treten. Doch da sie notwendigerweise über verschiedene Museen, Städte und Länder verstreut sind, können sie diesen Dialog nur über die Imagination aufnehmen, es sei denn, sie werden in Fotografien transformiert. Malraux schrieb:

> In unserem Museum ohne Wände scheinen Bild, Fresko, Miniatur und Buntglasfenster von derselben Familie zu sein. Denn alle sind gleichermaßen – Miniaturen, Fresken, Buntglas, Tapisserien, skythische Schilde, Bilder, griechische Vasenmalereien, »Details« und sogar Bildhauerkunst – zu »Farbtafeln« geworden. Bei diesem Vorgang haben sie ihre Eigenschaften als *Objekte* verloren; aber gleichzeitig haben sie etwas gewonnen: die größte Bedeutung hinsichtlich des *Stils*, die sie überhaupt gewinnen können.[7]

Für Malraux war es unmöglich, das Erleben eines Kunstwerks in seinem ursprünglichen kulturellen und zeitlichen Kontext zu ermessen. »Es ist für uns schwer, die Kluft zu erkennen zwischen der Aufführung einer Tragödie von Aischylos, wenn die persische Bedrohung und Salamis jenseits der Bucht lauern, und der Wirkung, die wir beim Lesen verspüren…« Was bleibt, so sagt er, ist der *Stil* eines Werks – die Art, wie es visuelle, literarische oder musikalische Form annimmt. Stil, der außerhalb des Kontexts existiert, bot einen Weg, Objekte aus sonst unverbundenen Zeiten oder Orten zu vergleichen. Das Museum ist hier natürlich zentral dafür. Mit der Fotografie konnte man die dem Museum innewohnenden Grenzen überwinden. Obwohl, wie er zugibt, die »Eigenschaften als Objekt« verloren sind, bewahrt das Foto den Stil des Werks. Ein Museum mit fotografischen Reproduktionen lässt uns Kultur als grundsätzlich menschlich sehen und verstehen statt als nationales Phänomen. Da Fotos einfach und billig reproduziert werden können, wird die Vorstellung von Kunst als »Eigentum« irrelevant. Sie gehört allen.

Malrauxs Projekt war in seinem Kern ein humanistisches Unterfangen, das die Kultur in ein universell menschliches Projekt umformte, eine Reflexion des menschlichen Willens. Er schrieb:

> Nichts vermittelt die Vorstellung von einem Schicksal, das die menschlichen Ziele bestimmt, lebhafter und faszinierender, als die großen Stile, deren Entwicklungen und Verwandlungen wie lange Narben zu sein scheinen, die das Geschick im Vorübergehen auf dem Antlitz der Erde hinterlassen hat.

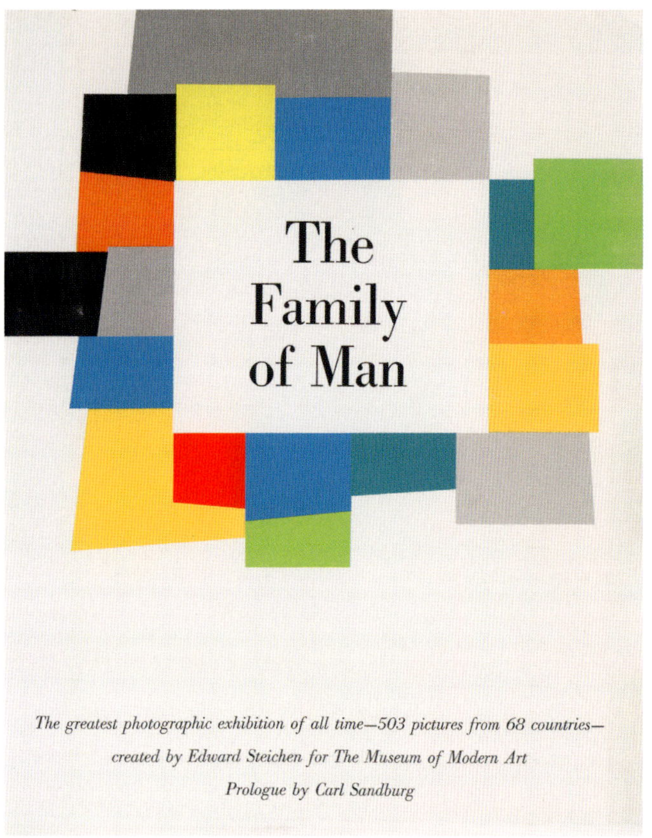


***Links*** **Cover des Ausstellungskatalogs *The Family of Man* von Edward Steichen (Museum of Modern Art, 1955)**

***Rechts*** **Installationsansicht der Ausstellung *The Family of Man*, die vom 24. Januar bis zum 8. Mai 1955 im Museum of Modern Art, New York City, zu sehen war.**

## THE FAMILY OF MAN

Wenn es im Idealismus und Universalismus des *Museums ohne Wände* letztlich darum ging, neu zu strukturieren, wie wir Kultur sehen und verstehen, konzentrierten sich andere Ausstellungsprojekte dieser Zeit eher auf ihren Inhalt. Kein Projekt war in dieser Hinsicht berühmter oder einflussreicher – oder stärker kritisiert – als die Ausstellung *The Family of Man*, die im Januar 1955 am MoMA eröffnete. Auch hier stand die Fotografie im Mittelpunkt, allerdings auf andere Weise: Sie verdeutlichte, wie die Ambitionen des modernen Museums über das rein Kulturelle hinausreichten.

Entwickelt hatte die Ausstellung der in Luxemburg geborene amerikanische Fotograf und Kurator Edward Steichen, der damals Direktor der Fotografie-Abteilung des MoMA war. Ein Jahr vor der Eröffnung kündigte Steichen die Ausstellung in einer Pressemitteilung an: »*The Family of Man* ist als Fotoausstellung geplant, welche die universellen Elemente und Emotionen und das Einssein der Menschen auf der Welt porträtieren soll.«[8] Entsprechend lud er »Fotografen [von] überallher auf der Welt [ein], Fotografien einzureichen«, und fügte hinzu:

> Diese Ausstellung erfordert Fotografien ... aus dem ganzen Umfang des Lebens von der Geburt bis zum Tod mit einem Schwerpunkt auf den alltäglichen Beziehungen des Menschen zu sich selbst, seiner Familie, der Gemeinschaft und der Welt, in der wir leben ...
>
> Wir interessieren uns für Fotografien, die das Universelle durch das Individuelle und Spezielle ausdrücken, die die Bedeutung der Kunst der Fotografie für das Erklären der Menschen auf der Welt, seine Träume und Bestrebungen demonstrieren ...
>
> Ich glaube, dass genau wie in jeder Familie Liebe das vorherrschende und entscheidende Element in der Ausstellung *The Family of Man* sein sollte.

Am Ende wählte Steichen aus mehr als zwei Millionen Bildern aus 69 Ländern etwa 500 Fotos aus. Der Begleittext wurde von dem Dichter und Schriftsteller Carl Sandburg geschrieben, während das Design der Ausstellung von dem anerkannten Architekten Paul Rudolph stammte. Anstatt sie gerahmt an der Wand aufzuhängen, ordnete Rudolph die Fotos fast wie auf einer Zeitschriftenseite an – viele waren schließlich zuerst im Magazin *Life* erschienen. Es gab Drucke in verschiedenen Größen und Höhen an den Wänden, Decken oder den extra hergestellten Aufstellern. Einige der Fotos wurden als Kunst präsentiert, andere als Reportage- oder Dokumentarfotografien.

Die Ausstellung enthielt Arbeiten einiger bekannter Fotografen und eine ganze Reihe bereits berühmter Bilder. Dennoch wurden diese »Fotografien von Geliebten, die sich umarmen und trennen, einer glücklichen, lachenden Braut auf einer Kinderschaukel in Frankreich, eines Mädchens in Indien, das in einem Spiegel zum ersten Mal von seinem Bräutigam gesehen wird«, »einer niederländischen Mutter, die ihr Kind stillt … eines kleinen Jungen auf Java, der mit Murmeln spielt«, »Männern, die auf dem Land arbeiten, wie sie es vorgefunden haben, im Iran, in Irland, in Indonesien«, »Partys in Berlin, in Paris, in Borneo« und »Mitgefühl, das Soldaten ihren Kameraden auf einem koreanischen Schlachtfeld erweisen«, alle in einem einzigen fesselnden und ausdrücklich modernistischen visuellen Spektakel zusammengefasst, in dem alles entsprechend Steichens Narrativ von der »alltäglichen Geschichte des Menschen« und dem neuen Risiko, wie er es sah, das der Menschheit zu dieser Zeit durch die Wasserstoffbombe drohte, angeordnet war.[9]

In New York war die Ausstellung immens erfolgreich, brach alle Besucherrekorde des MoMA und musste früher öffnen, um New Yorker Schulklassen den Besuch zu ermöglichen. Anschließend tourte sie für acht Jahre um die Welt. Organisiert wurde dies von der United States Information Agency, einer Behörde für die weltweite Öffentlichkeitsarbeit der USA. Die Ausstellung war in 37 Ländern auf sechs Kontinenten zu sehen, darunter der Sowjetunion, und zog neun Millionen Besucher an.

***Links*** **Installationsansicht von *The Family of Man* in der Royal Festival Hall, London, vom 2.–31. August 1956**

***Rechts*** **Besucher betrachten Objekte der Ausstellung *Treasures of Tutankhamun* (Schätze von Tutanchamun) im British Museum in London, 28. März 1972.**

Neben der Popularität von *The Family of Man* beim Publikum, erregte sie die beträchtliche Aufmerksamkeit und Kritik der Wissenschaft. Zu den wichtigsten Kritikern gehörte der französische Literaturtheoretiker und Semiotiker Roland Barthes, der ihr einen Essay in seinem bahnbrechenden Buch *Mythen des Alltags* widmete, das 1957 auf Französisch erschien. Barthes kritisierte, dass die Ausstellung den Fotografien ihre historische Ausprägung nahm, wodurch sie letztendlich bedeutungslos wurden. Die Autorin und Kritikerin Susan Sontag sah es ähnlich:

> Indem sie vorgibt zu zeigen, dass Menschen überall auf die gleiche Weise geboren werden, arbeiten, lachen und sterben, leugnet *The Family of Man* das bestimmende Gewicht der Geschichte – der echten und historisch verankerten Unterschiede, Ungerechtigkeiten und Konflikte.[10]

Andere Kritiken stießen sich an ihrem männlich-zentrierten Blick sowie an ihrer offensichtlichen Missachtung von Fragen der Klasse, Rasse oder Politik. Da sie den Standpunkt vertrat, dass wir am Ende alle menschlich sind, hielten viele Kritiker die Sichtweise der Ausstellung für naiv, sentimental und vorsätzlich unkritisch. Dennoch zeigten ihr Erfolg und der Widerhall, den sie beim Publikum fand, wie gut sie den Zeitgeist einfing und den Idealismus der unmittelbaren Nachkriegsjahrzehnte erfasste. Aus rein kultureller Sicht war die Ausstellung ein wichtiges Statement für die Werte der Moderne. Zu den Fotografen gehörten viele Vertreter dieser Bewegung, genau wie Dokumentarfotografen und Fotojournalisten, während das Konzept des Ausstellungsdesigns vollkommen modernistisch war. Darüber hinaus war allein die Idee, die Fotografie als künstlerisches Medium im Kontext des Museums neben die Malerei und die Bildhauerei zu stellen, schon selbst eine modernistische Aussage.

Das Ausmaß, in dem *The Family of Man* als modern betrachtet werden konnte, beschränkte sich nicht auf ihren Inhalt oder gar ihre Präsenz in einem Museum, sondern allein auf die Tatsache, dass es sich um eine Ausstellung handelte. Wie wir bereits gesehen haben, waren Ausstellungen schon vor dem Krieg der Kern des MoMA-Konzepts, und ihre Bedeutung wuchs nach dem Krieg nur noch. Es waren nicht einfach nur Ausstellungen von Werken oder Objekten der Moderne, sondern zunehmend auch aus anderen Zeiten und aus Bereichen jenseits der Kunst, sodass das volle Spektrum kultureller Artefakte einbezogen wurde.

Dies spiegelte den neuen Geist des Zeitalters wider – nicht nur durch die inhärente Betonung des Publikums und damit der Allgemeinheit, sondern auch in ihrer Ausweitung der Möglichkeiten des internationalen Austauschs und der Zusammenarbeit, von denen der Verleih von Kunstwerken zwischen Institutionen abhing. Zum vielleicht ersten Mal in der Geschichte musste man nicht ein bestimmtes Museum besuchen, um seine berühmtesten Werke zu sehen: Vielleicht wurden sie in einer Ausstellung anderswo auf der Welt gezeigt. Damit eröffneten sich völlig neue Möglichkeiten für den Zugang, die Interpretation und die Wissenschaft.

Ein wichtiger Wendepunkt war die Ausstellung *Treasures of Tutankhamun* des British Museum im Jahr 1972. 1,7 Millionen Menschen standen bei Wind und Wetter Schlange, um einen Blick auf die legendären Schätze aus dem Grab des jungen Pharao zu erhaschen, das Howard Carter 1922 entdeckt hatte. Im Rückblick zeigt sich, dass diese Ausstellung die Zeit der »Blockbuster-Ausstellungen« einläutete, in der Museen global um Publikum und Aufmerksamkeit zu konkurrieren begannen – ein Thema, das wir im nächsten Kapitel aufgreifen werden.

Ausstellungen erforderten zwar bedeutende Investitionen, doch erfolgreiche Ausstellungen konnten auch sehr viel Geld einbringen, nicht nur aus den Eintrittsgeldern, sondern durch die Verkäufe von Souvenirs und Mitgliedsprogrammen. Heutzutage, in einer Zeit, in der öffentliche Mittel knapp sind, bilden Ausstellungen das Herz der Finanzen fast jedes Museums.

## DIE GLOBALE EXPANSION DER MODERNE

Im Gegensatz zu dem heute sehr geschäftsmäßigen Betrieb von Museen war der Kontext für *The Family of Man* in den 1950er Jahren ganz anders – es war eine Zeit, in der öffentliche Investitionen häufig Vorrang vor den kommerziellen Realitäten hatten. Die Ausstellung kann als Teil der Welle der Moderne gesehen werden, die durch die Welt schwappte, als immer mehr Menschen zu der Überzeugung kamen, dass das transformative Potenzial von Industrie und Technologie zum Wohle der Menschheit eingesetzt werden könne. Architekten standen an der vordersten Front dieser Welle, da viele dieser Transformationen sich in gebauter Form manifestierten: in öffentlichen Wohnungsbauprojekten, Krankenhäusern, Schulen, Bibliotheken, Regierungsgebäuden – und wichtig: in Museen.

Hatte die Moderne vor dem Krieg nur wenig Wirkung in der Welt der Museen gezeigt, so änderte sich dies nun völlig. Die 1950er und 1960er Jahre sahen auf der ganzen Welt eine Zunahme von architektonisch oft innovativen Museen, die sich der modernen Kunst widmeten. Es ist aber kein Zufall, dass die frühesten dieser Bauten dort erfolgten, wo die Moderne in Kunst und Architektur bereits vor dem Krieg Fuß gefasst hatte. Das war in Brasilien der Fall, das in den 1930er Jahren seinen eigenen Zweig der Moderne zu entwickeln begann. Das 1948 gegründete Museum für Moderne Kunst in Rio de Janeiro war eine der Einrichtungen, die diesen neuen Geist repräsentierten. Wie so oft erfolgte die Gründung der Institution deutlich vor der Erschaffung des neuen Gebäudes, das 1955 nach den Entwürfen des brasilianischen Architekten Affonso Eduardo Reidy eröffnet wurde.

Es befindet sich im Parque do Flamengo mit Blick auf die Guanabara-Bucht. Reidy konzipierte ein von Ost nach West verlaufendes Gebäude. Entsprechend den Architekturprinzipien der Moderne setzte Reidy den ganzen Bau auf *Pilotis* – Pfeilerkonstruktionen. In der modernistischen Vorkriegsarchitektur waren *Pilotis* häufig schmal. Hier wurden sie durch ihre skulpturenartige Form dramatisiert, ausgeführt in Stahlbeton, vom Gebäude weggeneigt und jeweils mit einem Stützarm versehen, sodass sowohl von oben als auch von unten Unterstützung gewährt ist. Durch die *Pilotis* an den Längsseiten wird der Eindruck einer modernistischen Kolonnade erzeugt.

Innen bringt eine freistehende Wendeltreppe (ebenfalls aus Stahlbeton) die Besucher in die erste und zweite Etage, wo sich die Galerien aufgrund der Struktur des äußeren Rahmenwerks bemerkenswert offen präsentieren und, was ungewöhnlich ist, von beiden Seiten durch große Fenster erhellt werden. Das von den *Pilotis* getragene Vordach bietet ein wenig Schutz vor der Sonne.

Nach Norden schließt das Hauptgebäude an ein Vortragssaal an, der fast wie eine separate Einheit konzipiert ist. Wo sich die skulpturenhafte Qualität des Galeriegebäudes in seinem

konstruktiven Skelett manifestiert, ergibt sie sich beim Auditorium durch die Gesamtform des Gebäudes mit seinen Winkeln, Kurven und dem aufragenden Turm. Die umgebenden Gärten wurden von Roberto Burle Marx gestaltet, der für die gesamte landschaftliche Entwicklung des Parque do Flamengo verantwortlich war. Das Ergebnis ist ein Gebäude, das ebenso sehr Ausdruck der Werte der Moderne ist wie die Objekte, die es enthält.

Brasilien war in den 1950er und 1960er Jahren ein Nährboden für die Moderne, als es ein ambitioniertes Industrialisierungs- und Modernisierungsprogramm startete, das natürlich seinen Höhepunkt in der Gründung der neuen Hauptstadt Brasília im Jahr 1960 fand: Hier ergab sich die Chance, den Traum zu verwirklichen, eine komplett neue Stadt nach Prinzipien der Moderne zu bauen. Die Stadt wurde von Lucio Costa geplant, Landschaftsarchitekt war Burle Marx, der Architekt Oscar Niemeyer war für fast alle öffentlichen Bauten verantwortlich. Überraschenderweise wurden die Biblioteca Nacional de Brasília und das Museu Nacional da República, die den Conjunto Cultural da República (Kulturkomplex der Republik) bilden, erst 2006 fertiggestellt. Nichtsdestotrotz sind sie, vor allem das Museum, im Einklang mit dem, was Niemeyer in den 1950er Jahren entworfen hat – eine riesige, versunkene Halbkugel, erreichbar über eine Rampe, die in der Luft zu schweben scheint und dann in einer dramatischen Schleife auf der anderen Seite des Gebäudes wieder auftaucht.

***Oben links* Nationalbibliothek von Brasilien, Complexo Cultural da República, Brasília, entworfen von Oscar Niemeyer und eingeweiht 2006**

***Oben* Museu Nacional da República, Brasília, entworfen von Oscar Niemeyer und eingeweiht 2006**

*Rechts* Museum für Moderne Kunst im Parque do Flamengo, Rio de Janeiro, entworfen von Affonso Eduardo Reidy und eröffnet 1955

Av. Paulista

*Links* **Museu de Arte de São Paulo (MASP), Terraço do Trianon, São Paulo, entworfen von Lina Bo Bardi und fertiggestellt 1968**

*Rechts* **Innenansicht von Lina Bo Bardis Museu de Arte de São Paulo (MASP)**

## DAS KUNSTMUSEUM VON SÃO PAULO

Der Grund für das Fehlen von Museen in der Anfangszeit von Brasília kann damit zusammenhängen, dass es an anderen Orten im Land eine Vielzahl von Museumsbauten gab: in Rio de Janeiro, wie wir bereits sahen, und auch in São Paulo, wo der Geschäftsmann Assis Chateaubriand 1947 das Museu de Arte de São Paulo (MASP) einrichtete. Er setzte den italienischen Schriftsteller und Kurator Pietro Maria Bardi als ersten Direktor ein. Dessen Frau, die Architektin Lina Bo Bardi wurde beauftragt, das Gebäude zu entwerfen und einen Plan für die Ausstellung zu entwickeln. Die in Italien ausgebildete Bo Bardi wurde zu einer der originärsten Vertreterinnen der brasilianischen Moderne, mit dem MASP als einem ihrer Meisterwerke.

Genau wie Reidy beim Museum für Moderne Kunst in Rio de Janeiro entschied Bo Bardi, das Museum vom Boden abzuheben – in diesem Fall, um den Blick von der Avenida Paulista auf die Innenstadt zu erhalten. Statt einer Kolonnade aus vielen *Pilotis* schuf sie jedoch vier riesige Betonsäulen, verbunden durch Querträger, von denen ein großer Stahl- und Glaskasten abgehängt ist, der die Galerien des Museums enthält. Andere Räumlichkeiten befinden sich unter der Erde, sodass das Erdgeschoss frei ist und das Museum damit in das gesellschaftliche und kulturelle Leben der Stadt integriert. Der Bereich unter dem Galerie-Container ist frei für verschiedene Aktivitäten, wie Performances und Märkte.

Während das Museum eindeutig modern ist, umfasst die Sammlung Werke aus verschiedenen Perioden und von allen Kontinenten. Allerdings war die Art ihrer Zurschaustellung völlig neu. Statt von den Wänden wurden die Gemälde jeweils von einer Glasplatte abgehängt, die aus einem Betonblock herausragte (und mit Holzkeilen gehalten wurde). Betritt der Besucher diese riesige, fast hangarartige Galerie, sieht er sich einem Meer aus Gemälden gegenüber, die in der Luft zu hängen scheinen. Es gibt keinen klaren Besucherweg oder das Gefühl, dass die Gemälde anhand ihrer Zeit oder nationalen Schule sortiert sind. Stattdessen darf jedes Werk nach seinen eigenen Bedingungen existieren und in beliebiger Reihenfolge erlebt werden. Das geht gewissermaßen noch über die archetypische »White Cube«-Galerie hinaus, die für die entscheidende Konfrontation zwischen Betrachter und Objekt alles Überflüssige entfernt. Ein passives »Museumsstück« wird zu einem aktiven Kunstwerk, versehen mit der gleichen Kraft, die es hatte, als es das Atelier seines Schöpfers verließ.

Leider wurde Bo Bardis Galeriekonfiguration in den 1990er Jahren zugunsten einer herkömmlicheren Anordnung mit Trennwänden entfernt. Da jedoch ihre Arbeit in den letzten Jahren neue Wertschätzung erfahren hat, wurde ihr Originaldesign am MASP wiederhergestellt. Besucher können also erneut die verblüffende Einheit zwischen Gebäude und Ausstellung genießen, die dies zu einem der faszinierendsten modernen Museen auf der Welt werden ließ.

## MODERNE MUSEEN IN JAPAN

Obwohl die Architektur der Moderne nach universellen Prinzipien strebte, die theoretisch überall angewandt werden konnten, fanden sich ihre interessantesten Ausprägungen – in Museen oder anderen kulturellen Bereichen – tendenziell dort, wo diese Prinzipien lokalen Befindlichkeiten angepasst wurden, etwa in Brasilien und besonders auch in Japan. Dort wurde die moderne Architektur zu einem wichtigen Teil des materiellen und politischen Wiederaufbaus nach dem Krieg, mit Kenzō Tanges Friedensmuseum in Hiroshima als Symbol für Versöhnung und Erneuerung. Dieser Geist erstreckte sich auch auf die Schaffung neuer Museen. Eines der ersten war das Museum für Moderne Kunst in Kamakura, eine für ihre Tempel und Schreine berühmte Kleinstadt in der Präfektur Kanagawa südlich von Tokio.

1949, als Japan noch von alliierten Truppen besetzt war, ersuchten Künstler, Kritiker und Wissenschaftler der frisch etablierten Künstlervereinigung der Präfektur Kanagawa die Regierung um die Gründung eines Museums für moderne Kunst nach Vorbild des MoMA in New York. Den Entwurf schuf der Architekt Junzo Sakakura, der vor dem Krieg oft mit Le Corbusier zusammengearbeitet hatte: einen klassisch modernistischen Kasten, der auf *Pilotis* steht. In einer Abkehr von den Konventionen jedoch verblendete Sakakura die Mauern mit lokalen Oya-Steinen und band damit das Gebäude materiell und kulturell in seine Umgebung am Tsurugaoka Hachimangu-Schrein ein. Das Museum wurde am 17. November 1951 mit der Ausstellung *Cézanne und Renoir* eröffnet – angemessen angesichts des Einflusses der japanischen Kunst auf den Impressionismus, mit dem die beiden Künstler verbunden waren.

Zur gleichen Zeit verhandelte die japanische Regierung über die Rückgabe der Sammlung des verstorbenen Kōjirō Matsukata, eines Geschäftsmannes und Kunstsammlers.[11] Matsukatas Erfolge im Schiffbau während des Ersten Weltkrieges hatten es ihm erlaubt, eine ansehnliche Sammlung westlicher Kunst sowie mehrerer tausend japanischer Holzschnitte zusammenzutragen. Er hatte die Absicht gehabt, die Sammlung zur Grundlage eines Nationalmuseums für westliche Kunst in Japan zu machen. Dazu kam es allerdings während seines Lebens nicht mehr, zunächst aufgrund von geschäftlichen Schwierigkeiten in den späten 1920er und 1930er Jahren und dann aufgrund des Zweiten Weltkriegs, an dessen Ende seine Sammlung von der französischen Regierung beschlagnahmt wurde – Matsukata hatte sie in der Obhut von Léonce Bénédite, dem Direktor des Musée du Luxembourg in Paris zurückgelassen.

Mit der Unterzeichnung des Friedensvertrages von San Francisco im Jahr 1951 wurde die Sammlung von der französischen Regierung unter der Bedingung an Japan übergeben, dass ein Museum dafür gebaut wird. Den passenden Ort fand man

*Links* Das Museum für Moderne Kunst, Kamakura, entworfen von Junzo Sakakura und fertiggestellt 1951

*Rechts* Friedensmuseum Hiroshima, von Kenzō Tange, 1949–1955

*Unten* Tsurugaoka-Hachimangu-Schrein, Kamakura

*Oben* Eingang des Nationalmuseums für westliche Kunst, Tokio, von Le Corbusier, eröffnet 1959

*Rechts* Innenansicht des Nationalmuseums für westliche Kunst

im Ueno-Park nahe dem Nationalmuseum Tokio (siehe auch S. 154). 1955 beauftragte man Le Corbusier mit dem Entwurf eines Gebäudes für das Nationalmuseum für westliche Kunst. Unterstützt wurde er von den japanischen Architekten Kunio Maekawa, Takamasa Yoshizaka und Junzo Sakakura, denen wir bereits begegnet sind – ein weiteres Symbol für die erneuerten franko-japanischen Beziehungen.

Früher in seiner Laufbahn hatte Le Corbusier Museen sehr kritisch gegenübergestanden. In seinem 1925 veröffentlichten Buch *L'Art décoratif d'aujourd'hui* (*Die dekorative Kunst von heute*) schrieb er: »Das Museum ist schlecht, weil es nicht die ganze Geschichte erzählt. Es führt in die Irre, es verheimlicht, es täuscht. Es ist ein Lügner.«[12] Das Museum, so argumentierte er weiter, entspricht nicht der Realität; die »Objekte, die dort ausgestellt sind, werden durch diese Tatsache geheiligt: man hält sie für sammelwürdig, für selten und kostbar – für wertvoll und deshalb schön«. Er drängte stattdessen:

> Stellen wir uns ein wahres Museum vor, eines, das alles enthielt, eines, das nach dem Ablauf der Zeit, nach der Zerstörung durch die Zeit ein vollständiges Bild präsentieren könnte ... Um diese Idee auszuführen, wollen wir ein Museum unseres eigenen Tages mit Objekten unseres eigenen Tages zusammenstellen ... einer einfachen Jacke, einem Filzhut, einem guten Schuh. Einer elektrischen Glühlampe mit

> Bajonettverschluss, einem Radiator, einem feinen Leinentischtuch ...

Für die architektonische Umsetzung dieser radikalen Vision entwickelte Le Corbusier mehrere Möglichkeiten, die jedoch alle von einem Thema bestimmt wurden. Das erste war 1929 das Projekt für das Mundaneum, einer spiralförmigen, zikkurat-ähnlichen Struktur für ein Weltmuseum. Er schrieb dazu:

> Diese Kette des Wissens, auf der die menschlichen Werke sich über die Jahrtausende entfalten, startet in der Frühgeschichte und vergrößert ihre Glieder in der jüngsten Vergangenheit, in der die Geschichte bestimmte Gewissheiten bereits klassifiziert hat.[13]

Dann gab es das nicht umgesetzte Projekt für ein Musée d'Art contemporain (Museum für zeitgenössische Kunst) in Paris von 1931, das ebenfalls auf das Spiralkonzept setzte, von dem Le Corbusier sagte, es folge

> den Naturgesetzen des Wachstums in der Reihenfolge, in der das organische Leben sich manifestiert: ein Element, das harmonisch erweitert werden kann, da die Idee des Ganzen der Idee des einzelnen Teils bereits vorausgegangen ist.[14]

Und schließlich gab es das Projekt für La Musée à croissance illimitée (Museum des unbegrenzten Wachstums) von 1939 – ein spekulatives Projekt, das die Spiralidee zu ihrem logischen Höhepunkt führt: Flügel strahlen aus dem spiralförmigen zentralen Kern und bieten das Potenzial für eine grenzenlose Erweiterung.

All diese Ideen flossen schließlich in seinen Entwurf des Nationalmuseums für westliche Kunst ein. Der quadratische Grundriss und die vergleichsweise leere Fassade täuschen über seine räumliche Vielseitigkeit hinweg. Der Eingang wird über eine gepflasterte Piazza erreicht, an deren Ende Stufen zu einer erhöhten Plattform führen, die von einem einzigen Pfeiler gestützt wird. Besucher betreten das Gebäude im ersten Stock. Innen ist es nach einem präzise angeordneten Raster gestaltet, das den *Piloti* entspricht, die das Gebäude in der nun schon vertrauten modernistischen Weise über das Erdbodenniveau heben. Räume einfacher Höhe weichen Räumen doppelter Höhe und umgekehrt. Im Zentrum der Komposition wird ein doppelt hoher Skulpturenhof durch eine dramatische dreieckige Öffnung von oben beleuchtet, die die bewusste Rechteckigkeit der Komposition aufbricht. Andere Galerien werden durch herkömmliche, aus dem Flachdach aufragende Oberlichter erhellt. Das Ergebnis ist ein kompaktes Gebäude voller latenter Energie und Spannung, wie eine frisch aufgezogene Uhr, die nur darauf wartet, loszulaufen.

## NEUE NATIONALGALERIE, BERLIN

Das 1959 eröffnete Nationalmuseum für westliche Kunst in Tokio ist eines von nur drei Museen von Le Corbusier. Ebenso überrascht, dass der andere Titan der Moderne des 20. Jahrhunderts, Ludwig Mies van der Rohe, nur zwei entwarf: die Erweiterung des Museum of Fine Arts in Houston und die Neue Nationalgalerie in Berlin. Diese war eines der letzten Projekte, die noch zu seinen Lebzeiten fertiggestellt wurden. Sie bildet in vielerlei Hinsicht die Quintessenz seiner architektonischen Ideen: frei fließende Räume, ein auf das Nötigste reduzierter struktureller Rahmen, die Verwischung von Innen und Außen und die Vereinigung von Kunst und Architektur.

In den 1920er Jahren gehörte Mies van der Rohe zu den Pionieren der entstehenden Bewegung der Moderne. Er lehrte am Bauhaus und entwarf eine Reihe einflussreicher Projekte, darunter vor allem den deutschen Pavillon für die Weltausstellung 1929 in Barcelona. In diesem Bau fanden sich bereits viele der Prinzipien, die seine Arbeit nach dem Krieg definieren würden: auf ein Minimum reduzierte strukturelle Stützen, ein Flachdach, das über dem Gebäude zu schweben scheint, und der freie Grundriss, der die Trennung der strukturellen Stützen von den Wänden und Abtrennungen bedeutete, die jeden Raum definierten. Dies erlaubte im deutschen Pavillon eine nie dagewesene räumliche Flexibilität und Offenheit, in der seine gefeierten Barcelona-Stühle – die einzigen Möbel – fast wie Kunstobjekte wirkten.

All diese Ideen flossen in die Entwürfe der Neuen Nationalgalerie ein, die als Einrichtung dem Modernen gewidmet werden und Teile der Sammlung der Nationalgalerie vom Ende des 19. Jahrhunderts, die in Westdeutschland gefunden worden waren, mit Kunst des 20. Jahrhunderts vereinen sollte.

Mies van der Rohe wurde 1962 als Architekt für das Projekt verpflichtet, für das man am Westberliner Kulturforum nahe der Philharmonie von Hans Scharoun und der Staatsbibliothek einen Ort fand. Im Gegensatz zu den kühnen expressionistischen Formen dieser Gebäude war Mies van der Rohes Entwurf kühl, fast schon minimalistisch: ein eingeschossiges, pavillonartiges Gebäude schwebt über einem teilweise abgesenkten Untergeschoss. Acht Säulen – je zwei an den vier Seiten des Gebäudes – tragen das Flachdach, sodass die Ecken offen bleiben und einen weiten Innenraum zulassen. Für die Präsentation von Kunst in einem solchen Raum hatte Mies van der Rohe schon 1942 ein spekulatives Projekt namens Museum für eine kleine Stadt entwickelt, das Philip Johnson in einer Ausstellung von Mies van der Rohes Werk am MoMA 1947 so beschreibt:

> [Es] erwuchs aus dem Wunsch, eine Kulisse für Picassos großartiges Gemälde *Guernica* zu erschaffen … [in dem] Kunstwerke ein integraler Bestandteil des Entwurfs sind, aber

niemals ihre Unabhängigkeit aufgeben müssen. Sie bereichern die Architektur, während die Architektur sie bereichert.[15]

Eine Reihe von Zeichnungen vermittelt ein Gefühl, wie verschiedene Kunstwerke, darunter *Guernica*, in einem fast völlig offenen Innenraum platziert werden könnten. Johnson fährt fort:

> Die relative »Abwesenheit von Architektur« intensivierte die Individualität der einzelnen Kunstwerke und fügte sie gleichzeitig in den gesamten Entwurf ein. Das heißt, *Guernica* ist ganz eindeutig ein unabhängiges Gemälde, während es architektonisch als Leinwand funktioniert,die den Raum um es herum definiert.

Was Mies van der Rohe sich daher vorstellte, war eine fast vollständige Synthese aus Gebäude und Kunstwerk, aus Architektur und Kunst – ein fast schon geheiligter Ort. In der Praxis war dies nur mit sehr großen Werken erreichbar, wie *Guernica* oder der Art von freistehenden Skulpturen, die man in seinen Illustrationen für das Museum für eine kleine Stadt sieht. Bei kleineren Werken müsste man auf Sockel und Trennwände zurückgreifen. Darüber hinaus verursachten die Glaswände Probleme für lichtempfindliche Objekte, während den Galerien im Untergeschoss natürliches Licht fehlte. Dennoch ist die Neue Nationalgalerie ein wichtiges Statement für die Möglichkeiten, Kunst auf eine Weise zu erleben, die fast ohne Vermittler auskommt.

***Oben links*** **Nachbildung des von Mies van der Rohe entworfenen Pavillons für die Weltausstellung 1929 in Barcelona**

***Oben*** ***Museum für eine kleine Stadt*****, 1942–1943 von Mies van der Rohe**

*Rechts* **Neue Nationalgalerie, Berlin, entworfen von Mies van der Rohe und eröffnet 1968**

***Rechts oben*** **Fotografie des Solomon R. Guggenheim Museum, New York, kurz vor der Fertigstellung**

***Rechts unten*** **Die spiralförmige Rotunde des Solomon R. Guggenheim Museum, New York, entworfen von Frank Lloyd Wright und eröffnet 1959**

## DAS GUGGENHEIM IN NEW YORK: EIN SYMBOL SEINER WERTE

Trotz der vielen Beispiele für neue, moderne Museumsbauten in diesem Kapitel war es nicht unbedingt nötig, ein Museum für moderne Kunst in einem modernen Gebäude unterzubringen. So wurde etwa das Moderna Museet – Schwedens Nationalmuseum für moderne und zeitgenössische Kunst – am 9. Mai 1958 in einer alten Marine-Ausbildungshalle auf der Insel Skeppsholmen in Stockholm eröffnet, in der 1956 Picassos *Guernica* ausgestellt worden war (interessanterweise gefolgt von einer Le-Corbusier-Ausstellung). Gleichzeitig musste ein moderner Museumsbau nicht unbedingt moderne Kunst enthalten, obwohl sie es meist taten. Was letztendlich ein modernes Museum ausmachte, war die Selbsterkenntnis, die es in die grundlegende Beziehung zwischen Objekt und Betrachter einbrachte, die sich dann entweder architektonisch oder durch die Gestaltung der Galerie oder Ausstellung ausdrückte.

Innerhalb dieses übergreifenden Ziels gibt es jedoch zwei ganz verschiedene Ansätze. Der erste folgte im Prinzip dem Diktum »Form follows Function«, bei dem das Gebäude die besondere Art widerspiegelt, wie die Sammlung präsentiert wird. Wir haben dies bei den bisher in diesem Kapitel diskutierten Beispielen gesehen, wobei die Neue Nationalgalerie diesen Ansatz zu seinem logischen Höhepunkt geführt hat. Beim zweiten Ansatz wurde die Form nicht nur eine Reflexion der Funktion des Museums, sondern steht symbolisch auch für dessen Werte und Ideale. Auch dies zeigt sich in einem gewissen Maß in den Beispielen dieses Kapitels: eine reduzierte, minimale Fassade symbolisiert schließlich den modernistischen Ansatz für die Präsentation. Allerdings entwickelte sich dieser zweite Ansatz in den 1960er und 1970er Jahren in eine eher skulpturenartige und expressive Richtung.

Eine der ersten ikonischen Manifestationen dessen war das Solomon R. Guggenheim Museum in New York. Es war 1939 von seinem Namensgeber als Museum of Non-Objective Painting (Museum für nichtgegenständliche Malerei) gegründet worden, was verdeutlichte, dass der Fokus auf der abstrakten Kunst des 20. Jahrhunderts lag. 1943 wurde der große amerikanische Architekt Frank Lloyd Wright beauftragt, ein Gebäude für die wachsende Sammlung zu entwerfen. Die Direktorin des Museums Hilla von Rebay bat Wright, »einen Tempel des Geistes, ein Denkmal!« zu erschaffen. Und genau das tat er.

Wright wandte beträchtliche Zeit auf, sein Konzept eines umgedrehten Zikkurat zu verfeinern, in dem die Besucher über eine spiralförmige Rampe, die auf ein riesiges, von oben erhelltes Atrium herabschaute, in dem Gebäude aufsteigen würden. Dieses Museum ist wahrhaftig einzigartig und stellt ein Gesamterlebnis dar, das durch Kunstwerke unterstrichen wird. Sowohl der prozessionsartige, fast schon ritualistische Weg durch das Gebäude als auch durch seine kühn geschwungene Außenform sind ohne Zweifel eine Antwort auf Rebays Ruf nach einem »Tempel«.

Dennoch ist es kein einfaches Museumsgebäude, vor allem in Bezug auf seine eigentliche Funktion der Zurschaustellung von Kunst: geschwungene Wände, geneigte Fußböden und das unvermeidlich eigenwillige natürliche Licht der Alkoven abseits des Hauptraums, in denen Werke zusammengefasst werden können, machen es zu einer Herausforderung. Außerdem fragten sich bei seiner Eröffnung einige Kritiker zu Recht, ob ein solches Gebäude nicht die Kunst überstrahlt, die es aufnehmen soll.

»Im Gegenteil«, antwortete Wright; für ihn brachte das Guggenheim »das Gebäude und das Gemälde in einer ungestörten, wunderschönen Sinfonie [zusammen], die es in der Welt der Kunst noch nie zuvor gegeben hat«.[16] Wie die Kunstwerke, die es enthalten würde, »wird man mein Gebäude *fühlen*«, kommentierte er gegenüber einem Journalisten kurz vor der Fertigstellung, »man wird es als eine geschwungene Welle spüren, die niemals bricht. Man wird seine Ruhe und Konsistenz spüren ...«. Für Wright, der schon lange die Werte der »organischen Architektur« verbreitet hatte, war das Guggenheim so natürlich wie die rauen Felsen des Central Park auf der anderen Straßenseite – und so verschieden von der Beaux-Arts-Fassade des Met, eine Blöcke entfernt an der Fifth Avenue, wie es nur möglich war.

THE THANNHAUSER COLLECTIO

*Links* **Aktuelle Ansicht des Solomon R. Guggenheim Museum, New York**

## FORM MIT IDENTITÄT UND GEWICHT

Fast ebenso weit südlich des Met, wie das Guggenheim nordöstlich entfernt ist, sollte 1966 ein weiteres Museum als eine Art umgekehrtes Zikkurat entstehen, auch wenn Form und Charakter ganz anders waren. Das von dem modernistischen Architekten und Designer Marcel Breuer, einem gebürtigen Ungarn, entworfene Whitney Museum of American Art – das erste eigens für das Museum errichtete Gebäude – öffnete an der Madison Avenue der Upper East Side von Manhattan. Breuer hatte am Bauhaus unterrichtet, bevor er in den 1930er Jahren aus Nazi-Deutschland erst nach Großbritannien und dann in die USA floh. Dort lehrte er zunächst in Harvard und arbeitete mit Walter Gropius zusammen, bevor er 1941 sein eigenes, sehr produktives Geschäft in New York City eröffnete.

Der 1963 in Auftrag gegebene Entwurf Breuers stand in starkem Gegensatz zu den schlanken Stahl- und Glastürmen, die in ganz Manhattan entstanden, wie er in den Notizen zu seinem Projekt beschrieb:

> Seine Form und sein Material sollten Identität und Gewicht haben … inmitten des dynamische Dschungels unserer farbenfrohen Stadt. Es sollte die Vitalität der Straße in die Aufrichtigkeit und Tiefgründigkeit der Kunst verwandeln.[17]

Das mit Granit verkleidete, sechsstöckige Gebäude ragt stufenweise über die Madison Avenue hinaus und scheint mit zunehmender Höhe immer schwerer zu werden. Ein einzelnes trapezförmiges Fenster betont die oberste Stufe, während weitere sechs unterschiedlich große Fenster scheinbar zufällig in der geraden, unregelmäßig geformten Fassade zur East 75th Street platziert sind. Das Gebäude wirkt wie ein Kokon, der seinen Inhalt vor der Stadt zu schützen versucht. Das bezieht auch den Besucher ein, sobald dieser von der Straße durch ein schützendes Vordach und einen abgesenkten Garten in die niedrige Lobby mit ihren mondartigen runden Deckenleuchten und rohen Betonwänden tritt. Die Galerien setzen auf die inzwischen vertraute Strategie der offenen, freien Räume mit einer gerasterten Betondecke, die eine einfache Platzierung von beweglichen Trennwänden und unterschiedlichen Beleuchtungssystemen erlaubt.

Entsprechend der Bauhaus-Prinzipien, die Breuer nie aufgegeben hat, nutzt das Gebäude nur wenige Materialien: Granit und Beton für die Wände, Stein für den Fußboden, Lederkissen für die Betonbänke in der Lobby und sorgfältig gearbeitete Bronzegeländer und Holzhandläufe für die Treppen. Genau wie das von Wright beschriebene Guggenheim, wenn auch auf andere Weise, ist das Whitney ein Gebäude, das Sie *fühlen* – vom Moment des Wahrnehmens seiner wuchtigen Masse bis zu dem Augenblick, wenn Sie eine der Galerien betreten.

**_Rechts_ Eine der Galerien des früheren Whitney Museum of American Art, New York City, entworfen von Marcel Breuer und fertiggestellt 1966**

**_Ganz rechts_ Außenansicht des früheren Whitney Museum of American Art, New York City**

ONE WAY
ONE WAY

INTERSTATE FO

*Oben* **Luftaufnahme des Whitney Museum of American Art, entworfen von Renzo Piano und eröffnet 2014**

*Links* **Das neue Gebäude des Whitney Museum of American Art im Meatpacking District von Manhattan**

Das Whitney zog 2014 aus dem Breuer-Gebäude in ein neues, viel größeres Haus, das Renzo Piano im Meatpacking District mit Blick auf den Hudson River entworfen hat. Seit 2015 bildet es eine Außenstelle des Met und trägt den Namen Met Breuer zu Ehren des Architekten einer der schillernden Ikonen der Stadt. 2020 zog das Met aus dem Gebäude aus und übergab es an das Frick, das es ab 2021 übergangsweise nutzt, während an seinem eigenen Gebäude an der Fifth Avenue gebaut wird.

## FÜR JEDEN BETRACHTER EIN EIGENES ERLEBNIS

Sowohl das Guggenheim als auch das Whitney sind zwar sehr verschieden, wurden aber in Bezug auf und als Gegensatz zu der sie umgebenden Stadt konzipiert. Genauso wie keines der Gebäude außerhalb des urbanen Umfeldes von New York sinnvoll wäre, ließe sich ein anderer einzigartiger und einflussreicher Museumsbau kaum von seinem offenen, sonnenüberfluteten Standort in Fort Worth, Texas, trennen: das Kimbell Art Museum.

Das 1972 eröffnete Gebäude ist so speziell wie die Institution, die es beherbergt. Die Sammlung des Museums wurde von Kay und Velma Kimbell zusammengetragen, die vor allem britische und französische Kunst des 18. und 19. Jahrhunderts sammelten. Die Organisation des Museums begann ein Jahr nach Kay Kimbells Tod im Jahr 1965. Kurz danach gab es sich selbst den

*Rechts* Kimbell Art Museum, Fort Worth, Texas, entworfen von Louis Khan und eröffnet 1972

*Links* **Innenansicht des neuen Pavillons des Kimbell Art Museum entworfen von Renzo Piano und eröffnet 2013**

*Rechts oben* **Lobby des Kimbell Art Museum, Fort Worth, Texas, entworfen von Louis Khan und eröffnet 1972**

*Rechts unten* **Galerie des Kimbell Art Museum, Fort Worth, Texas, entworfen von Louis Khan und eröffnet 1972**

Auftrag, nur Werke von »unbedingter Exzellenz« aufzunehmen. Das Museum war also nicht an einer großen, repräsentativen Sammlung interessiert, sondern eher an einer kleinen Sammlung mit Werken der höchsten Qualität, die es bekommen konnte.

1966 beauftragte man Louis Kahn damit, ein Gebäude für die Sammlung zu schaffen, das seine Mission widerspiegelt. Er arbeitete dabei eng mit dem Direktor des Museums, Richard F. Brown, zusammen. Eine der ersten Bedingungen Browns war, dass »natürliches Licht eine wichtige Rolle bei der Beleuchtung spielen« solle.[18] Kahn schlug deshalb Tonnendächer vor, inspiriert durch altrömische Kornspeicher. Kahns Dreh bestand darin, die Räume durch schmale Oberlichter in der Wölbung subtil auszuleuchten. Der ganze Plan folgte einer strengen proportionalen Logik: Zwei Reihen aus sechs Gewölben zu beiden Seiten einer Reihe aus vier Gewölben markieren auf nahezu klassische Weise den Eingang. Das jeweils erste der sechs Gewölbe ist offen und erzeugt so einen überdachten Portikus. Durch Durchbrüche in den Wölbungen innerhalb des Gebäudes entstehen drei Höfe, die für Offenheit sorgen, ohne den Gesamtrhythmus zu unterbrechen.

Dieses Feingefühl setzt sich in den wohlüberlegten und -behandelten Materialien fort. Für viele der Strukturelemente kam sorgfältig vorbereiteter Spannbeton zum Einsatz, was auch hier wieder das Moderne mit dem Antiken verband. Italienischer Travertin diente zum Verkleiden von Wänden und anderen Oberflächen innen und außen. Holz, Glas und Metall wurden unter Berücksichtigung dessen eingesetzt, wie sie sich zueinander verhalten und welches Gefühl sie vermitteln. Ganz im Sinn der Moderne werden sie entsprechend ihrem wahren Wesen genutzt.

Das galt sogar für relativ technische Elemente wie die speziell gestalteten Reflektoren in den Galerien unter den Oberlichtern, die das natürliche Licht streuen und regulieren, es ihm dabei aber auch erlauben, sich im Tagesverlauf zu ändern. Für Kahn war es entscheidend, dass die Licht- und Wetterbedingungen außerhalb der Galerie das Innere beeinflussen können. Er schrieb dazu:

> Das Museum kennt so viele Stimmungen, wie es Momente in der Zeit gibt, und nie ... wird ein Tag wie der andere sein.

Kahns Andeutung, dass im Prinzip jeder Besucher ein Kunstwerk auf seine ganz eigene Weise erlebt, bedeutet, dass das Kimbell Art Museum in vielerlei Hinsicht ein Schlussplädoyer für den Schwerpunkt liefert, den das moderne Museum auf die Beziehung zwischen Objekt und Betrachter legt – führt es aber auch noch einen Schritt weiter. Wenn jedes Erlebnis individuell ist, das in diesem Fall von der sich ändernden Lichtsituation abhängt, dann bedeutet das eine grundlegende Herausforderung für den Anspruch der Moderne auf die transzendente Autonomie des Kunstobjekts. Dies gilt auch für die offensichtlichen, wenn auch subtilen historischen Anspielungen des Gebäudes, die die Moderne natürlich in ihrem Versuch, einen universellen Stil zu formulieren, aus der Architektur entfernen wollte.

*Oben* **Außenansicht der Neuen Staatsgalerie, Stuttgart, von James Stirling und Michael Wilford, 1977–1984**

*Gegenüber* **Innenansicht der Neuen Staatsgalerie, Stuttgart**

## EINE VERSCHIEBUNG ZUR POSTMODERNE

Ende der 1970er Jahre stand die Moderne in Architektur, Kunst und, wir müssen das hier ergänzen, im Bereich des Museumsbaus vor ihrem Ende. Nicht lange nachdem am 31. Januar 1977 das Centre Georges Pompidou eingeweiht worden war, gewannen die britischen Architekten James Stirling und Michael Wilford einen internationalen Wettbewerb für die Neue Staatsgalerie in Stuttgart. Der Entwurf kennzeichnete eine radikal neue Richtung in der Architektur, die als Postmoderne bezeichnet wurde und dem Ansatz, den das Pompidou verkörperte, diametral entgegengesetzt war.

Das Gebäude der Neuen Staatsgalerie war als eine Art Reprise des Alten Museums von Schinkel konzipiert, das wir in Kapitel Zwei (S. 118) diskutiert haben. Allerdings ist sein Querschnitt völlig anders – teilweise in den geneigten Standort abgesenkt, wird der Besucher über eine gewellte »architektonische Promenade« über Rampen, Stufen und Durchgänge in eine zentrale, oben offene Rotunde geführt. Stilistisch zitiert das Gebäude – teils ganz offensichtlich, teils eher unterschwellig – verschiedene Formen der klassischen Architektur – von der Römischen bis zu den Beaux-Arts –, nimmt aber faszinierenderweise auch Aspekte des High-Tech-Stils auf, dessen wichtigster Vertreter das Pompidou war. Wurde das moderne Museum als Raum

konzipiert, der außerhalb der Geschichte stand, dann setzte die Neue Staatsgalerie das Museum entschieden wieder zurück in das historische Kontinuum. Wie zur Bestätigung gestalteten die Architekten einen Teil einer Außenmauer sogar, als würde sie zerfallen und enthüllten gleichzeitig die alltäglichen praktischen Realitäten, die sich hinter der Fassade des Museums abspielen.

Architektonisch hatte die Neue Staatsgalerie großen Einfluss. Das südkoreanische Nationalmuseum für moderne und zeitgenössische Kunst, von Tae-Soo Kim entworfen und 1986 eröffnet, gehört zu den erfolgreichsten Beispielen für ihm nachfolgende Museumsprojekte. Inspiriert von der traditionellen Tempelarchitektur, bettet es das Gebäude elegant in seine Landschaft in Gwacheon nahe Seoul ein. Allerdings war das postmoderne Museum mehr als nur ein architektonischer Wandel, es war Teil einer grundlegenden Änderung des Status des Museums selbst.

Wenn die Neue Staatsgalerie – als archetypisches postmodernes Museum – das Ende des modernen Museums als Projekt darstellte und damit das Ende der 1920er Jahre begonnen hatte, könnte man es als Rehabilitation derjenigen betrachten, die sich fragten, ob ein Museum, das modern war, überhaupt möglich sei. Die Schriftstellerin Gertrude Stein hatte gewitzelt, die Idee eines Museums für moderne Kunst an sich sei ein »Oxymoron«. »Du kannst ein Museum oder du kannst modern sein, aber nicht beides«.[19] Dieses Kapitel zeigte Ihnen jedoch, dass dem nicht so ist. Die Moderne erfand das Konzept des Museums, das wir aus dem 19. Jahrhundert geerbt hatten, auf eine Weise neu, die uns bis heute beeinflusst. Schließlich beginnt jeder Galerieentwurf immer noch mit dem modernistischen »White Cube«.

Dennoch war es unausweichlich, dass die Moderne als Ästhetik, Gefühl und Philosophie irgendwann in einer Sackgasse landet. Ab den frühen 1970er Jahren sah sich die moderne Architektur ideologischen und ästhetischen Angriffen ausgesetzt, da ihr angebliches Scheitern beim Bau der besseren Welt, die sie versprochen hatte, immer offensichtlicher wurde. Schon vorher hatten Künstler, vor allem aus der Pop-Art-Bewegung, begonnen, den Anspruch der Moderne auf das Originelle, Authentische und Einzigartige und die damit verbundene Abtrennung von der Welt der Massenmedien und Konsumkultur herauszufordern. Darüber hinaus zeigte sich immer mehr, dass die vom modernen Museum und der Moderne selbst postulierte Allgemeingültigkeit der Vielfältigkeit nicht standhalten konnte, mit der Fragen von Kultur, Rasse und Identität aufgeworfen wurden.

Dies war die Einsicht, die von der Postmoderne in Architektur, Kunst und für Museen geboten wurde. Die Frage war, was als nächstes kommen könnte. Im folgenden Kapitel erkunden wir die Auswirkungen dieser neuen Herausforderungen, Kritiken und Unsicherheiten, während wir das Entstehen eines neuen Typs von Museum nachzeichnen, das jetzt auf der globalen Bühne zu beobachten ist.

*Links* **Detail des Guggenheim Museum, Bilbao, entworfen von Frank O. Gehry und eröffnet 1997**

# 5. DAS GLOBALE MUSEUM

> Das Guggenheim-Museum in Bilbao ist das größte Spielzeug der Welt. In den düsteren Straßen dieses deprimierenden spanischen Hafens gelegen, verstrahlt es das Licht und die Freude eines Wanderzirkus, der sein Zelt auf dem stillgelegten Bahnhofsgelände einer heruntergekommenen Industriestadt aufschlägt. Auf seine eigene selbstdefinierende Weise ist es ein Meisterwerk, und es ist fast irrelevant, dass es sich um eine Kunstgalerie handelt. Was jemand, der das Bilbao Guggenheim besucht, vergessen kann, ist das Betreten des Gebäudes. Bleiben Sie draußen, etwa 100 Yards entfernt, und nehmen Sie seine Kühnheit, Magie, gute Laune und sein Genie auf. Und seinen infantilisierenden Zauber. Das ist Disneyland für den Doktoranden der Medienwissenschaft.[1]

Liest man diese Worte des englischen Schriftstellers J. G. Ballard, weiß man kaum, ob er das Gebäude liebt oder hasst. Als er sie 2007 im *Guardian* schrieb, war das Guggenheim bereits zehn Jahre alt. Doch selbst für einen so genauen Beobachter der zeitgenössischen Gesellschaft und Kultur wie Ballard behielt der Bau seine Fähigkeit zu verwirren.

Die Arbeiten an dem definierenden Museumsprojekt der letzten Jahre des 20. Jahrhunderts hatten 1993 auf einem ehemaligen Industriegebiet am Fluss Nervión in der notleidenden spanischen Hafenstadt Bilbao begonnen. Architekt war der Amerikaner Frank O. Gehry, dessen Werk für seine skulpturale Originalität gefeiert wurde: scharfe Winkel, geschwungene Kurven, einander überschneidende Räume und ein faszinierender Einsatz von Materialien. Das Guggenheim hob Gehrys Karriere aufgrund seiner architektonischen Ambitionen und der weltweiten Aufmerksamkeit auf eine völlig neue Ebene.

Die Geometrie des Gebäudes, die noch vor dem allgemeinen Einsatz von CAD-Software (Computer-Aided-Design) entworfen wurde, war so komplex, dass Gehry dafür auf spezielle Modellierungsprogramme aus der Luftfahrt zurückgreifen musste. Dies beeinflusste das Stahlskelett der Gebäudestruktur, das mit einer Titanhaut überzogen ist, die ihm seinen charakteristischen Schimmer verleiht. Gehry entschied sich für Titan, nachdem er dessen Wirkung außerhalb seines kalifornischen Büros getestet hatte.

Falls, wie wir gesehen haben, die Moderne bedeutete, dass die Form eines Gebäudes prinzipiell durch die funktionalen Anforderungen seiner Innenräume bestimmt wurde, dann war das Guggenheim das komplette Gegenteil. Die Innenräume von Gehrys Gebäude – so aufregend einige von ihnen sein mögen – sind im Wesentlichen das, was von der Erschaffung der aufregenden skulpturalen Formen des Gebäudes übrig geblieben sind. Die Kuratoren der Schwestereinrichtung des Museums in New York hatten sich zwar über die geschwungenen Wände ihres Frank-Lloyd-Wright-Baus beschwert, doch war dies nichts im Vergleich zu dem, was sie hier erwartete. Doch das war in gewisser Weise unerheblich; es war eine neue Art von Museum, und, wie Ballard erkannte, eine neue Art von Architektur:

*Rechts* **Guggenheim Museum, Bilbao, entworfen von Frank O. Gehry und eröffnet 1997**

*Links* National Gallery of Canada, Ottawa, entworfen von Moshe Safdie und fertiggestellt 1988

*Rechts oben* Groninger Museum, Groningen, entworfen von Alessandro Mendini, Michele de Lucchi, Philippe Starck und Coop Himmelb(l)au und fertiggestellt 1994

*Rechts unten* Museum Abteiberg, Mönchengladbach, entworfen von Hans Hollein und fertiggestellt 1982

Es offenbart sich von Anfang an, dass es hier keine ehrfürchtigen Verbeugungen vor ägyptischen, klassischen, modernistischen oder postmodernen Trends gibt, keine beruhigenden »Zitate«, wie die zuckersüßen Pilaster an der Erweiterung der Londoner National Gallery von Robert Venturi und Denise Scott Brown. Gehrys Guggenheim ist völlig neu, schüttelt die Vergangenheit ab und existiert nur in einer Art imaginärer Zukunft. Im Prinzip ist das Gebäude die Larve einer neuen Art von Architektur, die aus ihrer Puppe herausklettert und schließlich in 100 Jahren davonflattert.

## DAS BLOCKBUSTER-GEBÄUDE

Als »neue Art von Architektur« war das Guggenheim allerdings nicht ohne Vorgänger. Sein kühnes Design war das Ergebnis des neuen toleranten Architekturklimas, das sich aus der Postmoderne des vorherigen Jahrzehnts ergeben hatte, wie wir am Ende des letzten Kapitels sahen, als wir über die Stirling und Wilfords Neue Staatsgalerie in Stuttgart sprachen. Von Moshe Safdies neuem Gebäude für die National Gallery of Canada, Mario Bottas San Francisco Museum of Modern Art (SFMOMA) und das Groninger Museum in den Niederlanden bis zum Museum Abteiberg in Mönchengladbach von Hans Hollein und Stirlings eigenem Arthur M. Sackler Museum in Harvard waren auf der ganzen Welt in den 1980er Jahren postmoderne Museen entstanden. Wie Ballard feststellte, nutzten sie alle möglichen Andeutungen, »Zitate« und Referenzen auf die architektonische Vergangenheit – Taktiken, die der von der Moderne und dem modernen Museum angestrebten Universalität zuwider waren. Das Projekt, auf das er anspielte – die Erweiterung der National Gallery in London – war zweifellos das berühmteste, vor allem wegen der Geschichte dahinter.

Das 1991 abgeschlossene Projekt begann tatsächlich ein Jahrzehnt zuvor als Teil eines Wettbewerbs der National Gallery für die Erweiterung an der Westseite seines von William Wilkins entworfenen Baus am Trafalgar Square aus dem 19. Jahrhundert. Sieben Vorschläge kamen in die Vorauswahl; der spektakulärste von ihnen stammte von Richard Rogers, dessen Pompidou erst einige Jahre zuvor eröffnet worden war. Den Sieg errangen dann jedoch Ahrends, Burton and Koralek (ABK), ein angesehenes modernistisches Büro. ABKs Vorschlag gewann im April 1984 die Zustimmung des Planungsinspektors – keine geringe Leistung angesichts der historischen Brisanz des Ortes – und das Projekt hätte starten können. Da mischte sich Prinz Charles ein. Eingeladen, die Rede zum 150. Jahrestag des Royal Institute of British Architects im Hampton Court Palace zu halten und dem indischen Architekten Charles Correa die RIBA-Goldmedaille zu überreichen, nutzte der Prinz die Gelegenheit für eine Tirade gegen die moderne Architektur, in der er die Erweiterung der National Gallery als »monströse Eiterbeule im Gesicht eines geliebten und eleganten Freundes« bezeichnete.

Dem ABK-Projekt wurde die weitere Planung entzogen, was weitreichende Folgen für das Architekturbüro hatte, da Kunden sich nun scheuten, es zu beanspruchen, da sie den Zorn des Prinzen fürchteten. Die National Gallery startete einen neuen Wettbewerb (auf Einladung), den das amerikanische Büro von Robert Venturi und Denise Scott Brown – Vorreiter der Postmoderne – gewann, deren Entwurf schließlich gebaut wurde. Typisch postmodern bezog sich ihr Entwurf auf den historischen Kontext, statt zu versuchen, ihm entgegenzustehen.

Auf der Seite des Trafalgar Square folgte das Gebäude von Venturi und Scott Brown dem klassischen Stil des Originals. Die verwendeten korinthischen Pfeiler machten den Prinzen und alle anderen Traditionalisten glücklich. Auf ihrem Weg entlang der Fassade um das keilförmige Gebäude herum wechselt der Stil der Säulen zum Art Deco, bevor sie in einem pfeilerlosen, quasi modernistischen Arrangement auslaufen. Das war Kontextualismus in Anführungszeichen: aktiv statt reaktiv.

Die Innenräume umfassten 16 Galerien im Stil italienischer Kirchen für die Frührenaissance-Sammlung, ein Restaurant, einen Shop, einen Vortragssaal, einige Betriebsräume und im Keller eine Reihe von Galerien für temporäre Ausstellungen. Diese bezeugten die zunehmende Bedeutungen von Ausstellungen für Museen aller Art, als Museen und Galerien auf der ganzen Welt ab den späten 1970er Jahren begannen, mit immer größeren und ehrgeizigeren Ausstellungen um Publikum zu werben.

Gleichzeitig trieb das Guggenheim all dies weiter als je zuvor – und in eine ganz andere Richtung. Architektonisch baut es auf den neuen stilistischen Freiheiten auf, deren Wegbereiter die postmoderne Architektur war. Doch anders als postmoderne Museumsbauten wie das Sainsbury Wing wurde mit dem Guggenheim das Gebäude selbst zum wichtigsten Exponat, mehr noch als der Inhalt seiner Galerien. In der Ära der »Blockbuster-Ausstellung« war das Guggenheim das archetypische »Blockbuster-Gebäude«, dessen symbolische und physische Präsenz seinen Inhalt überstrahlte. Wie Ballard feststellte: »Das Museum ist sein eigenes Kunstwerk, und das einzige, das wirklich zur Schau gestellt ist.«

## KULTUR ALS POLITISCHE WÄHRUNG

Dieses Merkmal kennzeichnet das Guggenheim nicht nur als erstes globales Museum, sondern als Museum, das dieses Phänomen begründete. Das Guggenheim war eines der definierenden Beispiele für den globalen Trend der »ikonischen Architektur« in den 1990er und frühen 2000er Jahren, der nicht auf Museen beschränkt blieb. Auf der ganzen Welt versuchten Städte, sogenannte »Starchitekten« wie Gehry anzulocken, um kühne, ausgefallene, einzigartige Gebäude zu entwerfen, die ihre Macht, Ambition und Modernität demonstrierten.

***Ganz links*** **Innenansicht des Sainsbury Wing der National Gallery, London, eines Anbaus von Venturi Scott Brown, der 1991 eröffnet wurde**

***Links*** **Außenansicht des Sainsbury Wing der National Gallery, London**

Wir erkunden zunächst den neuen Trend ikonischer Museumsgebäude: von jenen, die auf der Welle des wirtschaftlichen Aufschwungs ritten, wie die zahlreichen japanischen Museumsbauten in den 1980er und 1990er Jahren, bis hin zur Rolle von Kultureinrichtungen bei der Erneuerung postindustrieller Städte in den 2000er Jahren. Auch wenn viele der Beispiele nicht global im Sinne eines Museums wie des Guggenheim sind, nutzen sie ähnliche Taktiken, die den formenden Einfluss des globalen Museums verdeutlichen. Wir zeichnen nach, wie Architektur – ikonisch oder anderweitig – vorhandene Einrichtungen verwandelt, indem sie neue oder aufgearbeitete Stätten liefert, aber auch die Institution neu erfindet, ihr Bild auffrischt und sie für ein neues, potenziell globales Publikum aufbereitet. Gleichzeitig sehen wir, insbesondere am Beispiel des Neuen Museums in Berlin, das geringere instrumentelle Potenzial architektonischer Eingriffe, mit dem kollektiven Gedächtnis in Verbindung zu treten, wie es sich nicht nur im Museumsgebäude, sondern durch dessen Rolle in einer Stadt und deren Platz in der Weltgeschichte zeigt.

Dreht sich das Phänomen des globalen Museums um die Verwandlung einer Institution durch eine ikonische Architektur in ein Bild oder einen Code für Stadt oder sogar Staat, dann ist es nur ein kleiner Sprung dahin, dass Museen in den Dienst der aktuellen Geopolitik treten. Hier spielen sie eine Rolle als Druckmittel in den neuen, strategischen globalen Allianzen, die sich aus der veränderlichen globalen wirtschaftlichen Macht des 21. Jahrhunderts ergeben. Ob in Asien oder im Nahen Osten, es ist eine neue Generation von Museen entstanden, die eine neue Weltordnung demonstrieren, die auf Geld, Rohstoffen, Macht und Einfluss aufbaut und dabei reiche Aufträge für westliche »Starchitekten« verspricht. Weniger auffällig, aber auf lange Sicht zweifellos wichtiger sind die Verbindungen und Allianzen, die auf kultureller Ebene geschmiedet werden und gemeinsame kulturelle Bestrebungen widerspiegeln. Doch auch diese sind alles andere als frei von politischen Motiven und Implikationen.

Die Einrichtung von Museen in Teilen der Welt, die keine Museen im westlichen Sinne haben – vor allem in Entwicklungs- und Schwellenländern –, hat unter anderem zur Folge, dass sich die Sichtweise des Westens auf seine eigenen Museen verändert. Dies führte zum Aufkeimen der Kategorie des »postnationalen« Museums – einer weiteren Verkörperung des globalen Museums, die wir hier untersuchen werden. Wir sahen in Kapitel drei, dass eine der Antriebskräfte hinter der Gründung von Nationalmuseen im 19. Jahrhundert der Drang war, die Vorherrschaft eines Landes in Kultur und Forschung durch Symbole sichtbar zu machen. Genau wie die nationalen Identitäten, die sie repräsentieren wollten, war das, was in diesen Museen enthalten war, sehr oft durch das definiert, was es nicht war – fremd, primitiv, exotisch –, wie durch das, was es tatsächlich war, was zu einer Bevorzugung bestimmter Gruppen, Geschichten und Objekten vor anderen führte.

*Ganz links* **San Francisco Museum of Modern Art (SFMOMA), San Francisco, von Mario Botta, eröffnet 1995**

*Oben* **Edo-Tokyo-Museum, Tokio, von Kiyonori Kikutake, eröffnet 1993**

Das postnationale Museum entstand im Gegensatz dazu aus der Überlegung, dass die Vorstellung von einzelnen Nationalkulturen eine Fiktion ist; schließlich war der moderne Nationalstaat genau wie das Museum eine Erfindung des 18. und 19. Jahrhunderts. Anstatt eine Sammlung entsprechend einer speziellen Nationalgeschichte anzuordnen, werden wir am Ende des Kapitels sehen, wie das postnationale Museum durch die Art definiert werden könnte, wie es Raum für konkurrierende und widersprüchliche Interpretationen und Narrative zulässt – in seinem kuratorischen Vorgehen, seiner Architektur und vermutlich vor allem durch seine schiere Existenz.

## DIE AUSBREITUNG DES MUSEUMSBAUS IN JAPAN

Wir haben inzwischen gesehen, dass ein Museumsgebäude immer ein Symbol für die Motive, Bestrebungen und Ideale der Institution ist, zumindest zu einem bestimmten Zeitpunkt. Oft führt auch die Notwendigkeit für zusätzliche oder bessere Räumlichkeiten zur Schaffung neuer Museumsgebäude. Anders ist es jedoch, wenn das Gebäude beginnt, seinen Inhalt zu überstrahlen. Dieses Phänomen ist bei weitem nicht neu. Dem Alten Museum in Berlin wurde vorgeworfen, wichtiger als seine Sammlung sein zu wollen. Ähnlich war es beim Guggenheim in New York und dem Pompidou in Paris. Nur selten allerdings stach

*Links* Watari Museum of Contemporary Art, Shibuya, Tokio, entworfen von Mario Botta und eröffnet 1993

*Unten* Benesse House Museum auf der Insel Naoshima, Kagawa, entworfen von Tadao Ando, eröffnet 1992

*Rechts* Langen Foundation, Neuss, entworfen von Tadao Ando und eröffnet 2002

die symbolische Bedeutung des Gebäudes seine vordergründige Hauptfunktion aus: das Ausstellen seiner Sammlung. Ab den 1980er Jahren kam das jedoch immer häufiger vor. Grund waren meist Kräfte außerhalb des Museums, die in den 1990ern Jahren dem globalen Museum die Bühne bereiteten.

Die Wirtschaft ist die häufigste Triebkraft. Japan liefert uns eine faszinierende Fallstudie. Zwischen Anfang der 1980er und Mitte der 1990er Jahre genoss das Land ein beispielloses Wirtschaftswachstum, das auch vom Immobilienboom getrieben wurde. Eine der interessantesten Auswirkungen der riesigen umlaufenden Geldmengen war eine Flut an Museumsbauten in ganz Japan. Dies umfasste städtische Einrichtungen in traditioneller Form und neue private oder unternehmensfinanzierte Museen. Der Drang zu bauen sowie die kommerzielle Herkunft der Gelder für diese Projekte führten zu immer ausgefalleneren und grandioseren architektonischen Aussagen im Kampf um die Gunst des Publikums.

Zu den bemerkenswertesten gehören: das Chohachi Art Museum, Matsuzaki (1986), von Osamu Ishiyama & Dam-Dan, eine offenkundig postmoderne architektonische Aussage auf einem Hügel über dem Meer; das Edo-Tokyo-Museum (1993) von Kiyonori Kikutake, ein gigantischer Hybrid aus Metabolismus und Tradition, gewidmet der Geschichte Tokios; und das noch seltsamere Rias Ark Museum of Art, Kesennuma (1994), von Osamu Ishiyama, mit seinen antennenartig erhöhten Pavillons, die aus dem Gebäude aufragen. Am eigenartigsten ist aber vermutlich das Kihoku Astronomical Museum, Kanoya (1995), von Takasaki Architects – eine außerordentliche und zutiefst sonderbare Komposition aus einander überschneidenden Formen, aus einigen Blickwinkeln insektenartig, aus anderen außerweltlich.

Meist entwarfen lokale Architekten diese Museen. Eine nennenswerteste Ausnahme war das Watari Museum of Contemporary Art im Stadtbezirk Shibuya in Tokio (1993) des Schweizer Architekten Mario Botta – ein enger Verwandter des überwältigenden, schatzkästchenartigen Gebäudes, das er für das SFMOMA entworfen hatte, welches nun aber leider durch einen massigen Anbau verunstaltet ist.

Die eifrige Bautätigkeit – nicht nur von Museen – machte einige japanische Architekten auch außerhalb ihres Landes bekannt. Zu ihnen zählte Tadao Ando, dessen Benesse House Museum in Kagawa auf der wunderbaren Insel Naoshima 1992 eröffnete und von einer Fülle weiterer Aufträge gefolgt wurde, darunter der Pulitzer Art Foundation in St. Louis, Missouri (2001), dem Modern Art Museum in Fort Worth, Texas (2002), der Langen Foundation in Neuss (2002) und dem Bonte Museum in Seogwipo, Südkorea (2012), einem wunderbar klaren Ausdruck von Geometrie und natürlicher Harmonie.

Ein weiterer japanischer Architekt, der zu dieser Zeit weltweite Anerkennung fand, war Arata Isozaki, der das Gunma Museum of Modern Art in Takasaki entwarf. Gunma wurde nach

*Rechts* **Forth Worth Modern Art Museum, Fort Worth, Texas, entworfen von Tadao Ando und eröffnet 2002**

***Oben*** **Albert Dock mit dem Merseyside Maritime Museum rechts und der Statue von Billy Fury im Vordergrund, Liverpool**

***Rechts*** **Tate Liverpool, Albert Dock, Liverpool, entworfen von James Stirling und Michael Wilford und eröffnet 1988**

der Fertigstellung des ersten Teils 1974 als wichtiges Werk der Spätmoderne gepriesen. In seinen folgenden Werken nahm Isozaki eine entschieden postmoderne Wendung, speziell in seinem Okanoyama Graphic Art Museum, Nishiwaki City (1984) und am berühmtesten beim Museum of Contemporary Art (MOCA) in Los Angeles im Jahr 1986. Hier integrierte Isozaki das Museum mit einer unauffälligen, aber dennoch entschlossen kraftvollen städtischen Präsenz an einen komplizierten Standort.

## KULTURORIENTIERTE ERNEUERUNG

Der Zusammenhang zwischen dem Wirtschaftsboom in den 1980er und 1990er Jahren in Japan und dem Boom im Museumsbau war in vielerlei Hinsicht spezifisch für die dort herrschenden wirtschaftlichen und kulturellen Bedingungen und kein allgemeiner Trend. Die Beziehung zwischen Museen und Wirtschaft ist im Allgemeinen komplexer, vor allem, da im Westen während der 1990er Jahre viele der bemerkenswertesten Museumsbauprojekte zumindest auf lokaler Ebene tatsächlich aus wirtschaftlichem Niedergang und Depression erwuchsen.

Wir haben bereits das Beispiel des Guggenheim in Bilbao gesehen, das ein urbanes und wirtschaftliches Vakuum füllen sollte, nachdem Industrien geschlossen wurden und große Teile der Stadt verfielen. Das Phänomen des Industrieabbaus

beschränkte sich natürlich nicht auf Bilbao, sondern wiederholte sich in vielen Städten Europas und Nordamerikas. Während der 1960er und 1970er Jahre waren die Schwerindustrien, die das Wachstum der Städte im 19. und 20. Jahrhundert gefördert hatten, in einem rasanten Abschwung. Billige Importe dezimierten die Produktionsstätten der westlichen Ökonomien, während die Umstellung auf Container drastisch die Anzahl der Arbeiter (und den Platz) verringerte, die nötig waren, um Schiffe zu entladen. Menschen, die es sich leisten konnten, flohen aus den dreckigen und verstopften Innenstädten in die bessergestellten Vorstädte. Die modernistische Stadtplanung, die danach gestrebt hatte, die Stadt zum Besseren zu wandeln, verstärkte oft noch deren Probleme, die sie eigentlich lösen wollte, indem sie Schnellstraßen durch die Städte leitete und die historische Bausubstanz abriss. London etwa war nach einem Hoch vor dem Zweiten Weltkrieg mit 8,6 Millionen Einwohnern Anfang der 1980er auf weniger als 7 Millionen geschrumpft.

Nachdem Politiker, Ökonomen und Stadtplaner akzeptiert hatten, dass die Industrie nicht zurückkommen würde, zumindest nicht in der Größe, die das Wachsen der Städte überhaupt erst verursacht hatte, gingen ihre Gedanken zu anderen Formen der urbanen Erneuerung. Eine der wichtigsten während der 1990er und 2000er Jahre war die sogenannte »kulturorientierte Erneuerung«. Grundgedanke dieser Politik war, dass notleidende Städte mit Kultur versorgt werden, um die »kreativen Branchen« zu unterstützen, die ein wichtiger Teil der neuen nachindustriellen Dienstleistungsgesellschaft waren. Entsprechend dieser Idee würden neue Kultureinrichtungen einen »Halo-Effekt« haben und eine lebhafte urbane Kultur fördern, die jung, trendig und kosmopolitisch wäre. Zumindest theoretisch. Die Wirklichkeit sah oft anders aus. Dennoch war diese Politik in Großbritannien, wo sie zu einem der Grundpfeiler der von Tony Blairs New-Labour-Regierung angestrebten »urbanen Renaissance« wurde, ausgesprochen einflussreich.

Das erste dieser Projekte – in Liverpool, im Nordwesten Englands – fand tatsächlich fast 20 Jahre vor New Labour statt. Die Stadt Liverpool war als eines der großen Handelszentren des British Empire reich geworden. Der Niedergang der Industrie verursachte jedoch riesige soziale und wirtschaftliche Not, die sich 1981 in den berüchtigten Toxteth-Aufständen entlud. In den folgenden Jahren wurde Liverpool zum Schwerpunkt der Erneuerungsbemühungen unter Leitung von Margaret Thatchers energischem Umweltminister Michael Heseltine. Heseltine konzentrierte sich unter anderem auf das Albert Dock – eine Reihe majestätischer, aber leer stehender Lagerhäuser aus dem 19. Jahrhundert im Zentrum der Stadt. Zufällig suchte die Londoner Tate Gallery gerade nach einem passenden Standort für einen Ableger im Norden, und aus einem der Lagerhäuser wurde die Tate Liverpool. Verantwortlich für den Umbau waren die Architekten James Stirling und Michael Wilford und das Museum öffnete 1988.

*Rechts* **Gateshead Millennium Bridge mit dem Baltic Centre for Contemporary Art im Hintergrund, Newcastle**

BALTIC
BALTIC EXHIBITIONS LIBRARY FOOD & DRINK
FREE ENTRY OPEN 7 DAYS A WEEK BALTIC.ART

***Oben*** **Das National Science and Media Museum, früher National Media Museum, Bradford**

***Rechts*** **Tate Modern, Bankside, London, entworfen von Herzog & de Meuron und eröffnet 2000**

Häufigkeit und Ehrgeiz dieser Art von Projekten erfuhren einen starken Schub, als 1994 die UK National Lottery gegründet wurde, die eine neue Finanzierungsquelle für »kulturorientierte Erneuerungsprojekte« bot. In den folgenden Jahren wurden mehrere Initiativen mithilfe von Mitteln der Lotterie umgesetzt, unter anderem das National Glass Centre in Sunderland, 1998 auf dem Gelände der ehemaligen Werft J. L. Thompson and Sons entstanden, die New Art Gallery Walsall der damals aufstrebenden Architekten Caruso St John, eröffnet 2000, und das BALTIC Centre for Contemporary Art in einer umgebauten Mühle in Gateshead am Südufer des Tyne, eröffnet 2002. Gleich daneben liegen die Gateshead Millennium Bridge, freigegeben 2001, und das Veranstaltungszentrum Sage Gateshead, eröffnet 2004 – alle Projekte dienten dazu, mittels Kultur und ikonischer Architektur den Uferbereich von Gateshead wiederzubeleben.

Während Kapital eine Zeit lang reichlich vorhanden war, schafften viele der National-Lottery-Projekte es nicht, gewinnbringend zu wirtschaften. 2013 entging das erst sieben Jahre zuvor eröffnete National Media Museum in Bradford nur knapp der Schließung, verlor aber trotzdem 2016 einen bedeutenden Teil seiner Sammlung. Das von Will Alsop in West Bromwich entworfene Mehrzweckkultur- und Kunstzentrum bestand sogar nur fünf Jahre, bevor es 2013 endgültig schließen musste.

## TATE MODERN

Auch wenn alle Register der ikonischen Architektur gezogen wurden, waren die Projekte in fast allen gezeigten Beispielen lokal und regional auf die wirtschaftliche Erneuerung und die Wiederherstellung des Bürgerstolzes ausgerichtet. Das globale Museum treibt dieses Thema noch weiter. Es macht ebenfalls diese Dinge, führt sie aber über die lokale oder nationale Ebene hinaus, indem es das Bild der Institution und seiner Heimatstadt auf die Weltbühne projiziert. Das gilt nirgendwo besser als bei der Tate Modern am Südufer der Themse in London.

Wie die Museen, die Ende der 1990er und Anfang der 2000er Jahre in ganz Großbritannien entstanden, war auch die Tate Modern ein Erneuerungsprojekt. Gewiss war London seit Ende der 1970er Jahre auf einem aufsteigenden Ast, doch 1992 war die Stadt, als die heutige Tate Modern konzipiert wurde, ganz anders als die Metropole, die wir heute kennen. Die South Bank, heute ein geschäftiges Ziel für Londoner und Touristen gleichermaßen, befand sich damals in einer Art Dornröschenschlaf im Schatten der alten Bankside Power Station, eines seit 1981 stillgelegten Kraftwerks. Es kamen verschiedene Orte für das Museum in Betracht, aber nichts konnte mit diesem außergewöhnlichen Objekt gegenüber der St Paul's Cathedral mithalten – mit seiner Größe, der riesigen Turbinenhalle und dem 99 Meter hohen Schornstein –, das von Sir Giles Gilbert Scott, dem Designer der roten Telefonzellen und anderer Dinge, entworfen und in zwei Phasen zwischen 1947 und 1963 erbaut worden war.

Es gab einen Wettbewerb, um Architekten zu finden, die dieses riesige, aber auch eigenwillige Gebäude in ein neues Museum verwandelten. Aus den anfänglich 48 Bewerbern kamen sechs – die alle inzwischen Stars sind – in die nähere Auswahl: David Chipperfield Architects; Office for Metropolitan Architecture/Rem Koolhaas; Renzo Piano Building Workshop; Tadao Ando Architect and Associates; Herzog & de Meuron sowie José Rafael Moneo Arquitecto. Der siegreiche Entwurf des Schweizer Büros Herzog & de Meuron war derjenige, der tatsächlich vorschlug, am wenigsten zu tun. Statt drastischer Eingriffe oder Erweiterungen sollte mit dem bereits Vorhandenen gearbeitet werden. Dennoch war es ein gewaltiges Unterfangen, wie sich Jacques Herzog Jahre später erinnerte:

> Als wir uns die Bankside Power Station das erste Mal anschauten … wirkte sie wie ein Dornröschenschloss – ein riesiger urbaner Berg, komplett zugewachsen, umgeben von Stacheldraht und dornigen Rosen, als würde er die verborgene Schönheit in seinem Inneren schützen. Es schien gefährlich. Heute ist das unvorstellbar, aber das war ein riesiges Stück der Stadt, das komplett vom öffentlichen Leben abgeschnitten und hinter hohen Mauern versteckt war.[2]

## EINEN INDUSTRIELLEN RAUM NEU DEFINIEREN

Die wichtigsten Schritte der Architekten waren das Hinzufügen eines gigantischen »Lichtkastens« auf dem Dach des Gebäudes, um natürliches Licht für die Galerien zu schaffen, und das Entfernen aller Maschinen aus der Turbinenhalle, sodass ein einziger zusammenhängender Raum blieb:

> Die Turbinenhalle ist vermutlich das Beste, was wir in unserer Karriere gemacht haben. Sie stand voller Turbinen, war aber dennoch ehrfurchterregend. Man konnte erkennen, dass der Architekt an eine Kathedrale gedacht hatte. Unser stärkster Schritt war das Entfernen des Metallbodens, sodass der Raum darunter sichtbar wurde und die Halle gleich viel größer wirkte, fast wie ein Kirchenschiff. ...
>
> Die Eingangsrampe ist auch wichtig. Sie war kein bewusster Verweis auf irgendetwas, sondern ist eine dieser grundlegenden räumlichen Erfahrungen, wie der Campo in Siena oder der Platz vor dem Pompidou, die sanfteste Art, Menschen von einer Ebene auf die andere zu bringen.

Die leere Turbinenhalle erzeugt nicht nur eine räumliche Erfahrung, die in ihrer Größe und Intensität fast schon urban ist, sondern bietet auch ungeahnte Möglichkeiten, Kunst auf neue Art auszustellen, wie Frances Morris, heute Direktorin der Tate Modern und vorher Leiterin der Ausstellungsabteilung (2000–06) sagt:

> Beim Nachdenken darüber, was die Tate Modern mit diesem Raum machen würde, kam die Idee, ihn für Installationen zu nutzen, relativ spät ... Wir erkannten [dass die Turbinenhalle] ein ungemein wichtiger Raum war; beeindruckend in seiner Größe, und einen Künstler zu bitten, diesen Raum zu besetzen, in ihm aufzutreten, wäre ein bedeutsames Unterfangen.[3]

Die Bildhauerin Louise Bourgeois war die erste und belegte die Turbinenhalle vom Tag der Eröffnung der Tate Modern durch die Queen am 11. Mai 2000 bis in den November dieses Jahres. Seitdem haben viele Künstler das »bedeutsame Unterfangen« unternommen, diese Räume zu füllen, darunter Tacita Dean, Olafur Eliasson und Rachel Whiteread. Das Ergebnis war nicht nur eine Abfolge außergewöhnlicher Kunstwerke, sondern auch eine völlig neue Art und Weise, Kunst zu erleben. Statt der Bevorzugung der singulären Beziehung zwischen Kunstwerk und Betrachter, die das Ziel des Modernen Museums war, wird das Kunsterlebnis in der Turbinenhalle zu einem gemeinschaftlichen, sogar öffentlichen – offen, zugänglich und grundlegend demokratisch.

Konventionellere Galerieräume fanden sich im Kesselhaus. Nicholas Serota, Direktor der Tate und Vordenker des ganzen Projekts erklärte:

*Ganz links* **Die Turbinenhalle in der Tate Modern, Bankside, London**

*Oben links* ***Fons Americanus*, 2019 von Kara Walker installiert in der Turbinenhalle der Tate Modern, Bankside, London**

*Oben rechts* **Das Blavatknik Building, die Erweiterung der Tate Modern, entworfen von Herzog & de Meuron und eröffnet 2016**

> Die Höhe der Galerien war wichtig. Wenn ich diese fünf Meter hohen Räume betrat, sagte ich mir immer wieder, man kann nicht genügend Platz über dem Kopf haben, wenn man sich Kunst anschaut. Es gab damals nicht viele Beispiele für Galerien in industriellen Räumlichkeiten … Wir trafen die Entscheidung, die Galerien *enfilade* anzuordnen, ohne uns klar zu sein, wie viele Menschen kommen würden.[4]

Obwohl die Tate im Jahr 1917 offiziell die Verantwortung für die staatliche Sammlung moderner Kunst erhalten hatte, waren ihre Bestände lückenhaft. Teilweise zweifellos aus diesem Grund und wegen der Tatsache, dass eine »Geschichte der modernen Kunst«, wie sie etwa das New Yorker Museum of Modern Art erzählen könnte, unmöglich war, wählten die Kuratoren des Museums einen ehrgeizigen thematischen Ansatz. Die Sammlung wurde in vier Hauptsträngen ausgestellt: Historie/Erinnerung/Gesellschaft, Akt/Aktion/Körper, Landschaft/Materie/Umwelt und Stillleben/Objekt/Wahres Leben.[5] Statt Werke nach Künstlern, Stilen oder Schulen zu gruppieren, bildeten sie Paare und Gruppierungen, die hoffentlich breitere Verbindungen und Kontinuitäten erkennen ließen, etwa zwischen dem späten Monet und der abstrakten amerikanischen Malerei, dem Schweizer Bildhauer Alberto Giacometti und dem französischen Maler Jean Dubuffet und zwischen Picasso und fast allem anderen.

*Links* **Imperial War Museum North, Manchester, entworfen von Daniel Libeskind und fertiggestellt 2002**

*Rechts* **Das Jüdische Museum, Berlin, entworfen von Daniel Libeskind und eröffnet 2001**

Das war nicht nach jedermanns Geschmack und sorgte für harsche Kritik.[6] Gleichzeitig brachte es, wahrscheinlich unabsichtlich, das Gebäude stärker ins Gespräch, als wenn die Werke auf herkömmliche chronologische oder kunsthistorische Art ausgestellt worden wären. Die Gegenüberstellungen machten das Gebäude und die Erfahrung des Herumlaufens in ihm - direkt von Raum zu Raum statt durch Verteilerräume, wie Serota und die Architekten entschieden hatten - zu einem grundlegenden Teil des Besuchs. Entsprechend erlebte man hier die Kunst - in den Galerien und vor allem in der Turbinenhalle - auf einmalige Weise. Ob Sie nun vor Anish Kapoors *Marsyas* (2002–03), Doris Salcedos *Shibboleth* (2007–08) oder Kara Walkers *Fons Americanus* (2019) standen, Sie konnten nur in der Tate Modern sein. Und da sich der Raum auch wie eine Erweiterung der Stadt anfühlte, konnten Sie nur in London sein.

## DIE ENTSTEHUNG DER GLOBALEN STARARCHITEKTEN

Als Institution und Gebäude war die Tate Modern ein Symbol für Londons Wandel in den 1990er Jahren von einer als traditionell und geteilt empfundenen Stadt in eine moderne, geschäftige, multikulturelle Metropole mit einer blühenden Kulturszene. Nichts konnte dieses Narrativ besser unterstreichen als der Fakt, dass das Gebäude selbst die Frucht der Erneuerung bzw. Neuerfindung war.

In den 2000er Jahren griffen Städte auf der ganzen Welt - meist zweit- oder drittrangig und wirtschaftlich am Boden - auf ikonische Architektur zurück, häufig in Form von Museen, um den schwer definierbaren »Bilbao-Effekt« zu erzielen und eigene globale Museen zu schaffen. Nicht alle waren architektonisch, kulturell und wirtschaftlich damit erfolgreich.

In Milwaukee, Wisconsin, wurde der spanische Architekt Santiago Calatrava beauftragt ein neues Gebäude zur Ergänzung des 1957 vom finnisch-amerikanischen Architekten der Moderne Eero Saarinen geschaffenen Milwaukee Art Museum zu bauen. Calatrava setzte seine charakteristischen skelettartigen Formen ein und schuf den Quadracci Pavilion, der überspannt wird vom Burke Brise Soleil mit 217 Fuß Spannweite. Als er beschrieb, wie der Entwurf »auf die Kultur des Sees reagiert: die Segelboote, das Wetter, das Gefühl von Bewegung und Veränderung«, war Calatrava erfrischend offen mit seinem Bestreben, etwas zu erschaffen, das bewusst »ikonisch [war] (um ein einprägsames Bild für das Museum und die Stadt zu erzeugen)«.[7]

Daniel Libeskind war ein weiterer Architekt, der in den 2000er Jahren durch eine Reihe von Museumsprojekten berühmt wurde. Dazu gehörten das Jüdische Museum in Berlin, ein lang andauerndes Projekt, das schließlich 2001 eröffnete, nachdem Libeskind 1989 einen Wettbewerb gewonnen hatte, obwohl er noch nie zuvor ein Gebäude fertiggestellt hatte; das Imperial War Museum North in Manchester (abgeschlossen 2002), das

*Links* Der Quadracci Pavilion des Milwaukee Art Museum, Milwaukee, entworfen von Santiago Calatrava und fertiggestellt 2001

*Links oben und unten* **Musée de Confluences, Lyon, entworfen von Coop Himmelb(l)au und eröffnet 2014**

*Rechts* **Lois and Richard Rosenthal** ***Center for Contemporary Art (CAC)*****, Contemporary Arts Center, Cincinnati, entworfen von Zaha Hadid Architects und eröffnet 2003**

Frederic C. Hamilton Building für das Denver Art Museum (eröffnet 2006); und den Michael-Lee-Chin-Crystal-Anbau für das Royal Ontario Museum (eröffnet 2007).

All diese Projekte zeigen Libeskinds typischen fragmentierten kantigen Formen, die das erste Mal Aufmerksamkeit erregten, als er an der Ausstellung *Deconstructivist Architecture* teilnahm, die vom 23. Juni bis 30. August 1988 am MoMA stattfand und von Mark Wigley gemeinsam mit dem bekannten Architekten Philip Johnson kuratiert wurde. Johnson, der in den 1930er Jahren zur Geburt der Moderne in den USA beitrug (Kritiker monierten später, seine Beteiligung hätte dafür gesorgt, dass die Bewegung eine Totgeburt war) und Ende der 1970er Jahre auf den Zug der Postmoderne aufsprang, brachte sich nun als Pate der neuen Architekturbewegung in Stellung.

Obwohl der Dekonstruktivismus weniger ein Stil war als viel mehr ein Zusammentreffen von Architekten, die ähnliche Dinge taten, wurden alle Beteiligten später zu weltweiten Stars – falls sie es noch nicht waren – und schufen große Museumsprojekte in ihrem jeweils typischen Stil: Gehry und Libeskind haben wir bereits getroffen; Rem Koolhaas, dessen Firma OMA das Garage Museum of Contemporary Art, Moskau (2015) und den Pierre Lassonde Pavilion am Musée national des beaux-arts du Québec (2016) entwerfen würde; Peter Eisenman, das Wexner Center for the Arts an der Ohio State University (1989); Zaha Hadid, das Contemporary Arts Center (CAC) in Cincinnati, Ohio (2003), das Nationale Museum der Künste des 21. Jahrhunderts (MAXXI) in Rom (2010), und andere, die uns bald begegnen werden, Coop Himmelb(l)au, das Groninger Museum – Ostpavillon (1994) und das Musée de Confluences, Lyon (2014), sowie Bernard Tschumi, der für das bereits vorgestellte Akropolismuseum verantwortlich war, das 2009 öffnete.

## DAS MODERNISIEREN HISTORISCHER GEBÄUDE

Während, wie wir bei einigen der gezeigten Beispiele gesehen haben, die Motivation für das Erschaffen eines ikonischen Museumsgebäudes ebenso oft wirtschaftlicher wie kultureller Art war, die oft von außerhalb des Museums kam, entstand sie in anderen Fällen aus internen Überlegungen. Und diese waren oft nicht nur praktischer, sondern auch symbolischer Art. Ende des 20. Jahrhunderts waren die Museen, die in der zweiten Hälfte des 19. Jahrhunderts als Teil der Gründungswelle erbaut worden waren, wenigstens 100 Jahre alt und erforderten häufig umfassende Renovierungen sowie eine Konsolidierung der verschiedenen Erweiterungen und Anbauten, die im Laufe der Jahre gewuchert waren.

Das drastischste Beispiel dafür war das De Young Museum in San Francisco, das während des Loma-Prieta-Erdbebens im Jahr 1989 stark beschädigt worden war (nachdem es nach dem

*Rechts* **Nationalmuseum für Kunst des 21. Jahrhunderts (MAXXI), Rom, entworfen von Zaha Hadid Architects und eröffnet 2010**

letzten großen Erdbeben von 1906 bereits repariert werden musste). Das Gebäude war seismisch unsicher und man errichtete einen Übergangsbau, bis ein ganz neues Gebäude gebaut werden konnte. Das neue De Young Museum öffnete 2005 nach den faszinierenden Entwürfen von Herzog & de Meuron. Es war nicht nur viel größer als das Gebäude, das es ersetzte, sondern enthielt auch eine Reihe von Maßnahmen, um es erdbebensicherer zu machen: ein isoliertes Fundament und ein strukturelles System, das Schwingungen in einer Weise absorbiert, sodass größere Schäden weniger wahrscheinlich werden.

Weniger dramatisch, aber aus praktischer und symbolischer Sicht ebenso wichtig war Frank Gehrys Umbau der Art Gallery of Ontario in Toronto, die 2008 öffnete. Das Projekt hatte für Gehry eine besondere Bedeutung, da er nicht weit vom Museum aufgewachsen war – das ein Mischmasch aus Gebäuden und Anbauten war, die dringend umgewandelt werden mussten. Gehry demonstriert hier seine Fähigkeiten, nicht nur ikonische skulpturenartige Formen zu erschaffen, sondern auch mit und zwischen bestehenden Gebäuden zu arbeiten, um Klarheit und Ordnung sowie ein Gefühl von Willkommen, Vorfreude und Präsenz zu erschaffen. Das Ergebnis war eine Neuausbildung der Verbindung zwischen Gebäude, Kunst, Besucher und – mit dem Anbau einer langen und geschwungenen Fassade – der Stadt.

Im Fall des Museo Nacional Centro de Arte Reina Sofía in Madrid war die erfolgte Umstrukturierung weniger architektonischer Art und hatte eher mit der Sammlung zu tun: Hier wurden Spaniens verschiedene Sammlungen moderner und zeitgenössischer Kunst in einer Institution und einem Gebäude zusammengeführt – einem ehemaligen Krankenhaus im Stadtzentrum. Zusammen mit dem Umbau des Inneren sollte der britische Architekt Ian Ritchie drei 35 Meter hohe, senkrecht aufragende Zugangstürme aus einem innovativen Glas-Gerüst-System anbauen. Das Ergebnis war nicht nur eine praktische Lösung, um den inzwischen fast 4,5 Millionen jährlichen Besuchern einen einfachen Zutritt zu erlauben, sondern auch eine kraftvolle, aber historisch vernünftige neue architektonische Identität für das Gebäude und die Institution.

Ritchies Projekt war ein Beispiel dafür, wie offenkundig zeitgenössische Eingriffe in einer historischen Bausubstanz sowohl respektvoll als auch transformativ eingesetzt werden konnten. Die Architekten, die dies am weitesten getrieben haben, sind Foster + Partners, deren Arbeit genau wie Ritchies ihren Ursprung in der High-Tech-Bewegung der 1970er hat. Das erste dieser Projekte war ein bescheidener, aber räumlich kluger Eingriff an der Royal Academy of Arts in London. Dabei wurde ein neuer senkrechter Zugangsweg in der ansonsten ungenutzten, 3,50 Meter breiten Lücke zwischen zwei historischen Gebäuden geschaffen, über den man Zutritt zu den umgebauten Galerien in der obersten Etage erhalten konnte.

***Links*** **De Young Museum, Golden Gate Park, San Francisco, entworfen von Herzog & de Meuron und eröffnet 2005**

***Rechts oben*** **Der römische Tempel aus dem 1. Jahrhundert v. Chr., bekannt als Maison Carrée, Nîmes, mit dem Carré d'Art, entworfen von Foster + Partners und eröffnet 1993, im Hintergrund**

QUEEN ELIZABETH II AD 2000 THIS GREAT COURT
Grayson Perry
The Tomb of the
Unknown Craftsman
Eating
Shopping
and let thy feet
be set in mids

*Links* **Der Innenhof des British Museum, London, entworfen von Foster + Partners und eröffnet 2000**

*Rechts* **Die Pyramide am Louvre, Paris, entworfen von I. M. Pei und fertiggestellt 1989**

Der Sackler Wing of Galleries öffnete 1991. Bald darauf folgte das Carré d'Art, ebenfalls von Foster + Partners – ein Kulturzentrum im französischen Nîmes gegenüber dem Maison Carrée, einem außergewöhnlich gut erhaltenen römischen Tempel. Es hat eine neunstöckige Struktur, von denen die Hälfte unter dem Straßenniveau liegt, sodass die Größe des Gebäudes im Einklang mit seinem Umfeld bleibt. Ein System aus dünnen Säulen ahmt die Säulenanordnung des klassischen Tempels nach, erzeugt aber gleichzeitig ein Gefühl von Offenheit. Licht dringt tief in die Struktur ein und lässt den Unterschied zwischen Innen und Außen verschwimmen. Auch wenn Fosters sorgfältig kontrolliertes Gebäude erklärtermaßen im Heute verhaftet ist, erzeugt es einen kunstvollen Dialog über die Zeit hinweg und verstärkt damit die architektonische Macht des römischen Baus.

## VOM MUSEUM DER AUFKLÄRUNG ZUM GLOBALEN MUSEUM

Royal Academy und Carré d'Art beweisen, wie High-Tech-Anbauten historische Bausubstanz physisch und symbolisch verwandeln können. Sie haben außerdem Foster den Weg zu einem noch größeren Projekt geebnet, das eines der ältesten und angesehensten Museen ins 21. Jahrhundert transportieren und es aus einem Museum der Aufklärung in ein globales Museum verwandeln würde: Der Innenhof des British Museum.

Sir Robert Smirkes Originalentwurf für das British Museum sah dessen Innenhof als Garten. Mit dem runden Lesesaal in seiner Mitte jedoch, der von Smirkes Bruder Sydney entworfen worden war, sowie den Bücherregalen außen herum füllte sich der Hof schon bald. Als die Bibliothek in das neuerbaute Gebäude der British Library im nahegelegenen St. Pancras gebracht wurde, das 1997 öffnete, ergab sich die verlockende Möglichkeit, den Hof als Teil des Museums neu zu erfinden.

Fosters Idee bestand darin, mit Ausnahme des Lesesaals alle Gebäude, die in dem Hof »gewachsen« waren, zu entfernen und den ganzen Raum zu verglasen. Damit wurde Platz für Übersichtspunkte, einen Shop und ein Café geschaffen sowie für ein Bildungszentrum und eine Reihe von Galerien darunter, während die Besucher gleichzeitig einen Ort erhielten, um sich zu treffen und aufzuhalten. Die innovative Rasterstruktur der Glaskuppel war nicht nur eine kluge ingenieurtechnische Lösung, um den unregelmäßig geformten Raum zu überspannen, sondern stellt auch ein Symbol für das veränderte Selbstbild des Museums dar.

Ein offensichtliches Vorbild für das Projekt war die Glaspyramide im Hof des Louvre des chinesisch-amerikanischen Architekten I. M. Pei, die 1989 eröffnet wurde. Peis Objekt hat das öffentliche Image des Louvre gleichermaßen verwandelt, während es gleichzeitig Zugang zu der riesigen unterirdischen neuen Lobby

***Links*** **Fassade des Neuen Museums auf der Museumsinsel, Berlin, entworfen von Friedrich August Stüler und erbaut 1841–1859 mit der Ergänzung durch David Chipperfield Architects, fertiggestellt 2009**

***Rechts oben*** **Die Treppe des Neuen Museums, Berlin**

***Rechts unten*** **Innenansicht des Neuen Museums, Berlin, die das Miteinander der ursprünglichen Anlage und der Ergänzungen und Restaurierungen zeigt**

bildet, von der aus Besucher das Labyrinth aus Galerien des Louvre erreichen können.

Fosters Projekt schaffte aber noch etwas: Es machte das Museums zu einem Teil der Stadt. Praktisch gesehen, erzeugte es einen neuen Fußweg vom oberen Ende von Covent Garden in den Universitätsbezirk Bloomsbury, symbolisch gesehen schuf es einen neuen öffentlichen Raum im Herzen des Museums. Das ist nicht viel anders als die Turbinenhalle der Tate Modern, auch wenn der Innenhof nie als Ausstellungsfläche gedacht war.

Der Innenhof wurde am 6. Dezember 2000 von der Queen eröffnet, etwa sechs Monate nach der Tate Modern. Rückblickend ist es kaum ein Zufall, dass diese beiden Symbole des neuen Zeitalters des globalen Museums fast gleichzeitig öffneten.

## DAS NEUE MUSEUM: DIE VERGANGENHEIT VERSTEHEN

Wir haben nun verschiedentlich gesehen, wie wichtig ikonische Architektur für das Phänomen des globalen Museums ist. Von Bilbao bis Japan, San Francisco und London wurden Museumsgebäude zum definierenden Aspekt des Bildes der Institution, die sie beherbergen, und der Städte, in denen sie liegen. Wir haben erkundet, wie der Raum des Museums öffentlicher und in manchen Fällen fast ein Teil der Stadt wurde. Die Kräfte hinter diesen Projekten sind teils kulturell, teils wirtschaftlich und teils politisch und sollen oft ein Gefühl von Offenheit, Modernität und Optimismus rund um die Institution und die Stadt erzeugen. In diesen Situationen gilt das Museum als Instrument der Veränderung – das Guggenheim rückte Bilbao in einem ganz realen Sinn in den Blick der Welt, während die Tate Modern half, London als »globale Stadt« zu etablieren.

Der Erfolg dieser Projekte rief, wie wir bereits gesehen haben, auf der ganzen Welt Nachahmer auf den Plan, bei denen die »kulturorientierte Erneuerung« jetzt oft nur noch eine müde Taktik von Politikern, Stadtentwicklern und Kulturfunktionären darstellte. Seltener sind Museumsprojekte, die widerspiegeln, welche Transformation die Stadt um sie herum vollzogen hat. In diesen Situationen haben die Narrative meist weniger mit der kulturellen und wirtschaftlichen Erneuerung als vielmehr mit der Rolle des Museums beim Erinnern und Verstehen der Vergangenheit zu tun, vor allem wenn diese Vergangenheit immer noch präsent ist. Es gibt nur wenige bekanntere und wohl auch architektonisch erfolgreichere Beispiele dafür als David Chipperfield und Julian Harraps Renovierung des Neuen Museums in Berlin.

Das Neue Museum auf der Museuminsel war von Friedrich August Stüler entworfen und zwischen 1841 und 1859 erbaut worden. Sein Name unterscheidet es von Karl Friedrich Schinkels benachbartem Altem Museum. Ergänzt wurde es später durch Stülers Alte Nationalgalerie (1876), das Kaiser-Friedrich-Museum (heute Bode-Museum, 1904) und das Pergamonmuseum (1930). Im Zweiten Weltkrieg wurde das Neue Museum schwer durch Bomben beschädigt und blieb – auf der kommunistischen Seite der Berliner Mauer – dem Verfall preisgegeben. Die ostdeutschen Behörden widmeten ihre Aufmerksamkeit lieber dem Palast der

*Links* **Ausstellungsobjekte im restaurierten Neuen Museum, Berlin**

*Rechts oben und unten* **River and Rowing Museum, Henley-on-Thames, entworfen von David Chipperfield Architects 1989–1997**

Republik, der nach seiner Fertigstellung 1976 das Berliner Stadtschloss ersetzte und Sitz der Volkskammer der DDR war.

Das Neue Museum fand dagegen bis zum Fall der Berliner Mauer und der deutschen Wiedervereinigung wenig Beachtung. 1997 gewann David Chipperfield Architects zusammen mit dem Restaurierungsarchitekten Julian Harrap einen internationalen Wettbewerb zum Wiederaufbau des Neuen Museums. Angesichts der komplexen Geschichte des Gebäudes, seines Standortes und vor dem Hintergrund der Wiedervereinigung konnte das Projekt kaum heikler sein und löste naturgemäß eine Debatte über das angemessene architektonische Vorgehen aus. Auf der einen Seite standen die Verfechter einer vollkommen originalgetreuen Rekonstruktion, während auf der anderen Seite die Ansicht vorherrschte, dass ein modernisiertes Inneres mit modernen Galerieräumen der richtige Weg sei. Diese Positionen spiegelten unterschiedliche Arten des Umgangs mit der Vergangenheit wider: entweder die Uhr zurückzudrehen und das Verlorene wiederherzustellen oder einen Schlussstrich zu ziehen und nach vorn zu blicken.

Chipperfield zielte im Prinzip sowohl architektonisch als auch symbolisch auf beides ab. Gesamtumfang und -grundriss des vorhandenen Gebäudes wurden erhalten. Die Lücken, die durch die Kriegszerstörungen gerissen worden waren, wurden durch neue Abschnitte gefüllt, wobei das Maß an Eingriffen davon abhing, wie viel Originalsubstanz noch vorhanden war. Größtenteils intakte Räume wurden einfach renoviert. Räume, die zerstört und den Elementen ausgesetzt waren, schuf Chipperfield völlig neu, und zwar auf eine Weise, die reflektiert und interpretiert, was war und was geblieben ist. Geht man durch das Museum, erlebt man ein reiches Flickwerk an unterschiedlichen Graden des Eingreifens und der Restaurierung. Damit wird eine bewusst komplexe Geschichte der Interaktionen zwischen Vergangenheit und Gegenwart erzählt und wie diese sich körperlich und räumlich manifestieren.

Das wichtigste architektonische Element des Projekts war passenderweise die große Halle, die nach dem Krieg als leere Hülle zurückgelassen worden war. Hier folgte Chipperfield der Anordnung von Stülers Original, mit einer zentralen Treppe, die sich beim Erreichen der ersten Ebene teilt, bevor sie auf beiden Seiten in den zweiten Stock läuft. Allerdings tat er dies auf sparsame, fast abstrakte Weise. Dabei kontrastiert die monolithische Qualität seines marmorierten Betons mit der Rauheit von freiliegendem Mauerwerk und Putz. Chipperfields Treppe ist in gewisser Weise keine Neuschaffung, sondern ein Widerhall, ein Echo des Originals, oder poetischer ausgedrückt, ein in Beton gegossener Geist. Der Dialog, der entsteht, wird nicht nur zwischen Alt und Neu gehalten, sondern durch die Zeit selbst und die Art und Weise, wie sie sich in Architektur ausdrückt. Die angekohlten Säulen an der Treppe werden dadurch zu einer Zwischenstation in einer langen und vielschichtigen Geschichte.

Als das Gebäude 2009 fertiggestellt war, wurde es drei Tage lang für das Publikum geöffnet. Besucher konnten durch die leeren Räume streifen, bevor die Sammlungen des Ägyptischen Museums und des Museums für Vor- und Frühgeschichte mit seinem berühmtesten Objekt, der Büste der Nofretete, installiert wurden. In gewisser Weise waren die Räume aber gar nicht leer, sondern vollgepackt mit Geschichte, Erinnerung und der Vergangenheit selbst. Das Gebäude war zum Museum geworden.

## EINE ARCHITEKTONISCHE SYNTHESE ERSCHAFFEN

Zwischen dem Sieg im Wettbewerb um das Neue Museum und der Fertigstellung des Projekts wurde David Chipperfield zum weltweiten Star und gefragten Architekten, speziell für Museumsaufträge. In dieser Zeit schloss er folgende Aufträge ab bzw. erhielt Aufträge für: das River and Rowing Museum, Henley-on-Thames (1989–97), das Figge Art Museum, Iowa (1999–2004), das MUDEC Museum (Museo delle Culture di Milano), Mailand (2000–15), das Literaturmuseum der Moderne, Marbach (2001–06), das Anchorage Museum im Rasmuson Center, Alaska (2003–09), The Hepworth Wakefield, West Yorkshire (2003–11), das Turner Contemporary, Margate, Großbritannien (2006–11), das Saint Louis Art Museum, Missouri (2005–13) und das Museum Folkwang, Essen (2007–09). Bei diesen Projekten etablierte Chipperfield ein neues architektonisches Vokabular für das Museum des 21. Jahrhunderts. Es vermied oberflächlichen

*Oben* **Figge Art Museum, Iowa, entworfen von David Chipperfield Architects 1999–2004**

*Rechts oben* **Literaturmuseum der Moderne, Marbach, entworfen von David Chipperfield Architects 2001–2006**

*Rechts unten* **The Hepworth Wakefield, West Yorkshire, entworfen von David Chipperfield Architects 2003–2011**

Glanz um seiner selbst willen und setzte auf das Gefühl von Tiefe, Beständigkeit, Gewicht – physisch und metaphorisch – sowie die Bedeutung von Materialien und Baukörper.

Diese neu gebauten Projekte erreichten nicht annähernd die reiche und vielschichtige Resonanz des Neuen Museums – nicht, dass das angesichts der völlig unterschiedlichen politischen, urbanen und institutionellen Kontexte unbedingt erforderlich oder beabsichtigt gewesen wäre. Chipperfield erhielt jedoch mit dem Auftrag für die James-Simon-Galerie, unweit des Neuen Museums, die Chance sich vorzustellen, wie es wäre, sich mit einem neuen Gebäude auf diese Kontexte zu beziehen.

Der Bau, benannt nach Henry James Simon (1851–1932), dem wichtigen jüdischen Förderer der Staatlichen Museen Berlin, sollte als neuer Zugang zur Museumsinsel am Kupfergraben dienen. Nach einem anfänglichen Flirt mit skulpturenartigen Kastenformen entschied sich Chipperfield für eine Art Meditation über die für die Museumsinsel typische klassizistische Formensprache. Das Gebäude steht auf dem schmalen Streifen des 1938 abgerissenen Neue Packhofs von Schinkel. Es sollte verschiedene Funktionen vereinen, die anderswo nicht sinnvoll untergebracht werden konnten – Shop, Café, WCs, ein Auditorium, Galerien für Sonderausstellungen – und als Orientierungspunkt für Besucher dienen, bevor diese das betraten, was Kronprinz Wilhelm »seine Akropolis« genannt hatte.

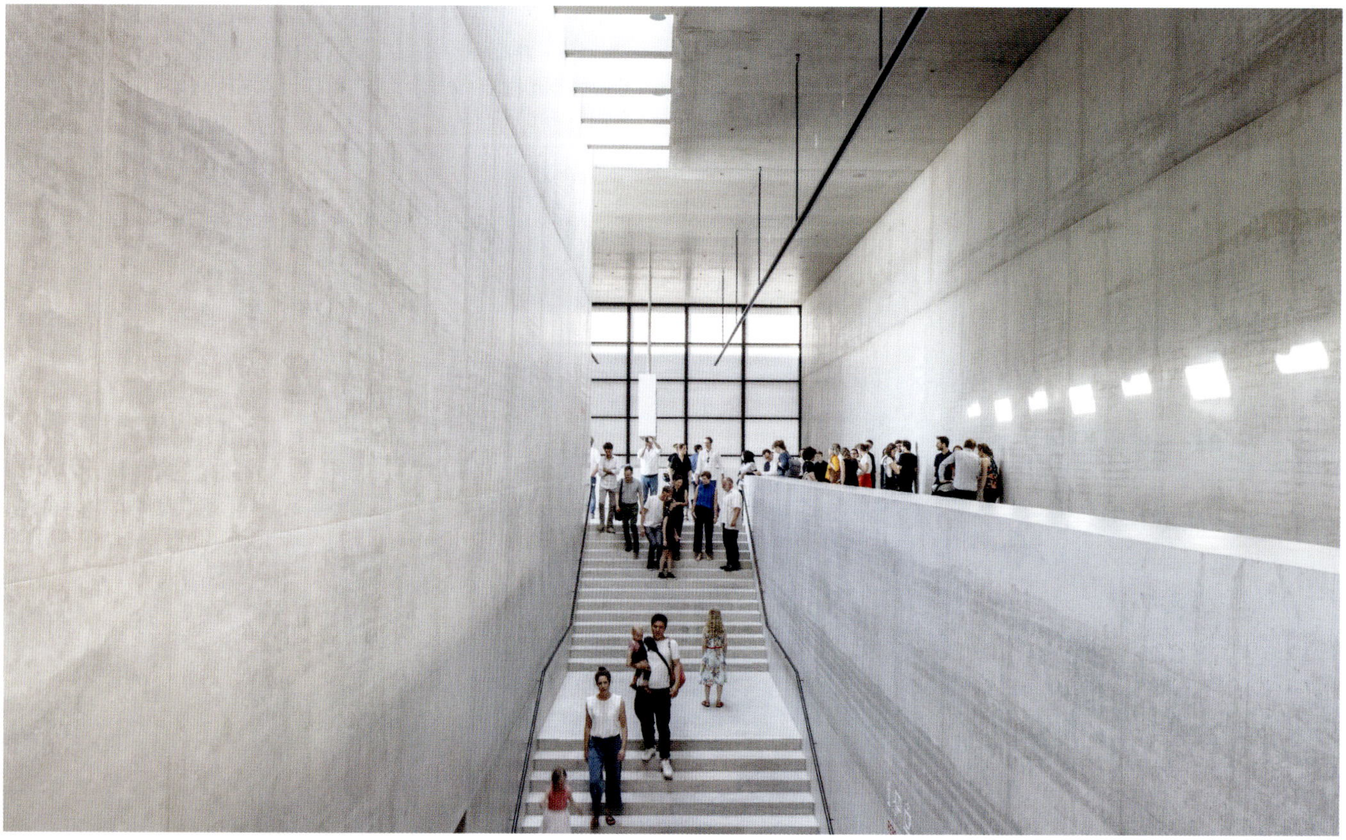

**_Links oben_ Außenansicht der James-Simon-Galerie, Berlin, entworfen von David Chipperfield Architects 1999–2018**

**_Links unten_ Innenansicht der James-Simon-Galerie, Berlin, entworfen von David Chipperfield Architects 1999–2018**

**_Rechts_ Das rekonstruierte Stadtschloss von Berlin, das das Humboldt-Forum beherbergt. Der ursprüngliche Barock-Palast war von Andreas Schlüter entworfen worden; federführend bei der Rekonstruktion war Franco Stella**

Um das Gebäude in den architektonischen Kontext seines Umfeldes zu setzen und ein Gefühl von Ordnung in diese ganz verschiedenen Funktionen zu bringen, schuf Chipperfield eine Art von architektonischer Synthese, indem er sich auf bewusst moderne Art von Aspekten der umgebenden Gebäude inspirieren ließ. Der Bau erhebt sich auf der Kanalseite wie der Sockel des Pergamonaltars, die breite Treppe erinnert an die Alte Nationalgalerie und die Sprache der Säulen erlaubt es dem Gebäude, unterschiedliche Maßstäbe von verschiedenen Seiten zu übernehmen und visuell und im Fall des Neuen Museums physisch mit seinem Umfeld zu verbinden.

Ging es beim Neuen Museum darum, eine Art Verständigung zwischen Vergangenheit und Gegenwart zu finden, dreht sich die James-Simon-Galerie um das Finden einer ähnlichen Position zwischen Gegenwart und Zukunft. Wie der Innenhof des British Museum ist es ein Eingriff, der sein Umfeld verändern soll, sodass die Museumsinsel drei verschiedene Identitäten annehmen kann: historisch aufgeladener kaiserlicher Hort der Kultur, Ort des kollektiven Erinnerns und globales Museum des 21. Jahrhunderts.

## JENSEITS DES WESTENS: NEUE KULTURELLE LEUCHTFEUER

Es ist unmöglich, in Berlin der Vergangenheit zu entrinnen. In der Stadt geht es um Erinnerung und die Gebäude sind greifbare und mahnende Zeugen der Vergangenheit. Mittendrin die Museen: von den ehrwürdigen Institutionen der Museumsinsel, dem sich durchaus kontrovers das Humboldt Forum im rekonstruierten Berliner Schloss zugesellt (das den Palast der Republik ersetzt hat), bis zu Daniel Libeskinds Jüdischem Museum. Nimmt man jedoch Städte ohne solch traumatische Geschichte, erkennt man, dass in den letzten Jahren Museen entstanden sind, deren Hauptaugenmerk nicht die Versöhnung mit der Geschichte ist, sondern aktiv auf globaler Ebene die Politik von Gegenwart und Zukunft zu formen.

Um nun diesen zweiten Typ von globalem Museum zu erkunden, wenden wir uns in den Nahen Osten, nach Asien und Afrika. Dort sah man in den letzten zwei Jahrzehnten eine Reihe von Museumsbauprojekten, deren Größe und Opulenz man im Westen selten findet. Gerade als die Ära der ikonischen Architektur in Europa und den USA zu schwinden schien, tauchte sie in frischer Form anderswo in der Welt wieder auf: mit Museen, die eine entscheidende Rolle spielten, wenn Staaten und Staatsführer versuchten, sich neues Ansehen auf der internationalen Bühne zu verschaffen. Museen wurden in der neuen Ära der Deals und globalen Allianzen zu einem wertvollen Unterpfand.

Am offensichtlichsten zeigt sich das in den Außenstellen oder Ablegern westlicher Museen, die zum Beispiel in den Golfstaaten entstanden. Der dortigen rasanten Urbanisierung in den 1980er und 1990er Jahren folgte eine Welle von Museumsneubauten. Ein besonders bekanntes Beispiel ist der Louvre Abu Dhabi, nach

*Oben* **Louvre Abu Dhabi, Insel Saadiyat, Abu Dhabi, entworfen von Jean Nouvel 2006–2017**

*Rechts* **Innenansicht des Louvre Abu Dhabi,Insel Saadiyat, Abu Dhabi, entworfen von Jean Nouvel 2006–2017**

eigener Aussage »ein neues kulturelles Leuchtfeuer, das unterschiedliche Kulturen zusammenführt, um ein frisches Licht auf die gemeinsamen Geschichten der Menschheit zu werfen«.[8] Das 2017 eröffnete Museum ist Ergebnis einer zehnjährigen Zusammenarbeit zwischen Frankreich und den Vereinigen Arabischen Emiraten mit dem Ziel der Erschaffung eines »universellen Museums für das 21. Jahrhundert«. Im Prinzip sollten das Ethos und der Umfang des Louvre an einen Standort, in eine Kultur und ein Gebäude übertragen werden, die völlig neu waren. (Vergessen wir nicht die Zahlung von 965 Millionen Euro über eine Zeit von 30 Jahren für das Recht, den Namen Louvre zu benutzen und Werke aus Museen in ganz Frankreich zu entleihen.)

Zentraler Punkt des Projekts war die Beauftragung des französischen Starchitekten Jean Nouvel zur Erschaffung eines Gebäudes, das den Dialog zwischen Nationen, Historien und der Zeit ausdrücken sollte. »Es ist«, sagte Nouvel zur Eröffnung der Zeitung *The Guardian*, »als Mittelding zwischen einer arabischen Medina und einer griechischen Agora konzipiert – ein Ort zum Treffen und Reden über Kunst in einem Kontext völliger Gelassenheit«.[9] Kernstück ist eine riesige Kuppel, die über einer Ansammlung weißer Kästen schwebt, die aus dem Persischen Golf aufsteigen. Statt einer festen Barriere nutzt es eine komplexe Geometrie, die das einfallende Licht filtert und sprenkelt und an Aspekte der islamischen Architektur erinnert. Die Wirkung wird als hypnotisierend beschrieben und soll dem Museum eine fast

schon außerweltliche Aura verleihen, die sich auch in die Galerien erstreckt, die jeweils ihre eigene Atmosphäre und Materialien mitbringen.

Diese architektonische Konfiguration passt gut zum kuratorischen Ansatz, Objekte unabhängig von Typ, Material oder Herkunftsort chronologisch anzuordnen. Das ergibt ungewöhnliche und unerwartete Gegenüberstellungen, die – wenn sie funktionieren – ein neues Licht auf die kulturübergreifenden Verbindungen und Wechselwirkungen werfen. Dennoch bleibt die Architektur der Star der Show, vor allem nachdem das Museum die Enthüllung seines spektakulärsten Objekts auf unbestimmte Zeit verschoben hat: des für 450 Millionen Dollar verkauften *Salvator Mundi* von Leonardo da Vinci.

## KULTURELLE REINWASCHUNG

Der Louvre Abu Dhabi ist das erste Gebäude in einem geplanten Kulturviertel zwischen Land und Meer auf der Insel Saadiyat. Auf den Louvre sollen das Guggenheim Abu Dhabi von Frank Gehry – das in seiner Grandiosität sogar das Projekt von Bilbao in den Schatten stellen soll –, das Zayed National Museum von Foster + Partners, ein Meeresmuseum des japanischen Architekten Tadao Ando und ein Zentrum für darstellende Künste von Zaha Hadid Architects folgen. Unabhängig davon, ob diese Projekte verwirklicht werden, beweisen sie die Versuche der Golfstaaten, sich mithilfe von Museen auf die Bühne der Welt zu katapultieren.

Museen sind dabei nur eine Komponente der extravaganten Architekturen dieser Stadtstaaten, die von Wolkenkratzern bis zu Sportstadien reichen – nach der Devise: je ausgefallener, umso besser. Kulturbauten spielen jedoch die Hauptrolle bei der Darstellung der vorgeblichen Offenheit dieser Staaten. Oft sieht die Wirklichkeit ganz anders aus. Entsprechend ist Jean Nouvels 2019 eröffnetes Nationalmuseum von Katar in Doha je nach Sichtweise ein architektonisches Wunderwerk oder ein extremer Fall von kultureller Reinwaschung in einem Land, das Homosexualität mit dem Tod bestraft und Organisationen unterstützt, die als terroristisch gelten. Vielleicht ist es beides.

Jenseits des Problems des politischen Symbolismus ist eine der am häufigsten diskutierten Fragen im Zusammenhang mit den Architekten dieser Institutionen die Ethik bei der Errichtung der Gebäude, speziell die Behandlung der meist ausländischen Bauarbeiter. Nouvel war gezwungen, die Bedingungen der Arbeiter am Louvre Abu Dhabi zu verteidigen, indem er im Prinzip sagte, dass es nichts zu beantworten gäbe.[10] Auch Katar sah sich

***Rechts*** **Nationalmuseum von Katar, Doha, Katar, entworfen von Jean Nouvel und eröffnet 2019**

*Links oben* **Chinesisches Nationalmuseum am Tiananmen-Platz, Peking**

*Links unten* **Innenansicht des Chinesischen Nationalmuseums**

*Rechts* **Das China Art Museum, auch China Art Palace genannt, Pudong, Shanghai, entworfen von He Jingtang und fertiggestellt 2010**

wiederholt Vorwürfen über die systematische Missachtung der Rechte der Arbeiter ausgesetzt, auch wenn umstritten ist, wer letztlich die moralische Verantwortung trägt. 2014 konfrontiert mit Fragen rund um das Al-Wakrah-Stadion in Katar war Zaha Hadid eindeutig: »Es ist nicht meine Pflicht, als Architektin darauf zu achten. Ich kann nichts dagegen tun, weil ich keine Macht habe, etwas dagegen zu tun.«[11] Für andere Beobachter ist das nicht so klar, da diese Fragen nicht zum ersten Mal im Zusammenhang mit Hadids Arbeit aufgeworfen wurden.

Im Zuge der Fertigstellung des Heydar-Aliyev-Zentrums, eines Kulturzentrums in Baku, der Hauptstadt Aserbaidschans, im Jahr 2012 wurde ihr vorgeworfen, mit den Taten des autoritären Anführers des Landes Ilham Aliyev konform zu gehen, nach dessen Vater das Gebäude benannt war.[12] Auch wenn Architekten bei solchen Projekten kaum die einzigen westlichen Beteiligten sind, stimmt es natürlich, dass es ihnen schwerfallen dürfte, in liberalen Gesellschaften jemanden zu finden, der Bauten solcher Extravaganz – und solcher Kosten – beauftragt.

Die Konzentration auf die Architekten half allerdings, tiefer gehende Fragen um den Umgang mit Unterdrückungsregimes und die Folgen von kulturellen Kollaborationen wie beim Louvre und beim Guggenheim in Abu Dhabi für ihre Herkunftsländer abzuwehren. Auch wenn die Kontroversen um die Rechte der Bauarbeiter nach Fertigstellung der Gebäude meist abklingen, bleibt die grundsätzlichere Frage bestehen, ob diese Museumsinitiativen helfen, die Länder, in denen sie stattfinden, zu liberalisieren, oder ob sie stattdessen die Regimes weiter stärken.

## MUSEEN IN CHINA

Das Phänomen der rasanten Urbanisierung, gefolgt von einem Museumsboom, beschränkt sich nicht auf Abu Dhabi, Doha und Dubai, sondern ist – größer und dramatischer – auch in China zu finden. Das Land durchlief In den 1990er und 2000er Jahren eine Zeit beispielloser Urbanisierung. Innerhalb weniger Jahre schossen riesige Städte förmlich aus dem Erdboden. Eine ganze Reihe von ihnen versuchte dann, Kultureinrichtungen anzusiedeln, die das kulturelle Leben fördern sollten und außerdem eine Möglichkeit boten, die Konkurrenz auszustechen – ein seltsamer, verzerrter, aber dennoch erkennbarer Widerhall des Museumsbooms des 19. Jahrhunderts. Auch wenn nur wenige dieser Institutionen die weltweite Anerkennung erreicht haben, die sie zu globalen Museen qualifizieren würde – selbst wenn dies das Ziel war –, sind sie dennoch ein Ergebnis dieses Phänomens. Die von ihnen eingesetzten Taktiken, vor allem die ikonische Architektur, richten sich meist auf den regionalen und nationalen Maßstab aus.

Ein wichtiger Vorläufer in diesem Prozess war die Erschaffung des Chinesischen Nationalmuseums im Jahr 2003 durch die Zusammenlegung vorhandener Institutionen und Sammlungen zu einem der größten und besucherreichsten Museen der Welt. Ein weiterer wichtiger Augenblick war die Olympiade 2008, bei der die Architektur eine zentrale Komponente der Präsentation Chinas gegenüber der Welt war. Gefolgt wurde dies durch die Shanghai World Expo 2010, ein natürlich viel kleineres Ereignis,

*Rechts* **China Qujing History Museum, Provinz Yunnan, entworfen von Atelier Alter and Hordor Design Group und fertiggestellt 2015**

**Rechts oben** Nanjing Sifang Art Museum, Nanjing, Provinz Jiangsu, entworfen von Steven Holl und eröffnet 2013

**Rechts unten** Long Museum West Bund, Shanghai, entworfen von Atelier Deshaus und eröffnet 2015

das sich dennoch direkt auf kulturelle Initiativen auswirkte: Im Zuge der Expo entstanden zwei Museen (beide 2012 eröffnet): das Power Station of Art in dem früheren Kraftwerk, das bei der Expo als »Pavillon der Zukunft« diente - eine klare, wenn auch weniger elegante Hommage an die Tate Modern -, und der China Art Palace in der großen, umgekehrten Zikkurat des chinesischen Pavillons der Expo.

China erwies sich genau wie die Golfstaaten als Glücksfall für die Starchitekten dieser Welt, die nach prestigeträchtigen Museums- oder Kulturprojekten suchten. Auch wenn es kein Museum ist, war das 2010 eröffnete Opernhaus von Guangzhou von Zaha Hadid Architects eines der spektakulärsten und einflussreichsten Projekte. Das Gebäude liegt wie zwei riesige Kieselsteine am Ufer des Perlflusses. Ihre außergewöhnlichen geschwungenen Formen, die aus der Landschaft auftauchen, vermitteln ein Gefühl des Fließens, der Erosion und des Übergangs. Für den Entwurf des Projekts nutzten die Architekten parametrische Entwurfstechniken und setzten Computeralgorithmen ein, um einen Entwurf zu synthetisieren und dann entsprechend verschiedener Parameter zu manipulieren. Stilistisch ergibt ein solches Vorgehen meist kurvige, fließende, kraftvolle Gebäude, die herkömmliche räumliche Trennungen und Schwellen abschaffen: Wände, Decke, Fenster und dergleichen.

Der Stil, der sich durch die Arbeiten von Zaha Hadid zieht, war in den 2010er Jahren ungemein einflussreich und ist an einer ganzen Reihe chinesischer Museumsprojekte aus diesem Jahrzehnt zu finden. Besonders bemerkenswert ist das Ordos Museum der MAD-Architekten - eine amorphe, kieselsteinartige Struktur in einer schimmernden, polierten Metallhülle, die in Ordos in der Inneren Mongolei erbaut wurde, einer Stadt, die ab 2000 massiv erweitert wurde. Dann gab es das Qujing History Museum in der Provinz Yunnan von Atelier Alter und der Hordor Design Group (2015) - eine außergewöhnliche Komposition, deren gestapelte, überhängende Lagen eine »vertikale Landschaft« erzeugen.[13] Diesen Verweis auf die natürliche Umgebung findet man auch beim Yinchuan Museum of Contemporary Art von waa (we architech anonymous) in Yinchuan City, Provinz Ning Xia, das ebenfalls 2015 fertiggestellt wurde und dessen geschwungene, bandartige Fassade den nahegelegenen Gelben Fluss zitiert.

Keines dieser Projekte erreichte jedoch das Bravado des Changsha Meixihu International Culture and Art Centre von Zaha Hadid Architects in Changsha, Provinz Hunan. Dieses 2019 eröffnete Projekt ist weniger ein Gebäude als vielmehr eine ganz neue urbane Landschaft, die aus einem Museum für zeitgenössische Kunst, einem Auditorium mit 1.800 Plätzen und einer Mehrzweckhalle besteht. Landschaft, öffentlicher Raum und gebaute Struktur verschmelzen mit den Schleifen des Flusses und des benachbarten Kanals, die sich durch die Komposition ziehen. Es ist monumental und subtil, fest und fließend zugleich.

Auch wenn die chinesische Architektur der 2010er Jahre heute synonym mit den parametrischen, von Zaha Hadid Architects beeinflussten Beispielen ist, die wir gerade gesehen haben, blieb Raum für andere Ansätze und Architekten. Darunter findet sich der amerikanische Architekt Steven Holl, der das Nanjing Sifang Art Museum in Nanjing entworfen hat (2013). Holls typische formelle Vernunft ist hier in ein Gebäude übersetzt worden, das wie ein Ausguck auf einem Hügel wirkt, der in unterschiedlichen Lichtbedingungen lebendig wird. Das Long Museum West Bund in Shanghai (2015) des chinesischen Büros Atelier Deshaus setzt auf ähnlich zurückhaltende Merkmale, die gut zu dem ehemaligen Industriegelände am Fluss im Shanghai passen.

In Tiefe und Sensitivität werden diese Projekte allerdings übertroffen von Wang Shus Ningbo History Museum, Provinz Zhejiang (2008), das sich sowohl in das Material als auch die Traditionen seiner Umgebung einfügt. Seine dreistöckige Fassade entstand aus den Ruinen eines nahegelegenen Dorfes, das abgerissen wurde, um Platz für Neues zu schaffen. Daher sind einige der Ziegel mehr als 1.000 Jahre alt. Wang Shu fügte all dies zu einer faszinierenden Komposition zusammen, die offensichtlich neu ist, sich aber auch kraftvoll in das vielschichtige Gewebe der lokalen Historie einpasst. Es steht als Gebäude und Institution in vielerlei Hinsicht im Gegensatz zu den protzigen, formlosen und stilistisch entwurzelten Museen, die so typisch für diese Zeit in China sind.

*Links* Ordos Museum, Ordos, Innere Mongolei, entworfen von MAD Architects und eröffnet 2011

*Oben* **Sea World Culture and Arts Center, Shenzhen, entworfen von Maki and Associates und eröffnet 2017**

*Rechts* **Long Museum West Bund, Shanghai, entworfen von Atelier Deshaus und eröffnet 2015**

## DER BRUCH MIT WESTLICHEN STANDARDS

1949 gab es in diesem riesigen Land nur 25 Museen, von denen viele in den nachfolgenden Unruhen verloren gingen. Später setzte China sich das Ziel, bis 2015 3.500 Museen zu haben. Man erreichte dies drei Jahre früher und hat seither kaum noch zurückgeblickt.[14] Zusätzlich zu den eigenen Museen wurden wie in Abu Dhabi Außenstellen westlicher Museen willkommen geheißen: 2014 eröffnete das V&A Museum eine Galerie im Sea World Culture and Arts Center in Shenzhen – ein Ort für viele Kunstrichtungen, entworfen vom Japaner Fumihiko Maki, 2019 stellte David Chipperfield das West Bund Museum in Shanghai mit einem Ableger des Centre Pompidou fertig.

Ungeachtet der architektonischen Ambitionen wurden nicht alle der im letzten Jahrzehnt in China erbauten Museen auch zu kulturellen oder populären Erfolgen. Tatsächlich hatten viele Probleme, ihre Galerien mit Objekten oder Besuchern zu füllen. Dennoch sind China die wirtschaftlichen und politischen Vorteile bewusst, die Museen im Idealfall bieten können. In den letzten Jahren zog es mit dieser Einstellung sein Land hinaus und an Orte wie Afrika, an denen es Handel treiben und Investitionen tätigen möchte, vor allem im Zusammenhang mit dem Abbau von Rohstoffen. Hier finden wir eine weitere Form des globalen Museums, eine, die als eine Art Spiegelbild zu den Außenstellen der westlichen Museen fungiert.

Die bekannteste Entwicklung dieser Art bisher war die chinesische 34-Millionen-Dollar-Beteiligung am Musée Civilisations Noires (Museum der schwarzen Ziviliaationen) in Dakar, das Ende 2018 öffnete. Die Idee für das Museum ist schon 50 Jahre alt und geht auf Léopold Sédar Senghor, den ersten Präsidenten des Senegal nach der Unabhängigkeit von Frankreich zurück, der von einem Museum träumte, das die afrikanische Kultur und Geschichte feiert. Der Politiker und Dichter Senghor war maßgeblich an der Entwicklung des Konzepts der Négritude beteiligt, das der französischen Kolonialisierung und der angeblichen Überlegenheit der europäischen Kulturen über die afrikanischen zu widerstehen suchte. Dies floss in das Konzept des Museums ein, wie sein Direktor Hamady Bocoum beschreibt:

> [Eines] der Dinge, auf die wir uns einigten ... [war] dass dies kein ethnologisches Museum sein würde. Ethnologie heißt für uns, dass westliche Menschen auf Afrikaner schauen – zum Beispiel, das Massai-Volk ist nomadisch ... die Haussa sind ... –, statt dass wir uns selbst sehen. ... Wir wollten kein Museum nach westlichen Standards in Bezug auf sein Erscheinungsbild.[15]

Entsprechend ist das Museum um eine Reihe von Themen herum organisiert, die verschiedene Zeiträume und Orte umfassen und im Prinzip »die gesamte Geschichte vom Ursprung der Menschheit bis zur heutigen Zeit durchlaufen« möchten. In den Galerien ist Platz für etwa 18.000 Objekte, viel mehr als die 4.000–5.000, die Anfang 2019 ausgestellt wurden – und aus anderen Institutionen und Sammlungen entliehen waren.[16] Man geht davon aus, dass viele der senegalesischen Objekte in französischen Sammlungen bald in ihr angestammtes Zuhause zurückkehren werden.

Das Gebäude, entworfen von staatlichen chinesischen Architekten und inspiriert von traditionellen senegalesischen Rundhütten, besitzt alle Umweltüberwachungssysteme, die in modernen Museen Standard sind.[17] Auf der praktischen Seite widerlegt seine Existenz die von den Restitutionsgegnern verbreitete Vorstellung, dass Exponate nicht zurückgegeben werden können, weil es keinen Ort für ihre korrekte Verwahrung und Ausstellung gibt – eine Debatte, auf die wir gleich eingehen.

Die Schaffung eines Raums, in dem historische Artefakte zusammengeführt werden können, ist zwar wichtig, aber nicht das einzige Ziel. Geboten werden soll auch ein Forum für zeitgenössische Arbeiten. Die erste Ausstellung enthielt zum Beispiel Arbeiten des malischen Textilkünstlers Abdoulaye Konaté sowie politisch inspirierte Werke des Südafrikaners Andries Botha sowie des kubanischen Künstlers Elio Rodriguez, der die Verbindungen zwischen der afrikanischen und der karibischen Kultur erkundet. Das Museum will also nicht nur Objekte senegalesischer Herkunft ausstellen, sondern ein Forum für die panafrikanische Kultur bieten, wo immer sie zu finden ist, und feiern, was historisch unterschätzt und übersehen wurde.

## DAS POSTNATIONALE MUSEUM

All dies macht aus dem Museum der schwarzen Zivilisationen ein wichtiges Beispiel für das »postnationale Museum« – den dritten Typ des globalen Museums in diesem Kapitel. Ein postnationales Museum ließe sich als Einrichtung charakterisieren, die danach strebt, die Grenzen der nationalen Geschichten oder Kulturen hinter sich zu lassen und einer Vielzahl von Historien und Narrativen gleichberechtigt Platz einzuräumen. Dabei will sie nicht unterstellen, es gäbe keine Unterschiede in Nationalismus, Kultur oder Rasse. Stattdessen versucht sie, diese historisch in einen Kontext zu setzen, sie zu problematisieren und zu kontern. Das Museum bietet also einen Weg, besser zu verstehen, wie sie die Welt formen, in der wir heute leben. Ging es in der Aufklärung um das Organisieren, Kategorisieren und Ordnen der Komplexität der Welt im Museum – eine Idee, die bei der Entstehung fast aller bisher diskutierten Museen Pate stand –, dann will das postnationale Museum sich dieser Komplexität direkt stellen. Der große postkolonialistische Kritiker und Theoretiker Edward Said schrieb:

> Alle Kulturen sind miteinander verbunden, keine ist einzeln und rein. Alle sind hybrid, heterogen, außerordentlich differenziert und unmonolithisch.[18]

Anstatt eine einzige Geschichte darzustellen, behandelt das postnationale Museum mehrere, selbst – besonders – wenn sie einander widersprechen. Daher ist das postnationale nicht die Negation des nationalen Museums, sondern seine Transzendenz.

In der Folge manifestiert sich die Idee des postnationalen Museums auf viele unterschiedliche Arten. Eine seiner immer wiederkehrenden Charakteristika besteht darin, wie solche Museen globale Netzwerke, Partnerschaften und Beziehungen sowohl reflektieren als auch aktiv ausweiten. Anstatt also die Legitimität des Museums der schwarzen Zivilisationen zu unterwandern, könnte man auch davon ausgehen, dass die chinesische (finanzielle) Beteiligung eine faszinierende und wichtige Rolle dabei spielt, neue Allianzen zu schmieden, die sich der Kontrolle des Westens entziehen. Abschließend untersucht dieses Kapitel einige bedeutende Beispiele des noch relativ neuen Phänomens des postnationalen Museums und der Herausforderung, die es anderen, konventionelleren Formen des globalen Museums entgegenbringt.

## DIE RÜCKGABE WERTVOLLER OBJEKTE

Die Benin Dialogue Group ist ein wichtiges Beispiel für die Art von internationaler Verhandlung und Zusammenarbeit, die im Zentrum des postnationalen Museums steht. Die 2007

*Links* Musée Civilisations Noires (Museum der schwarzen Zivilisationen), Dakar, eröffnet 2018

*Rechts* Reliefbronzen aus Benin City, erschaffen vom Volk der Edo, – sie gehören zu den »Benin-Bronzen« – hier ausgestellt im British Museum, London

gegründete Gruppe vereint mehrere europäische Museen, in denen geraubte Objekte aus Benin City lagern, Vertreter aus Nigeria, darunter der Regierung des Bundesstaates Edo, sowie den königlichen Hof von Benin. Die Gruppe hat es sich zur Aufgabe gemacht, Mechanismen auszuhandeln, über die Objekte nach Benin im heutigen Nigeria zurückgegeben werden, wo sie nach einem rotierenden Schema ausgestellt werden sollen.

Wie die etwa 4.000 sorgfältig gefertigten Metall- und Elfenbeinobjekte in europäischen Museen gelandet sind, gehört zu den eindeutigeren Beispiele für koloniale Ausplünderung. 1897 zerstörte eine britische Militärexpedition die historische Stadt Benin City, einschließlich ihres königlichen Palastes, als Vergeltung für den Tod britischer Beamter durch Einheimische. Dabei raubte sie tausende wertvoller Objekte, die nach London gelangten, wo viele ihren Weg ins British Museum fanden. Andere kamen in weitere Museen in ganz Europa. Die sogenannten Benin-Bronzen gehören zu Afrikas außergewöhnlichsten Kunstwerken und sind aus künstlerischer und technischer Sicht gleichbedeutend mit allem, was Europa in dieser Zeit hervorgebracht hat, wenn nicht sogar besser.

Die nigerianische Regierung bemüht sich seit den 1960er Jahren um die Rückführung der gestohlenen Exponate. Während die Benin Dialogue Group auf diese Forderungen und die eindeutige Ungerechtigkeit der Ereignisse von 1897 reagiert, weicht sie durch die Diskussion über Leihgaben der weitaus strittigeren Frage der Eigentümerschaft aus. Diese würde nämlich möglicherweise nicht nur zur Rückgabe der fraglichen Objekte, sondern zu einer Flut weiterer Rückforderungen von Objekten in europäischen Museen mit Sammlungen aus der Kolonialzeit führen.

Trotz der außergewöhnlichen politischen und rechtlichen Brisanz der Verhandlungen kündigte die Gruppe 2018 an, dass sie ein neues Museum – das Benin Royal Museum – für die dauerhafte, wechselnde Ausstellung der geraubten Artefakte plane. Im folgenden Jahr wurde der in Tansania geborene britische Architekt beauftragt, das neue Museum gemeinsam mit dem lokalen Partner Agram Architects zu entwerfen.

## DAS ENDGÜLTIGE GLOBALE MUSEUM

Die Einrichtung eines postnationalen Museums ist zwar mit dem Erbe des Kolonialismus verbunden, aber nicht auf solche Kontexte beschränkt. Ein interessantes europäisches Beispiel ist eines der Museen, in denen sich tatsächlich eine Reihe von Artefakten aus Benin City befinden: das Weltmuseum in Wien. Grundlage des Museum sind die Sammlungen des früheren Museums für Völkerkunde, das 2014 für den Umbau und die Neukonzeption geschlossen wurde, bevor es 2017 als Weltmuseum neu öffnete. In diesem neuen Gewand setzt sich das Museum direkt mit dem kolonialen Erbe auseinander, wie es auf seiner Website schreibt:

> Ausgehend von seinen Wurzeln in den habsburgischen Sammlungen und dem europäischen Kolonialismus im 19. und 20. Jahrhundert hat sich das Weltmuseum Wien zu einem Forum für die Fragen unserer Zeit entwickelt. Wir suchen den offenen, selbstreflektierten Dialog, in dem diverse Stimmen zu Wort kommen.[19]

Anstelle einer maßgeblichen Interpretation enthüllt das neue Museum, das in der Kaiserlichen Wiener Hofburg beheimatet ist, dass dieselben Objekte ganz unterschiedliche Geschichten über die Orte und Augenblicke in der Historie erzählen können, in denen sie entstanden sind. Das schließt die nicht unbedeutende Anzahl an Objekten ein, die das Museum nach der Plünderung von Benin City erworben hat und deren Besitz, wenn nicht die Eigentümerschaft, nun geteilt werden würde.

Von außen deutet wenig auf die physische und konzeptuelle Umgestaltung hin. Dennoch sind die Änderungen am Aufbau und den Ansichten des Museums beträchtlich. Um das Museum zu finden, das diese neue »postnationale« institutionelle Position mit einer machtvoll-symbolischen architektonischen Aussage kombiniert, die alle Ausprägungen des globalen Museums kennzeichnet, müssen wir in die USA und zum National Museum of African American History and Culture (NMAAHC) gehen. Dieses nahm 2018 seinen Platz unter den strahlend weißen Marmormonumenten der National Mall in Washington D.C. ein.

Die Bemühungen um die Einrichtung eines Museums, das sich der afroamerikanischen Kultur widmet, reichen bis in das frühe 20. Jahrhundert zurück, doch erst 2003 wurde das Museum eröffnet – und selbst dann ohne Sammlung oder Gebäude und mit nur wenigen Mitarbeitern. Unter Leitung des Gründungsdirektors Lonnie G. Bunch begann man, eine Sammlung aufzubauen. Man kontaktierte Sammler und richtete einen Aufruf an die Allgemeinheit.

Mit der Zeit erwarb das Museum eine außerordentliche Fülle an Objekten, die mit lauter Stimme von den afroamerikanischen Erfahrungen sprachen: vom Kleid, das Rosa Parks trug, als sie sich 1955 weigerte, für einen weißen Passagier von ihrem Sitz im Bus aufzustehen, und dem Seidenschal, den Königin Viktoria der Abolitionistin und entflohenen Sklavin Harriet Tubman als Einladung zu ihrem Goldenen Thronjubiläum 1897 schenkte, bis zur Trompete von Louis Armstrong und einem frühen Foto der Jackson 5 beim Singen in ihrem Hof.

Während die Sammlung wuchs, machte man sich Gedanken um ihre Unterbringung und Ausstellung. Nach vielen Diskussionen wurde ein Standort an der National Mall neben dem Washington Monument ausgewählt. Den 2008 abgehaltenen Wettbewerb gewann ein Team von Architekten unter Leitung von David Adjaye. Das Gebäude, das in einer Reihe mit den anderen Museen an der National Mall steht, ist eine dreiteilige Struktur, deren Form, wie Adjaye angab, durch eine Yoruba-Skulptur aus

*Ganz links* **Gedenkkopf eines Königs aus dem Königreich Benin aus dem 17. oder 18. Jahrhundert, ausgestellt im Weltmuseum Wien**

*Links* **Weltmuseum Wien**

Westafrika inspiriert ist. Definiert ist der Bau durch seine Außenhaut mit ihrem engen geometrischen Muster, das an die Muster erinnert, die von den Sklaven für die Häuser im amerikanischen Süden gefertigt wurden. Auch wenn es architektonisch von den anderen Marmormonumenten in der Mall abweicht, knüpft es doch auf subtile Weise Verbindungen zu seiner Umgebung: Ausschnitte in der Außenhaut geben die Sicht auf das Umfeld frei, während die Schrägen den gleichen der Winkel haben wie die Spitze der Pyramide des Washington Monument.

Betritt man das Gebäude, gelangt man in einen Umgang zwischen der Außenhaut und der Innenstruktur. Von dort geht es in unterirdische Galerien, die von Davis Brody Bond entworfen wurden und von den schrecklichen Erfahrungen der Afroamerikaner in Sklaverei und Rassentrennung berichten. Die erlittene Brutalität wird durch Artefakte wie Fußeisen, Prügelpfosten und Auktionsblöcke für Sklavenauktionen verdeutlicht. Von dort steigen Besucher zu Galerien auf, die die Leistungen und Beiträge der Afroamerikaner zu Musik, Kunst, Kultur, dem Militär und dem zivilen Leben erkunden und feiern.

Das NMAAHC wird zwar als Nationalmuseum bezeichnet und von der Smithsonian Institution betrieben, es geht aber weit über diese Charakterisierung hinaus. Seine Rolle beim Erzählen der Geschichte der afroamerikanischen Kultur und Historie gibt es nur, weil diese aus den vorhandenen Narrativen der amerikanischen Historie größtenteils ausgeschlossen wurde. Das Museum macht dies nicht nur einfach durch seine Sammlung gut, sondern durch seine schiere Präsenz in der National Mall und die symbolische Kraft seiner architektonischen Form. Geht es bei einem Nationalmuseum um das Erzählen einer vereinbarten einigenden Geschichte, dann verkompliziert, destabilisiert und ergänzt das NMAAHC allein durch seine Existenz diese Geschichte und ist damit das endgültige postnationale Museum. Und da sich das Projekt nicht nur auf die USA, sondern auf die ganze Welt erstreckt, ist es zweifellos auch das endgültige globale Museum. Lonnie G. Bunch sagte voraus: »Dieses Gebäude wird für uns alle singen.«[20]

## SICH ÄNDERNDE WAHRNEHMUNGEN

Im Laufe dieses Kapitels haben wir die verschiedenen Möglichkeiten gesehen, über die Museumsgebäude immer größere Prominenz und Bedeutung beim Symbolisieren des Auftrags eines Museums gewonnen haben. Das war ohne Zweifel die wichtigste Konsequenz beim Aufstieg des globalen Museums, eines Phänomens, das mit dem Guggenheim in Bilbao begann und – wie wir gesehen haben – Museen aller Formen und Größen auf der ganzen Welt nach sich zog. Im schlimmsten Fall sind diese Gebäude kaum mehr als beliebige Gesten des Formbildens, schal und leer, mit einer Kultur, die auf ein politisches und wirtschaftliches

Instrument reduziert wurde, und dem Museum als dessen prahlerischer Verkörperung. Im besten Fall, und davon haben wir auf diesen Seiten zahllose Beispiele gesehen, erlaubt es das ikonische Gebäude dem Museum, auf ganz verschiedene Arten ein neues Publikum zu erreichen, und ein Treffpunkt für Menschen und Ideen zu werden. Als jüngste und sich noch entwickelnde Manifestation des globalen Museums treibt das postnationale Museum dies noch weiter und bringt seine reine Existenz als Institution und als Gebäude in den Kern dessen, wie es seinen Auftrag erfüllt. Auf diese Weise prägt das postnationale Museum nicht nur, wie wir seine Sammlungen und seine breitere Rolle in der Geschichte der Gesellschaft sehen, sondern wie wir alle Museen sehen.

Im abschließenden Kapitel untersuchen wir den Druck und die Herausforderungen, denen sich Museen in der heutigen schnelllebigen technologischen und hypervernetzten Welt gegenübersehen, sowie einige der Möglichkeiten, mit denen sie diesen jetzt und in Zukunft begegnen könnten.

***Links*** **Luftansicht der National Mall in Washington, DC**

***Oben*** **National Museum of African American History and Culture, National Mall, Washington DC, entworfen von David Adjaye und eröffnet 2016**

IRAQ MUSEUM

**_Links_ Außenansicht des Irakischen Nationalmuseums (auch: Irak-Museum), Bagdad**

# DAS MUSEUM HEUTE

Am 9. April 2003 wurden Fernsehzuschauer auf der ganzen Welt Zeuge, als die Statue von Saddam Hussein auf dem Firdos-Platz mitten in Bagdad umgestürzt wurde. Das Bild markierte das Ende der Schlacht um Bagdad, die einige Wochen zuvor mit einer riesigen Bombardierung begonnen hatte und am 7. April ihren Höhepunkt in einem Bodenangriff der Koalitionstruppen unter Führung des US-Militärs gefunden hatte. Die Schlacht um das ikarische Erbe hatte jedoch erst begonnen.

Angesichts der heftigen Kämpfe in Bagdad sahen sich die Kuratoren und Mitarbeiter des Irak-Museums am 8. April zur Evakuierung gezwungen. Als sie vier Tage später, bewaffnet mit Knüppeln zur Abwehr von Dieben, zurückkehrten, war das Museum geplündert und es fehlten etwa 15.000 Exponate. Das waren deutlich weniger als die anfänglich gemeldeten 170.000 Objekte – die etwa ein Drittel der Sammlung des Museums ausgemacht hätten –, aber es war dennoch ein riesiger Angriff auf das Museum und alles, was es repräsentierte.

Obwohl davor gewarnt wurde, das es im Chaos von Saddams Sturz zu Plünderungen von Kulturgütern kommen könnte, wurde kaum etwas getan, um sich darauf vorzubereiten – ganz anders als während der Befreiung Europas von der Nazi-Herrschaft 1945, wie wir in Kapitel 4 sahen. Nach den Plünderungen eilte Donny George Youkhanna, der Forschungsdirektor der irakischen Antikenbehörde durch die zerstörte Stadt in das Museum und versuchte vergebens, die amerikanischen Truppen zu überzeugen, es zu beschützen.

Zu ihm gesellte sich am 12. April der Colonel des Marine Corps Matthew Bogdanos, der im Südirak stationiert gewesen war und aus eigenem Antrieb die Erlaubnis eingeholt hatte, eine Untersuchungseinheit aufzustellen, um nach Diebesgut zu fahnden. Das Museum wurde gesichert. Youkhanna und Bogdanos stellten eine Liste der fehlenden Gegenstände auf. Sie mussten schnell handeln, bevor diese Objekte an skrupellose internationale Händler verkauft oder einfach zerstört wurden.

Um die Menschen zu ermutigen, Dinge zurückzubringen, wurde eine Amnestie angekündigt, sodass reuige Diebe ihre Beute straffrei wieder abliefern konnten. Bald kehrten die ersten Exponate zurück, während gleichzeitig Kontrollen eingerichtet wurden, um die Ausfuhr von Dingen zu verhindern. Weltweit beobachtete man Antiquitätenmärkte, um festzustellen, ob dort Objekte aus den Plünderungen auftauchten. Etwa die Hälfte der mutmaßlich geraubten Dinge sind seither aufgetaucht.

Youkhanna begann derweil mit dem physischen und institutionellen Wiederaufbau des Museums. Es wurden Reparaturen vorgenommen, neue Sicherheitsmaßnahmen installiert und ein Ausbildungsprogramm für Konservatoren etabliert. Es blieb jedoch immer noch viel zu tun, als Youkhanna im Jahr 2006 den Irak verließ. Er berief sich auf die zunehmend gefährlicher werdende Lage in Bagdad und den schädlichen Einfluss des Kulturministeriums des militanten Schiiten-Geistlichen Muqtada al-Sadr. Das Museum wurde erst 2015 wiedereröffnet.

*Links* Die Vase von Warka, ca. 3000 v. Chr., das älteste als Kalksteinrelief ausgeführte Ritualgefäß und einer der größten Schätze des Irak-Museums

*Unten* Die Bassetki-Statue, die aus der Altakkadischen Periode (etwa 2300 v. Chr.) stammt und im Irak-Museum in Bagdad ausgestellt ist.

*Rechts oben* Eine der Galerien im Irak-Museum, Bagdad

*Rechts unten* Fotografie, aufgenommen nach den Plünderungen des Irak-Museums im Jahr 2003

## UNSERE GEMEINSAME VERGANGENHEIT SCHÜTZEN UND IN DIE ZUKUNFT SCHAUEN

Der internationale Aufschrei, der auf die Nachricht von der Plünderung des Irak-Museums folgte, spiegelte den besonderen, fast schon heiligen Status wider, den Museen auf der Welt haben. Sie gelten, ob zu Recht oder nicht, als Orte, die irgendwie jenseits der banalen Realitäten des Alltags liegen, als Orte außerhalb der Zeit, an denen die Menschen zusammenkommen, die größten kulturellen Leistungen bewundern und von ihnen lernen können. Ein Angriff auf ein Museum ist nicht einfach ein Angriff auf seine Sammlung oder sein Gebäude, sondern auf die Zivilisation selbst.

Die Plünderung eines Museums ist immer schlimm, aber dass es das Irak-Museum war, war ungeheuerlich. Das heutige Irak liegt im Zentrum von Mesopotamien, der historischen Region, die durch das Flusssystem von Tigris und Euphrat bestimmt wird und als »Wiege der Zivilisation« gilt. In Mesopotamien, das Heimat der großen antiken Zivilisationen der Sumerer, Akkader, Babylonier und Assyrer gewesen ist, wurden die ersten Schriften erfunden, entstanden die ersten Städte und auch die ersten hochfiligranen Kunstwerke, wie etwa: die Vase von Warka, das älteste als Kalksteinrelief ausgeführte Ritualgefäß, die Bassetki-Statue, eine Kupferstatue eines sitzenden Mannes, und Maske von Warka, die älteste bekannte Skulptur eines menschlichen Gesichts. Diese drei Werke wurden gestohlen und später an das Irak-Museum zurückgegeben.

Aus diesem Grund ist das kulturelle Erbe im Irak-Museum nicht nur für die irakische Geschichte von Bedeutung, sondern für die Weltgeschichte. Die Wunden, die diese Institution 2003 erlitt, waren überall auf der Welt spürbar. Ähnlich verhielt es sich nach den bewussten Zerstörungen, die 15 Jahre später an historischen Stätten in Syrien und dem Nordirak vom Islamischen Staat verursacht wurden, der militant-fundamentalistischen Gruppe, deren Aufstieg ironischerweise zum Teil eine Folge der Instabilität nach der Invasion des Irak war. Indem sie das kulturelle Erbe angriffen – Moscheen, Kirchen, religiöse Schreine, historische Gebäude, archäologische Stätten und Museen –, nahm der IS bewusst nicht nur diese kulturellen Artefakte ins Visier, sondern die ganze zivilisierte Welt.

In einer weltweiten Gemeinschaft, die gespaltener, parteiischer und komplexer ist als je zuvor in der Geschichte der Menschheit, ist die Rolle von Institutionen, die unsere Bande aufzeigen, so wichtig wie noch nie. Diese Bande verknüpfen unsere Historien, reichen über moderne Politik und Grenzen hinaus und bieten uns Raum, in dem wir zusammenkommen und als Menschen miteinander umgehen können. Vermutlich spielen Museen die definierende Rolle in alldem. Wie wir aber im Laufe des Buches gesehen haben, sind Museen keine universellen Einrichtungen. Sie haben eine Geschichte und es gibt, da sie das

Produkt bestimmter Zeiten und Orte sind, keine Garantie, dass die Bedingungen, die sie erschaffen haben, sie für immer erhalten.

In diesem Kapitel schauen wir uns an, welchen – praktischen, politischen und philosophischen – Herausforderungen Museen sich im 21. Jahrhundert gegenüber sehen, und wie unterschiedliche Museen jetzt schon Wege finden, um diesen zu begegnen. Wir haben untersucht, welche Formen Museen angenommen und welche Rollen sie gespielt haben. Es ist daher sinnvoll, das Buch damit zu beschließen, dass wir uns anschauen, wie Museen sich wiederholt neu erfinden und wie sie uns dabei helfen können, nicht nur die Vergangenheit, sondern auch die Gegenwart und die Zukunft zu verstehen.

## NEUE HERAUSFORDERUNGEN FÜR DAS KURATIEREN

Möglicherweise haben Sie dieses Buch nicht als gedruckten Text auf Papier, sondern digital auf einem Bildschirm gelesen. Im Laufe der letzten zwei Jahrzehnte sind Computer neben Dingen, die wir an einem Schreibtisch benutzen, über das Smartphone allgegenwärtig und fester Bestandteil unseres Alltags geworden. Viele unserer täglichen Interaktionen mit Informationen und Menschen spielen sich inzwischen nicht mehr persönlich, sondern über einen Bildschirm ab. Während die Welt schneller geworden ist, hat sich unsere Aufmerksamkeitsspanne verkürzt. Wir sind immer ungeduldiger, können es kaum erwarten, bis etwas geladen ist, bevor wir zum nächsten Bild, dem nächsten Text usw. weiterscrollen.

Diese Lebensweise scheint dem Museum zu widersprechen, in dem wir normalerweise aufgefordert werden, unsere tägliche Realität zu verlassen und in einen Zustand der Kontemplation einzutreten. Museen, die der digitalen Welle nicht widerstehen konnten, erlauben mittlerweile die Nutzung von Smartphones in ihren Galerien. Klingelnde Handys, die man Ende der 1990er und Anfang der 2000er Jahre ertragen musste, erscheinen im Vergleich zu der ständigen Ablenkung durch Smartphones kurios. Betreten wir heute eine Galerie mit einem halbwegs berühmten Objekt, finden wir uns in einem Meer aus Bildschirmen wieder, auf denen die Besucher festzuhalten versuchen, was vor ihrer Nase geschieht.

Die digitale Revolution formt nicht nur die Art und Weise, wie wir Museen erleben, sondern verändert auch, wie und was sie sammeln. Bildschirme bieten nicht nur neue Möglichkeiten des digitalen Konsums, sondern auch der Produktion. Selbst wenn das am Ende des kreativen Prozesses geschaffene Objekt – ob nun ein Kunstwerk oder ein Alltagsprodukt – physisch bleibt, ist der Prozess selbst heute oft digital. Anstelle von Zeichnungen, Modellen, Buchstaben, Dokumenten und dergleichen, die den Schöpfungsprozess dokumentieren, haben wir digitale Dateien, die für Kuratoren und Forscher einzigartige Herausforderungen darstellen. Eine Serie aus Zeichnungen würde uns erlauben, die Iterationen eines Entwurfs zu sehen. Digital dagegen gehen die Iterationen in der fertigen Datei

*Links* **Besucher der Hagia Sophia, Istanbul, bewundern durch die Linsen ihrer Smartphones und Digitalkameras das Innere der Moschee.**

*Rechts* **Ein Besucher fotografiert mit seinem Smartphone ein Selbstbildnis von Vincent Van Gogh im Rijksmuseum, Amsterdam.**

*Unten* **Eine Besucherin nimmt mit ihrem Smartphone ein Video von Sandro Botticellis *Die Geburt der Venus* in den Uffizien in Florenz auf.**

auf, es sei denn der Designer entscheidet bewusst, Aufzeichnungen davon anzufertigen. Und da die Technik sich weiterentwickelt und veraltet, kann nicht garantiert werden, dass eine Datei kompatibel mit der neuesten Soft- und Hardware bleibt.

Auch wenn sich den Kuratoren neue Herausforderungen entgegenstellen, bleiben die zunehmend digitalen Fußabdrücke der Objekte, die in Museumssammlungen aufgenommen werden, vergleichbar den nichtdigitalen und können daher mit neuen Praktiken bewältigt werden. Komplizierter wird es, wenn das Objekt selbst digital ist. Wenn wir über die einflussreichsten »Objekte« des letzten Jahrzehnts nachdenken, dürften Apps ganz vorn auftauchen. Aber wie sammelt ein Museum eine »App«? Als Quellcode vom Entwickler? Oder als Paket, das wir auf unsere Telefone herunterladen? Aber welche Version? Und falls die App eine Verbindung zu einem Netzwerk oder einer Plattform ist, müssen wir diese dann auch sammeln?

Selbst diese Fragen lassen sich auf verschiedene Weisen beantworten und aus den Antworten kann die beste Praxis entwickelt werden. Was die digitalen Ablenkungen und verkürzten Aufmerksamkeitsspannen betrifft, die unser Museumserlebnis schmälern: Es gibt das Gegenargument, dass viele Menschen in unserer medienübersättigten Welt nach der Art authentischer, »langsamer« Erfahrung suchen, für die Museen prädestiniert sind. Und auch wenn einige etwas anderes vorhergesagt haben, hat die zunehmende Digitalisierung von Museumskatalogen nicht zu einer spürbaren Abnahme der Besucherzahlen geführt. Im Gegenteil, je mehr Museen online gehen, um so mehr Menschen scheinen sich zu Besuchen aufraffen zu können. Als Reaktion darauf haben einige Museen, teils allein, teils gemeinsam mit Partnern wie Google Arts & Culture (einer Onlineplattform für hochaufgelöste Digitalbilder von Objekten aus Museen auf der ganzen Welt), innovative digitale Programme entwickelt. Für neue Technologien wie Erweiterte und Virtuelle Realität (Augmented und Virtual Reality) dienten Museen sogar als wichtige Testfelder für deren Einsatz mit Implikationen, die weit über das Feld des Museums hinausgehen.

Die digitale Revolution hat also die Rolle und den Status des Museums weniger bedroht, als vielmehr neue Möglichkeiten geboten, sie und ihre Sammlungen zu nutzen und damit ihre Wirkung und Reichweite drastisch zu erhöhen. Wenn wir akzeptieren, dass die digitalen Angebote neue Wege zum Erleben der Welt bieten, dann hat das Museum das Potenzial, als vitale Plattform für die neuen Formen der kulturellen Interaktion zu dienen.

## DER UMGANG MIT DEM KOLONIALISMUS

Während Herausforderungen der digitalen Zukunft den Museen eine Reihe von potenziellen Vorteilen bieten, kann man das vom Erbe des Kolonialismus nicht behaupten, das in vielen westlichen

Museen weiterhin präsent ist und zweifellos die Idee des Museums, wie es heute oft noch verstanden wird, geprägt hat. Das gilt vor allem für die großen »enzyklopädischen Museen« in Europa und den USA, die uns in Kapitel 2 und 3 begegnet sind. Das Narrativ der künstlerischen Entwicklungen durch die großen »Zivilisationen« der Antike – Ägypten, Griechenland, Rom –, das diese Museen anbieten, spiegelt natürlich eine eindeutig westliche Sicht auf die Geschichte.

Noch verstörender ist jedoch die Frage der kolonialen Ursprünge vieler Objekte in ihren Sammlungen. Das schließt nicht nur Objekte ein, die geplündert oder mit Gewalt gestohlen wurden, wie die Benin-Bronzen, sondern auch solche, die »legal« in die westlichen Sammlungen gelangt sind. Selbst in solchen Fällen würden nämlich viele Leute argumentieren, dass die Übergabe der Objekte das Machtungleichgewicht zwischen Kolonialisten und Kolonialisierten widerspiegelt. Wir im Westen nehmen das Vorhandensein unseres kulturellen Erbes oft als gegeben hin und können uns nicht vorstellen, wie es sich anfühlt, wenn die größten kulturellen Leistungen unserer Vorfahren in einem Museum eines fremden Landes lagern, das viele tausend Kilometer entfernt ist.

Wie wir bereits feststellten, gibt es seit mehreren Jahrzehnten immer lautere Rufe nach der Rückgabe von Objekten an ihre Herkunftsländer. Auch wenn sich dies vor allem auf das kulturelle Erbe Afrikas konzentriert, bleiben die Parthenon-Skulpturen das bekannteste Beispiel. Es sagt viel aus, dass die griechische und nicht die afrikanische Kunst im Fokus der *Declaration on the Importance and Value of Universal Museums* steht, die von großen enzyklopädischen Museen, darunter dem Louvre, dem Met und dem British Museum im Jahr 2002 herausgegeben wurde:

> Die jahrhundertealte Wertschätzung der griechischen Kunst begann in der Antike, wurde im Italien der Renaissance erneuert und breitete sich daraufhin durch Europa und Amerika aus. Ihre Aufnahme in die Sammlungen öffentlicher Museen auf der ganzen Welt signalisierte die Bedeutung der griechischen Skulpturen für die Menschheit als Ganzes und ihren andauernden Wert für die heutige Welt. Zudem tritt die typisch griechische Ästhetik dieser Werke umso stärker in Erscheinung, als sie in unmittelbarer Nähe zu den Produkten anderer großer Zivilisationen gesehen und studiert werden.[1]

Die *Declaration*, das muss man fairerweise sagen, wirkt aus der Zeit gefallen und schien schon damals vor allem eine Ausrede der Museen zu sein, um Rückgabeforderungen entgegenzutreten:

> Mit der Zeit sind solcherart erworbene Objekte – ob durch Kauf, als Geschenk oder durch Fundteilung – Teil der Museen geworden, die sich um sie gekümmert haben, und damit Teil des Erbes der Nationen, in denen sie aufbewahrt werden.

Am vielsagendsten war vielleicht, dass der Fall, den die *Declaration* angeführt hat, auf die historische Rolle der Museen anspielte statt auf ihre gegenwärtige.

***Rechts und gegenüber*** **La Tanya S. Autry und Mike Murawski, die die Kampagne Museums are Not Neutral gestartet haben**

Ein progressiveres Argument für solche Institutionen kam in den nachfolgenden Jahren von Neil MacGregor, der kurz nach Veröffentlichung der *Declaration* im Dezember 2002 zum Direktor des British Museum bestellt wurde. In einem Artikel für *The Guardian* kam er im Juli 2004 zu dem Schluss, dass

> eine Sammlung wie diese, die treuhänderisch vom British Museum für die Welt aufbewahrt wird, gewiss eine mächtige Waffe in einem Konflikt ist, der tödlich sein kann, wenn wir keine Mittel finden, die Gedanken sowie die Körper vor der Unterdrückung zu retten. Weltmuseen dieser Art bieten uns eine Chance, die Argumente zu schmieden, mit denen es uns hoffentlich möglich ist, die simplifizierenden Brutalitäten zu besiegen, die überall auf der Welt die Politik verunstalten. Das British Museum muss nun seine weltweite staatsbürgerliche Aufgabe bekräftigen. Das muss das Ziel sein, das unsere künftigen Pläne formt. Wo sonst kann die Welt so deutlich erkennen, dass sie eins ist?[2]

MacGregor erkennt die problematischen Provenienzen vieler der Objekte in seinem Museum an, stellt aber auch klar, dass die Institution selbst unbefleckt von diesen Historien ist: »Eine Sammlung, die die ganze Welt umgreift, erlaubt es Ihnen, die ganze Welt in Betracht zu ziehen. Das ist es, wofür eine Institution wie das British Museum steht.« Diese Vorstellung, dass das Museum sich selbst über die Debatten rund um seine Objekte erheben kann, war das Ziel der jüngsten Welle des Aktivismus für die Dekolonialisierung von Museen. Eine der einflussreichsten Kampagnen war #MuseumsAreNotNeutral, gestartet im August 2017 von der Kunsthistorikerin La Tanya S. Autry und dem Museumsprofi Mike Murawski:

> [Die Kampagne weist] den Mythos der Neutralität zurück, den viele Museumsmitarbeiter und andere anbringen. Manche behaupten routinemäßig, dass Museen neutral sein sollten oder nicht »politisch« sein können. Da Museen kulturelle Produkte kolonialer Unternehmungen sind, geht es bei ihnen um Macht. Sie sind politische Konstrukte. Ihre laufenden Praktiken wurzeln in Macht. Schon allein die Tatsache, dass dieses Feld eine lange Geschichte des Ausschließens und Marginalisierens von People of Color in Bezug auf die Auswahl, Interpretation und Pflege von Kunst und anderen Objekten, Jobs, Besucherservices, Vertretung in Gremien und mehr hat, zeigt, dass Museen politische Räume sind. Alles in ihnen und über sie betrifft Entscheidungen.[3]

Die Kampagne fand auf der ganzen Welt Widerhall und viele der aufgeworfenen Fragen – von der Herkunft der Museumssammlungen bis zum Mangel an Diversität in Museumsberufen – wurden zu Recht in die Tagesordnung der Institutionen aufgenommen.

*Oben* **Burkina Fasos Präsident Roch Marc Christian Kaboré (rechts) trifft 2017 Frankreichs Präsident Emmanuel Macron (links) im Präsidentenpalast von Burkina Faso.**

*Gegenüber* **Der Eingang des V&A Museum, entworfen von Aston Webb, zeigt eine Statue von Prinz Albert (die darüber befindliche Statue von Königin Victoria ist nicht im Bild).**

## DIE RÜCKFÜHRUNGSDEBATTE

Die Reaktionen auf diese immer lauter geäußerte Meinung sind ganz unterschiedlich. Kurz nach seinem Amtsantritt hielt der französische Präsident Emmanuel Macron eine Rede vor Studenten an der Universität Ouagadougou in Burkina Faso, in der er sagte:

> Ich kann nicht akzeptieren, dass sich ein großer Teil des kulturellen Erbes mehrerer afrikanischer Staaten in Frankreich befindet. Es gibt historische Erklärungen dafür, aber keine gültigen Rechtfertigungen, die Bestand haben und vorbehaltlos sind. Afrikanisches Erbe kann sich nicht nur in europäischen Privatsammlungen und Museen wiederfinden. Afrikanisches Erbe muss in Paris hervorgehoben werden, aber auch in Dakar, in Lagos, in Cotonou. In den nächsten fünf Jahren möchte ich die Bedingungen für eine temporäre oder permanente Rückgabe des afrikanischen Erbes an Afrika herstellen. Das wird eine meiner Prioritäten sein.[4]

Nicht lange nach dieser Rede beauftragte Macron den senegalesischen Wissenschaftler und Schriftsteller Felwine Sarr und den französischen Kunsthistoriker Bénédicte Savoy damit, festzustellen, wie dies erreicht werden könnte. Der Bericht von Sarr und Savoy war gleichermaßen eindeutig und empfahl die permanente

Rückführung der afrikanischen Kulturgüter, die während der französischen Kolonialzeit nach Frankreich gebracht worden waren.[5] Und dies sollte, so insistierten sie, sofort geschehen, und zwar mittels der Formulierung einer Reihe von »Übergangslösungen«, die gelten würden, »bis rechtliche Mechanismen gefunden worden wären, die eine endgültige und bedingungslose Rückgabe der Kulturgüter an den afrikanischen Kontinent erlauben«.[6]

Im Gegensatz dazu hüllte sich die britische Regierung in dieser Frage weitgehend in Schweigen. Der Bericht von Sarr und Savoy hat aber zumindest eine Reihe von britischen Museen gezwungen, sich mit diesen Problemen zu befassen. 2019 schrieb der Direktor des V&A und frühere Politiker Tristram Hunt in einem Artikel namens »Should museums return their colonial artefacts?« (Sollten Museen ihre kolonialen Artefakte zurückgeben?): »Vom Beginn meiner Direktorentätigkeit an wollte ich offen und transparent hinsichtlich dieser kolonialen Vergangenheit sein und sorgfältig darüber nachdenken, wie man heute mit diesem Erbe umgehen sollte.«[7] Dennoch beschrieb er sich selbst als »überrascht von der Intensität der Rückführungsdebatte«, bevor er anhand eines Beispiels anführte, wie das V&A aktiv mit diesen Fragen umgeht. Er verwies auf die Notwendigkeit, »vorsichtig zu handeln«:

> Es ist immer noch etwas essenziell Wertvolles an der Fähigkeit von Museen, Objekte jenseits bestimmter kultureller oder ethnischer Identitäten zu positionieren, sie innerhalb einer breiteren intellektuellen oder ästhetischen Abstammungslinie zu kuratieren und sie in ein weiteres, reicheres Rahmenwerk aus Beziehungen zu setzen und gleichzeitig den freien und offenen Zugang zu ihnen zu gewähren, sowohl physisch als auch digital.
>
> Ein Museum wie das V&A zu dekolonisieren bedeutet, es seines Kontexts zu berauben: Die Geschichte des Empire ist in dessen Bedeutung und Sammlungen eingebettet, und die Frage ist, wie man das interpretiert.

Während Hunt zu Recht vorsichtig ist, und er dieser Art von Diskussionen lobenswerterweise offener gegenübersteht als andere, ist auch klar, dass alle Änderungen, die er vorhersieht, langsam und schrittweise vonstatten gehen sollten. »Kolonialismus«, sagte er später in einer Radiosendung der BBC, »hat die Kulturen sowohl der Kolonialisierten als auch der Kolonisatoren umgeformt, und es ist an den Museen, diese komplexe und nuancierte Geschichte zu erzählen.«[8] Diese nette, wenn auch aalglatte Rhetorik zielt jedoch nur auf einen Wechsel der Interpretation und bleibt im Prinzip ein Argument für die Fortsetzung der bisherigen Politik.

*Links* Der Direktor des Rijksmuseum Taco Dibbits (links) und Thierry Vanlancker, CEO des internationalen Farbenherstellers AkzoNobel (rechts) untersuchen Rembrandts *Die Nachtwache* vor ihrer Restaurierung.

*Rechts* Leonardo da Vincis *Felsgrottenmadonna*, umgeben von einem virtuellen Altar in der Ausstellung *Leonardo: Experience a Masterpiece* der Londoner National Gallery von 2019

## EIN BEDARF AN FRISCHEN PERSPEKTIVEN

Vermutlich sollten wir von Museumsdirektoren, die lediglich den Status quo beibehalten wollen, nicht mehr erwarten. Veränderungen, die aus der Museumswelt selbst hervorgehen, werden daher eher von den weiter unten in der Hierarchie angesiedelten Stellen eingeleitet. Für viele, die sich für die Dekolonialisierung einsetzen, sind es nicht nur die Sammlungen, in denen bestimmte kulturelle Gruppen, Ideen und Perspektiven unterrepräsentiert sind, sondern auch die Mitarbeiter. Gruppen wie Museum Detox – »ein Netzwerk aus People of Colour, die in Museen, Galerien, Bibliotheken, Archiven und dem Kulturerbe-Sektor arbeiten« – haben es sich daher die Repräsentation in all ihren Formen zum Ziel gesetzt, wie ihr Leitbild beschreibt:

> Museum Detox setzt sich für die faire Repräsentation und Inklusion der kulturellen, intellektuellen und kreativen Beiträge von POCs ein. Wir fechten existierende Systeme der Ungleichheit an und arbeiten daran, sie zu zerstören, um einen Sektor zu ermöglichen, dessen Belegschaft und Publikum ein Abbild der britischen Bevölkerung des 21. Jahrhunderts ist.[9]

Das Argument läuft auf eine einfache Aussage hinaus: Wenn Museen behaupten, als öffentliche Institutionen eine Berechtigung zu haben, muss sich diese Öffentlichkeit auch in den Menschen widerspiegeln, die für sie arbeiten – in Form von Klasse, ethnischem Hintergrund und Geschlecht. Heute, im 21. Jahrhundert, wird es für Museen zunehmend unhaltbar, mit einer institutionellen Stimme zu sprechen; sie müssen zu Räumen werden, die sich bemühen, neue und unterschiedliche Sichtweisen zu fördern, vor allem, wenn diese die bestehende Ordnung herausfordern und erschüttern.

Dieses Ziel ist wichtig und notwendig. Nur wenn Museen dies erreichen, können sie sich wirklich mit der Frage der Dekolonialisierung der Objekte in ihren Sammlungen auseinandersetzen. Auch wenn sich vieles sofort erreichen lässt, ist es ein langer und komplexer Weg, der per Definition verlangt, jedes Objekt in den Sammlungen unterschiedlich zu behandeln, seinen Ursprung, seine Provenienz und seine heutige Bedeutung zu ermitteln. Eine Einheitslösung wäre nicht nur unmöglich, sondern gänzlich selbstzerstörerisch.

Hört man jedoch auf Teile der politischen Linken, dann wäre es verzeihlich zu denken, dass alles ganz einfach ist: Museen sind nur Agenten des Kolonialismus und alle Objekte in ihren Sammlungen müssen daher »gestohlen« sein. Soweit diese Position vorsätzlich die Nuancen und Komplexitäten der Situation ignoriert, die sie zu lösen vorgibt, unterscheidet sie sich nicht allzu sehr von denen, meist aus dem politisch rechten Lager, für die Museen keine Vorwürfe zu beantworten haben und einfach so weiter machen dürfen wie zuvor. Die These, dass Museen sich sinnvoll mit ihrem kolonialen Erbe auseinandersetzen sollten, ist zwar recht einfach, aber sie sagt nicht, dass es einfach wäre, es auch tatsächlich zu tun. Ein Narrativ, das die Fragen des Empire und der Kolonialisierung umschifft, durch ein anderes zu ersetzen, das sagt, Museen müssen »es zeigen, als ob sie es gestohlen hätten«, wie ein bekannter Aktivist fordert, schreckt vor dem Ausmaß dessen zurück, was auf dem Spiel steht.[10]

*Links oben* **Luftaufnahme des Museum of New Zealand Te Papa Tongarewa, Wellington, entworfen von Jasmax Architects und eröffnet 1998**

*Links unten* **Luftaufnahme des Museum of New Zealand Te Papa Tongarewa, Wellington**

*Rechts* **Eingangsbereich des Museum of New Zealand Te Papa Tongarewa, Wellington**

## ORTE FÜR KONKURRIERENDE STIMMEN SCHAFFEN

Damit Dekolonialisierung eine anhaltende und sinnvolle Wirkung hat, müssen Museen zu Orten für vielfältige und konkurrierende Stimmen werden, in denen die vielen Identitäten, Hintergründe und Historien der Gesellschaft als Ganzes wiedergegeben werden. Die ersten Museen, die dies erkannt haben, liegen in Ländern mit indigenen Bevölkerungen, die besetzt und deren Menschen durch Kolonialisierung zu Tod und Krankheit verurteilt worden waren. So startete etwa das Australian Museum in Sydney ein auf zehn Jahre angelegtes Indigenous Roadmap Project, das eng mit indigenen Gemeinschaften zusammenarbeitet, um seine Beziehung zu diesen Objekten in seiner Sammlung zu überdenken.

In Neuseeland wurde 1992 offiziell das Museum of New Zealand Te Papa Tongarewa gegründet (und 1998 eröffnet). Es führte die Sammlungen des National Museum und der National Art Gallery zusammen und schuf ein ausdrücklich neues Museum, das die verschiedenen Gemeinschaften Neuseelands reflektiert. Sein Māori-Name, der wörtlich übersetzt »Behälter für Schätze« bedeutet, aber auch mit »unser Behälter der geschätzten Dinge und Menschen, die hier in Neuseeland der Mutter Erde entspringen« interpretiert werden kann, steht in starkem Kontrast zu seinem Vorgänger, dem 1865 gegründeten Colonial Museum.

Europäische Museen, die von Natur aus von den Orten der Kolonialisierung abgekoppelt sind, brauchen gleichermaßen einen grundlegenden Wandel in Ansichten und Arbeitsweise, um sich mit den Hinterlassenschaften des Kolonialismus auseinanderzusetzen. Jedes Museum und jede Sammlung ist anders, sodass jedes Museum eigene Ansätze entwickeln und selbst komplexe Antworten auf komplexe Fragen finden muss. Praktisch bedeutet dies irgendeine Form von Rückgabe, wenn dies die angemessenste Richtung ist, aber auch andere Formen von Engagement und kritischem Umgang.

Es gibt bereits zahlreiche Beispiele für Museen, die in diese Richtung gehen: vom Dialog auf verschiedenen Ebenen mit ehemals kolonialisierten Ländern über die Rückgabe oder das Teilen ihres kulturellen Erbes, bis zur Bemühung, junge Menschen anderer ethnischer Hintergründe in den Museumssektor einzuführen und verschiedene Arten kuratorischer Projekte ins Leben zu rufen, die diese Fragen in den Mittelpunkt stellen. Ein Beispiel dafür sind »Residencies«, bei denen Künstler und andere Kreative eingeladen werden, sich in ein Museum oder eine Sammlung einzubringen und Werke als »Reaktion« darauf zu erschaffen. Natürlich sind nicht alle erfolgreich, aber wenn sie es sind, dann bieten sie machtvolle Methoden, um Museumssammlungen und -praktiken auf eine Art umzudeuten, die von innen unmöglich ist.

Die Residency der interdisziplinären indischen Künstlerin Avani Tanya in den V&A South Asian Collections im Jahr 2017 ist hierfür ein gutes Beispiel. In Zusammenarbeit mit der Delfina Foundation erforschte Tanya mehrere Monate lang die Sammlung sowie ihre Ursprünge, Organisation und Ausstellung und ging der Frage nach, »was eine Sammlung ausmacht und was im museologischen Narrativ fehlt«.[11] Diese Arbeit »provozierte eine

*Oben* Fotografie, die Avani Tanyas Residency am V&A South Asian Collections im Jahr 2017 dokumentiert

*Unten A Selective Guide to the V&A's South Asian Collection*, das Buch, das Avani Tanya während ihrer Residency am V&A produzierte

*Rechts Hylas und die Nymphen*, 1896, Öl auf Leinwand, von John William Waterhouse

Unmenge an Fragen«. Anstatt im Museum nach Antworten zu suchen, lud Tanya andere Kreative ein, »ihre persönlichen Interpretationen, Reaktionen und Verbindungen zu Objekten in der Sammlung zu teilen«. Das Ergebnis war die Publikation *A Selective Guide to the V&A's South Asian Collection*, die einer Vielzahl von Stimmen und Reaktionen eine Plattform bietet und ein bleibendes Erbe ihrer Residenz ist.

Andere Ansätze nutzen herkömmliche kuratorische Formen auf neue Art. Ein interessantes Beispiel ist die Ausstellung *Mobile Welten oder das Museum unserer transkulturellen Gegenwart*, kuratiert von Roger M. Buergel, gezeigt 2018 am Museum für Kunst und Gewerbe in Hamburg. Die Ausstellung verzichtete auf viele Konventionen eines Museums und präsentierte Altes und Neues, Seltenes und Alltägliches, Wertvolles und Wertloses nebeneinander ohne traditionelle kuratorische Trennungen.

> Anstatt Objekte nach Epochen, Geografien, Kunst und Nicht-Kunst zu ordnen, konzentriert sich die Ausstellung auf die globale Bewegung von Objekten, Menschen und Ideen in der Vergangenheit und Gegenwart und die damit verbundene Verflechtung kultureller Formen und Lebenswelten.[12]

Entsprechend entzogen sich die etwa 200 Objekte »einzelnen Bedeutungen oder Interpretationen« und die Kultur selbst wurde in einem stetigen Fluss gezeigt – oder vielleicht war sie es auch.

## WIDERSTAND GEGEN DAS HINTERFRAGEN DES STATUS QUO

Trotz ihrer verschiedenen Ansätze erkannten sowohl *Mobile Welten* als auch Tanyas Projekt an, dass in musealen Räumen Politik und Ideologien herrschen. Das sollte uns am Ende dieses Buches ebenfalls klar sein. Museen sind immer schon politisch gewesen. Das hat jedoch nicht verhindert, dass Projekte, die sich direkt mit diesem Status befassen, heftige Gegenreaktionen erfahren.

Im Januar 2018 wurde das Gemälde *Hylas und die Nymphen* des präraffaelitischen Malers John William Waterhouse von 1896 zeitweise aus der Manchester Art Gallery entfernt. Dies gehörte zur Aktion der Künstlerin Sonia Boyce, um »unterschiedliche Bedeutungen und Interpretationen von Gemälden aus der Sammlung der Galerie in den Blick und in das Leben zu rücken«.[13] Die relativ zahme Aktion entfachte einen Sturm in den Medien, der von Zensur und politischer Korrektheit sprach und bizarrerweise sogar Vergleiche mit den Bücherverbrennungen der Nazis anstellte.

Offenbar hatte das Projekt mitten in der #MeToo-Bewegung und deren Gegenreaktionen einen Nerv getroffen. Gewiss ist Waterhouses Gemälde alles andere als feministisch mit seiner Darstellung der offenkundig sexualisierten, nackten Nymphen, die den Helden Hylas in das Wasser locken. Boyces Projekt war aber auch keine simple Kritik an dem Gemälde, sondern eher eine Untersuchung, wie und warum Museen Werke ausstellen und wie und in welchem Kontext sie ihre Sammlungen präsentieren. Die Entfernung des Bildes war tatsächlich der Höhepunkt einer Reihe von Performances, die Boyce organisiert hatte, und an denen Lasana Shabazz und das Drag-Kollektiv Family Gorgeous beteiligt waren: Anna Phylactic, Venus Vienna, Liquorice Black und Cheddar Gorgeous – eine Tatsache, die viele Kritiker einfach ignorierten oder gar nicht bemerkten.

Das Projekt sollte Diskussionen und Debatten anregen. Die Reaktion übertraf eindeutig das, was Boyce oder die Galerie sich vorgestellt hatten, allerdings sicher nicht in der gewünschten Weise. Dennoch enthüllte es sowohl die Schwierigkeiten bei der Frage, wie viel man bei Museen als gegeben hinnehmen könne, als auch die Leidenschaft, die diese Institutionen und Sammlungen auslösen. Boyce erntete nicht nur Kritik, sondern auch viele positive Reaktionen zu dem Projekt und seinen Ambitionen.

Während man akzeptiert, dass Museen und die Kulturen, die sie tragen, sich ändern müssen, und zwar so, dass sie inklusiver und diverser werden und ihr Publikum besser widerspiegeln, muss man gleichzeitig vermeiden, das zu zerstören, was sie zu einzigartigen Institutionen in der menschlichen Kultur macht. Mike Murawski führt im Hinblick auf #MuseumsAreNotNeutral an: »Museen können mächtige Mittel zur gesellschaftlichen Veränderung in unseren Gemeinschaften sein, und es liegt an uns allen, dies geschehen zu lassen«.[14]

## DEN ZWECK EINES MUSEUMS IN EINEM ZEITGENÖSSISCHEN KONTEXT NEU BEWERTEN

Wir haben in diesem Buches erkundet, welche Formen das Museum in seiner Geschichte angenommen hat, wie und warum diese zustande kamen und welche Rolle sie beim Wandel der Idee des Museums an sich spielten. Wir suchten nach den Ursprüngen des Museums in der *Wunderkammer* und den *Studioli* des 15. und 16. Jahrhunderts, in denen zum Studium, zur Kontemplation und aus Prestigegründen ungewöhnliche Objekte zusammengetragen wurden. Irgendwann nahm die Idee Gestalt an, den Zugang zu diesen Proto-Museen nicht auf eine kleine gesellschaftliche oder intellektuelle Elite zu beschränken.

Diese Mischung aus Idealen, Hoffnungen und physischen Realitäten zeugte die ersten Museen als vermutlich definierende Produkte der Aufklärung. Während die *Wunderkammer* die Welt abschotten wollte, strebte das Museum der Aufklärung danach, sie zu klassifizieren und seine unendliche Vielfalt unter menschliche Kontrolle zu bringen. Hier, in den Anfängen des Museums, wie wir es heute verstehen, entstanden die Verquickungen mit der parallelen Geschichte der Kolonialisierung, deren Erbe heute hochumstritten ist.

Als im 19. Jahrhundert in Europa und dann auch in den USA die Zahl der Museen zunahm, wurde ihre Rolle immer wichtiger: Sie waren nicht mehr einfach nur Lagerstätten für Objekte, sondern auch Instrumente des Unterrichtens und Aufklärens der Bevölkerung. Es war das Zeitalter des Öffentlichen Museums, das schließlich unverzichtbar für das bürgerliche Leben wurde.

War das Öffentliche Museum die Folge der außerordentlichen gesellschaftlichen, politischen und wirtschaftlichen Umbrüche durch die Industrielle Revolution, dann bildete das Moderne Museum eine Möglichkeit, deren kulturelle Implikationen zu verstehen. Die Moderne als kulturelle Bewegung strebte nichts weniger an als eine Transformation des Alltags. Dies drückte sich im Modernen Museum aus, und zwar nicht einfach durch neue und innovative Bauformen, obwohl auch diese wichtig waren, sondern durch ein neues Paradigma für die Darstellung von Objekten, das die grundlegende Interaktion und Beziehung zwischen Objekt und Betrachter über alles andere stellte.

Nachdem die modernistische Architektur Ende der 1970er Jahre in einer ästhetischen und ideologischen Sackgasse gelandet war, entstand ein neuer Typ von Museum, bei dem das Museumsgebäude eine immer wichtigere Rolle dabei zu spielen begann, wie das Museum sich und seinen Auftrag der Welt präsentiert. Im Zeitalter der architektonischen »Ikone« wurde das Museum zu einem wichtigen Werkzeug in der wirtschaftlichen und kulturellen Regeneration, die das Bild der Stadt im 21. Jahrhundert verwandelte. Das globale Museum mit seinen unterschiedlichen Ausprägungen in Europa, den USA und zunehmend

dem Nahen Osten und China markierte den Moment, als das Gebäude wichtiger als die Sammlung wurde.

In der langen Geschichte des Museums hat jede dieser fünf Manifestationen aus dem geschöpft, was vor ihr kam, und wiederum umgeformt, wie wir die Museen, die danach kamen, konzipiert und verstanden haben. Der lange Blick dieses Buches erlaubt es uns daher, dasselbe zu tun und uns vorzustellen, was als Nächstes kommen könnte.

Wie wir gerade gesehen haben, befleckt das wachsende Bewusstsein und Verständnis für die koloniale Hinterlassenschaft eines Museums nicht nur Museen mit Sammlungen aus der Kolonialzeit, sondern die Vorstellung vom Museum als Vermittler unterschiedlicher Kulturen und Historien, das in gewisser Weise neutral ist. Von dort ist es kein allzu großer Sprung zu der Behauptung, dass die Zeit des Museums, wie wir es kennen, abgelaufen ist und wir nun vollkommen neue Mittel finden müssen, um die kulturellen Leistungen und Hinterlassenschaften der Vergangenheit einzuordnen.

Wenn dies eine existenzielle Herausforderung für das Konzept des Museums seit der Aufklärung darstellt, dann müssen wir nun die Frage beantworten, wie das Museum neu erfunden werden kann, um sich dieser Herausforderung zu stellen. Dazu könnten wir gleichzeitig zurückblicken auf die drei grundlegenden Eigenschaften, die ein Museum definieren, und nach vorn auf die Transformationen, die die digitale Revolution noch bringt. Beides erlaubt es uns, das jeweils andere umzudeuten.

**_Links_ Eine Frau benutzt ein Smartphone mit einem »Google Cardboard«, um ein Virtual-Reality-Projekt zu betrachten, das 2016 von Google Arts & Culture und dem Naturkundemuseum in Berlin entwickelt wurde.**

**_Unten_ Standbild aus dem immersiven Projekt _The Venn Room_ , das 2019 von Space Popular (Lara Lesmes und Fredrik Hellberg) für die Tallinn Architecture Biennale erschaffen wurde**

SEUM

*Links und rechts* Bilder aus *ROOT DOMAIN: Tracing the Physical Impact of Digital Museums and Archives* – einem spekulativen Projekt von Lara Lesmes und Fredrik Hellberg (Space Popular) sowie Owen Hopkins aus dem Jahr 2020, das das Museum als Vehikel für Klimaaktionen neu denkt

***Rechts oben und unten*** **Installationsaufnahmen der Galerie du Temps im Louvre-Lens, Lens, entworfen von SANAA und Imrey Culbert und eröffnet 2012**

## DIE SUBJEKTIVITÄT VON SAMMLUNGEN

Die erste und älteste der drei Eigenschaften, die ein Museum definieren, ist seine Sammlung; es gibt einfach kein Museum ohne Sammlung. Dennoch war und ist unser Verständnis von der Sammlung eines Museums immer stark durch die Objekte selbst geprägt, statt durch die zweifellos ebenso wichtige Reihe von Entscheidungen, die bestimmt haben, wie die Sammlung zustande gekommen ist. Wenn wir ein Museum besuchen, sehen wir überdies selten mehr als nur einen kleinen Anteil der Objekte seiner Sammlung. Auch hier werden die Entscheidungen darüber, was ausgestellt wird und was im Lager bleibt, selten anerkannt.

Während einige dieser Entscheidungen eindeutig praktischer Art sind – manche Objekte sind vielleicht in einem Zustand, der sie ungeeignet für die Ausstellung macht –, sind die meisten kultureller, historischer und ideologischer Art. Im Zeitalter der Dekolonialisierung müssen Museen Mittel finden, um ihre Sammlungen zu dezentralisieren, weniger hierarchisch zu denken und unterschiedlichen Teilen die gleiche Bedeutung einzuräumen. Es gibt bereits einige Initiativen, die dies versuchen, wie etwa die Galerie du Temps am Louvre-Lens – eine offene Galerie, in der 200 Werke aus der riesigen Sammlung des Louvre chronologisch angeordnet sind. Jedes Jahr werden Dutzende Werke durch andere ausgetauscht, sodass sich ein volleres und nuancierteres Bild der Sammlung des Louvre präsentiert, auch wenn noch viel zu tun ist.

Während das wegweisende Design der Galerie du Temps zum Teil konzipiert wurde, um die Neuheit dieses kuratorischen Unterfangens auszudrücken, können wir eine Menge lernen, indem wir auf Ausstellungsformen aus der Zeit vor dem Museum zurückblicken. Der amerikanische Konzeptkünstler Mark Dion, dessen Arbeiten häufig die Klassifizierungs- und Ausstellungssysteme von Museen erkundeten, ist schon lange von der *Wunderkammer* fasziniert:

> Das Interessante an der Wunderkammer ist, dass es nicht die eine Wunderkammer gibt – sie sind alle verschieden. Jede spiegelt für sich die Person wider, die sie angelegt hat, und deren Zugang zu Materialien. …
>
> Sie sind vorwissenschaftlich; sie stehen immer noch mit einem Bein in der Welt der Magie, und was das bedeutet, ist von einem Organisator zum anderen ganz unterschiedlich. Sie sind so eigentümlich und seltsam, und man kann sich in Schwierigkeiten bringen, wenn man seine Wunderkammer organisiert – ich finde das alles sehr interessant.[15]

Die *Wunderkammer* ist, wie Dion beobachtet, immer und von Natur aus subjektiv. Damit steht sie im Gegensatz zur pseudoobjektiven Art, die üblicherweise die Museumspräsentationen kennzeichnet. Diese Objektivität jedoch ist im besten Fall naiv und im schlimmsten Fall unaufrichtig. Wie wir im Laufe des Buches gesehen haben, hat sich die Art und Weise, wie Objekte gesammelt und ausgestellt werden, in der Geschichte der Museen beträchtlich weiterentwickelt. Diese Entwicklung bedeutet, dass sie per Definition alles andere als objektiv sind. Es gibt nichts Absolutes; jede Museumssammlung ist in einer Vielzahl von Weisen subjektiv. Und anstatt etwas anderes vorzutäuschen – etwa mit Objektbezeichnungen, die in der Stimme des Museums anstelle der des Kurators präsentiert werden –, kann man viel gewinnen, wenn man zulässt, dass sie ihre Subjektivität offenkundig und ohne Scham zur Schau stellt.

*Links und rechts* **Installationsaufnahmen der Galerie du Temps im Louvre-Lens, Lens, entworfen von SANAA und Imrey Culbert und eröffnet 2012**

## ZUGANGSBARRIEREN NIEDERREISSEN

Die zweite wesentliche Eigenschaft des Museums besteht darin, dass die Sammlung der Allgemeinheit zugänglich sein sollte. Dass eine Sammlung offen für Publikum ist, heißt jedoch nicht automatisch, dass die Besucher auch die Allgemeinheit repräsentieren. Die typischen Besucher sind meist besser betucht und ausgebildet. Kostenloser Eintritt ist kein Allheilmittel. Die Kosten sind nur eine Hürde, und möglicherweise nicht einmal die größte. Soziale und kulturelle Barrieren können genauso stark sein. Ungeachtet ihrer Bemühungen gelten Museen häufig als elitär und wenig einladend – vor allem, wenn sie in großen, klassischen Bauwerken residieren, wie so viele von ihnen.

Ein Museum kann sich kaum als öffentliche Institution betrachten, wenn die demografische Zusammensetzung seiner Mitarbeiter das nicht widerspiegelt – und das gilt auch für sein Publikum. Museen sind nur dann wahre öffentliche Einrichtungen, wenn sie sich jedem öffnen können. Viele Museen unternehmen hier große Anstrengungen, aber vielleicht ist etwas Tiefgründigeres erforderlich. Anstatt sich selbst gewissermaßen jenseits der alltäglichen Realitäten zu positionieren, müssen sie Wege finden, um die Grenzen aufzulösen, die zwischen ihnen und der Außenwelt existieren – ihrer Identität, Kultur, Politik und täglichen Realität. Museen blicken bereits in die digitale Sphäre, die eine Vielzahl neuer und transformativer Möglichkeiten bietet, sich an ein breiteres Publikum zu wenden.

Dies bringt uns zur dritten grundlegenden Eigenschaft des Museums: dass es sich in einem Gebäude befindet, das sowohl als Gehäuse als auch Symbol der Sammlung und der Mission des Museums dient. Diese Doppelfunktion war immer Teil des Museumskonzepts. Das Gebäude des British Museum ist Neo-Griechisch, weil das antike Griechenland in den Augen seiner Erbauer Vorrang hatte, während das Moderne Museum die neuen Paradigmen der Moderne nicht zuletzt durch die Architektur widerspiegelt. Das globale Museum wiederum strebte nach einer ganz neuen Ebene. Zum ersten Mal verkörperte das Museum etwas über seine Sammlung hinaus.

Dieser Trend kann jedoch nicht anhalten, ohne die sorgfältige Dreifaltigkeit aus Sammlung, Öffentlichkeit und Gebäude zu gefährden, die das Museum durch seine Geschichte getragen hat. Im Extremfall ist das Gebäude des globalen Museums wenig mehr als eine protzige Trophäe, deren kultureller sich dem wirtschaftlichen oder geopolitischen Auftrag unterordnen musste. Um einen Weg zu finden könnten wir postulieren, dass das Museum nun über sein Gebäude hinaustreten muss, genau wie das globale Museum das Gebäude über die Sammlung stellte. Und dazu, könnte man meinen, ist es erforderlich, dass das Museum in den neuen Bereich der virtuellen Realität eintritt.

***Links oben*** **Ein Besucher genießt eine 3D-Erfahrung im DASA-Museum in Dortmund.**

***Links unten Mona Lisa: Beyond the Glass*** **war das erste Virtual-Reality-Projekt des Louvre und Teil der großen Leonardo-da-Vinci-Ausstellung, die 2019 eröffnet wurde.**

## JENSEITS DES PHYSISCHEN RAUMS

In vielerlei Hinsicht waren Museen immer schon virtuelle Räume. Als räumliche Erfahrungen heben sie die Unterschiede zwischen Zeit und Ort auf, indem sie Objekte aus verschiedenen historischen Zeiträumen und Orten zusammenbringen. Im Handumdrehen transportieren sie uns woandershin. Das Erlebnis, das sie bieten, ist intensiv – eine Art Hyperrealität. All diese Eigenschaften unserer Museumserfahrungen sind auch Eigenschaften der virtuellen Realität. Doch anders als im proto- oder pseudovirtuellen Raum des Museums erlaubt es uns die digitale virtuelle Realität, diese Eigenschaften auf eine Art zu erkunden, die in der physischen Realität sehr schwer, teuer oder langsam zu realisieren sind. Entscheidend ist außerdem, dass die Räume in der virtuellen Realität nicht fix sind, sondern in Echtzeit manipuliert werden können, sodass jeder von uns in die Lage versetzt wird, das Erlebte zu manipulieren und neu zusammenzusetzen. Das virtuelle Museum hat also anders als die feste oder sich nur langsam ändernde Entität des physischen Museums das Potenzial, immer wieder veränderlich und variabel zu sein, in einem steten Fluss zu existieren und nach Belieben neu zu entstehen.

Manche Kritiker würden anführen, dass das virtuelle Museum die privilegierte Rolle des direkten Erlebens herabwürdigt, die der Kern dessen ist, was das Museum ausmacht. Dabei ignoriert dieses Argument die Grenzen, die dem Objekt als Beweis der menschlichen Erfahrungen und kulturellen Leistungen von Natur aus innewohnen. Die von Objekten überdauernden Beweise sind im besten Fall unvollständig und hängen davon ab, was physisch überlebt wird und was wir zu unterschiedlichen Zeiten für aufhebens- und schützenswert hielten. Es hat seinen Grund, weshalb die Museen voller antiker griechischer Vasen sind und kaum einige der weniger dauerhaften oder in sich wertvollen Artefakte dieser Welt enthalten. Die Existenz eines Objekts in einem Museum spiegelt ebenso den Moment, in dem es betrachtet wird, wie den Moment, in dem es erschaffen wurde. Schließlich steht nicht das Objekt im Mittelpunkt der drei definierenden Eigenschaften des Museums, sondern der Besucher, sein Erlebnis, seine Reaktion und Antwort im Hier und Jetzt. Virtuelle Räume besitzen das Potenzial, dies auf tiefgründige und endlos fesselnde Weise in den Vordergrund zu rücken, die alles übertrifft, was in physischen Gebäuden möglich ist.

In ihrer ganzen Geschichte dienten Museen als Belege für die größten Leistungen der Menschheit und auch als Indizien für das, was wir wertschätzen und in der heutigen Welt für bedeutsam und damit für künftige Generationen schützenswert halten. Es klingt vielleicht unlogisch, speziell in einer Studie über ihre Geschichte, aber wenn dieses Buch ein alles übergreifendes Thema hatte, dann dies, dass es bei Museen niemals um die Vergangenheit geht, sondern immer um die Zukunft.

# ENDNOTEN

EINFÜHRUNG:
DAS ZEITALTER DER MUSEEN

1 Marcel Broodthaers, offener Brief, Ostende, 7. September 1968, zitiert in Douglas Crimp, »This is Not a Museum of Art« in *On the Museum's Ruins* (Cambridge MA: MIT Press, 2000), 206.

2 Marcel Broodthaers, offener Brief, Ostende, November 1968, zitiert in Crimp, »This is Not a Museum of Art« in Crimp (2000), 209.

3 Crimp, »On the Museum's Ruins« in Crimp (2000), 58, 60.

4 »Paris Louvre tops world list with record 10m visitors«, *BBC News*, (2. Januar 2019): https://www.bbc.co.uk/news/world-europe-46748282 (abgerufen 14. Juni 2021).

5 Mandy Zuo, »China has opened thousands of new museums, but who wants them?«, *South China Morning Post*, 20. Januar 2019: https://www.scmp.com/news/china/society/article/2182876/china-ordered-thousands-new-museums-they-were-built-exhibits-and (abgerufen 14. Juni 2021).

6 Orhan Pamuk, *Das Museum der Unschuld* (München: Hanser Verlag 2008), S. 553.

1. URSPRÜNGE

1 Ole Worm, Brief 20. Juni 1639, zitiert in Valdimar Tr. Hafstein, »Bodies of knowledge: Ole Worm & Collecting in late Renaissance Scandinavia«, *Ethnologia Europaea*, 33, (2003), 5–20.

2 Siehe: Don D. Fowler, »A Natural History of Man: Reflections on Anthropology, Museums, and Science«, *Fieldiana. Anthropology*, Nr. 36, (2003), 11–21: www.jstor.org/stable/29782665 (abgerufen 14. Juni 2021); Sir Leonard Woolley, *Ur of the Chaldees : A Record of Seven Years of Excavation* (London: E. Benn, 1929) und Sir Leonard Woolley, mit einem Beitrag von Professor M. E. L. Mallowan, *Ur Excavations IX, The Neo-Babylonian and Persian Periods* (London: Publications of the Joint Expedition of the British Museum and of the University Museum, University of Pennsylvania, Philadelphia, to Mesopotamia. Published for the Trustees of the Two Museums, 1962).

3 Zitat aus Wolfram Koeppe, »Collecting for the Kunstkammer« (Oktober 2002) in *Heilbrunn Timeline of Art History* (New York: Metropolitan Museum of Art, 2000–): http://www.metmuseum.org/toah/hd/kuns/hd_kuns.htm (abgerufen 14. Juni 2021).

4 Zitat aus Arthur MacGregor, *Curiosity and Enlightenment: Collectors and Collections from the Sixteenth to the Nineteenth Century* (Cambridge MA: Yale University Press, 2007), 3–4.

5 Filarete, *Treatise on Architecture*, übers. John R. Spencer (New Haven CT: Yale University Press, 1965), 1: 320: http://www.italianrenaissanceresources.com/units/unit-4/sub-page-03/piero-de-medici-takes-delight-in-his-studiolo/ (abgerufen 14. Juni 2021).

6 Zitat von MacGregor (2007), 46.

7 Zitat von Leonard Barkan, *Unearthing the Past: Archaeology and Aesthetics in the Making of Renaissance Culture* (Cambridge MA: Yale University Press), 3.

8 Plinius der Ältere erwähnt den Laokoon in Buch 36 von Kapitel 4: »the Laocoön ... in the palace of the Emperor Titus, a work that may be looked upon as preferable to any other production of the art of painting or of statuary. It is sculptured from a single block, both the main figure as well as the children, and the serpents with their marvellous folds.« Pliny the Elder, *The Natural History*, übers. von John Bostock, M.D., F.R.S. und H.T. Riley, Esq., B.A. (London: Taylor and Francis, Red Lion Court, Fleet Street, 1855): http://data.perseus.org/citations/urn:cts:latinLit:phi0978.phi001.perseus-eng1:36.4 (abgerufen 14. Juni 2021).

9 Zitat aus »The Ashmolean Story«, Ashmolean Museum website: https://www.ashmolean.org/the-ashmolean-story (abgerufen 14. Juni 2021).

2. DAS MUSEUM DER AUFKLÄRUNG

1 Mehr zu frühen naturgeschichtlichen Museen siehe Carla Yanni, *Nature's Museums: Victorian Science and the Architecture of Display* (New York, NY: Princeton Architectural Press, 1999).

2 Mehr dazu siehe James Gardner, *The Louvre: The Many Lives of the World's Most Famous Museum* (New York, NY: Atlantic Monthly Press 2020).

3 Zitat aus Wayne Sandholtz, *Prohibiting Plunder: How Norms Change* (Oxford: Oxford University Press, 2007), 51.

4 Zitate von Canova und Lawrence aus Katharine Eustace, »The fruits of war: how Napoleon's looted art found its way home« in *The Art Newspaper*, (1. Juni 2015): https://www.theartnewspaper.com/feature/the-fruits-of-war-how-napoleon-s-looted-art-found-its-way-home (abgerufen 14. Juni 2021).

5 »The Parthenon Sculptures«, Website des British Museum: https://www.britishmuseum.org/parthenon-sculptures-british-museum (abgerufen 14. Juni 2021).

6 Lord Byron, *Childe Harold's Pilgrimage* (1812), deutsche Fassung Projekt Gutenberg: http://projekt-gutenberg.org (abgerufen 20. März 2022)

7 Das Folgende stammt aus einem Bericht in Crimp, »The Postmodern Museum« in Crimp (2000), 291–302.

8 Crimp, »The Postmodern Museum« in Crimp (2000), 300.

9 Crimp merkt an, dass diese Bedeutung vielleicht erst im Nachhinein aufgekommen ist. Für ein zeitgenössisches Publikum bedeuteten »Studio« und »Museum« eher die akademieartigen Institutionen, die Hirt einzurichten hoffte. Crimp, »The Postmodern Museum« in Crimp (2000), 294.

10 Zitiert in *The Saturday Magazine*, Nr. 323, (15 Juli 1837), 18. (Aus *The Saturday Magazine*, Bd. 11, Juli bis Dezember 1837 (London: John William Parker, 1838).

3. DAS ÖFFENTLICHE MUSEUM

1 Charles MacFarlane und Thomas Thomson, *The Comprehensive History of England: Civil and Military, Religious, Intellectual, and Social, from the Earliest Period to the Suppression of the Sepoy Revolt*, Band IV, (London: Blackie and Son,1856–61), 798.

2 Edward Walford, »The Great Exhibition of 1851«, in *Old and New London*: Band 5 (London: Cassell, Petter & Galpin, 1878), 28–39: http://www.british-history.ac.uk/old-new-london/vol5/pp28-39 (abgerufen 14. Juni 2021).

3 Christopher Marsden, »The Great Exhibition of 1851«, The Gazette: https://www.thegazette.co.uk/all-notices/content/100717 (abgerufen 14. Juni 2021).

4 Zitat aus »1851: The Great Exhibition«, Website des National Archives: https://www.nationalarchives.gov.uk/museum/item.asp?item_id=34 (abgerufen 14. Juni 2021).

5 Die Royal Commission für die Ausstellung von 1851 existiert noch mit dem gleichen Auftrag: https://www.royalcommission1851.org/ about-us/ (abgerufen 14. Juni 2021).

6 Der folgende Bericht stammt aus »Building the Museum«, V&A Museum website: https://www.vam.ac.uk/articles/building-the-museum (abgerufen 14. Juni 2021).

7 Siehe »From Smithson to Smithsonian: The Birth of an Institution«, einer Online-Ausstellung der Smithsonian Institution Libraries: https://www.sil.si.edu/Exhibitions/Smithson-to-Smithsonian/intro.html (abgerufen 14. Juni 2021).

8 Siehe »History of the Tokyo National Museum«, Tokyo National Museum Website: https://www.tnm.jp/modules/r_free_page/index.php?id=143 (abgerufen 14. Juni 2021).

9 Zitiert in John Disturnell, *New York as it was and as it is* (New York, NY: D. van Nostrand, 1876). S. 101.

10 Zitiert in Robin Pogrebin, »Visit to the Met Could Cost You, if You Don't Live in New York«, *New York Times*, (26. April 2017): https://www.nytimes.com/2017/04/26/arts/design/met-museum-in-quiet-talks-with-city-weighs-an-admission-fee.html (abgerufen 14. Juni 2021).

11 Melissa Bowling, »This Weekend in Met History: November 21«, The Metropolitan Museum of Art Website, (19. November 2010): https://www.metmuseum.org/blogs/now-at-the-met/features/2010/this-weekend-in-met-history-november-21 (abgerufen 14. Juni 2021).

12 James Moske, »This Weekend in Met History: February 20«, The Metropolitan Museum of Art Website, (17. Februar 2012): https://www.metmuseum.org/blogs/ now-at-the-met/features/2012/this-weekend-in-met-history-february-20 (abgerufen 14. Juni 2021).

13 Mehr zur frühen Geschichte des Museums finden Sie in Winifred E. Howe, *A History of the Metropolitan Museum of Art* (New York: The Metropolitan Museum of Art, 1913): https://www.metmuseum.org/art/metpublications/A_History_of_the_Metropolitan_Museum_of_Art_and_Early_Institutions_of_Art (abgerufen 14. Juni 2021).

14 Brief von H. Gordon Hutchins an Theodore Roosevelt, 8. Januar 1875, Office of the Secretary Records, The Metropolitan Museum of Art Archives zitiert in Aleksandr Gelfand, »Today in Met History: March 1«, The Metropolitan Museum of Art website, (1. März 2013): https://www.metmuseum.org/blogs/now-at-the-met/features/2013/today-in-met-history-march-1 (abgerufen 14. Juni 2021).

4. DAS MODERNE MUSEUM

1 Zitat aus Stella Duffy, »Celebrating Joan Littlewood: it's time to build her fun palaces«, *The Guardian*, (18. September 2017): https://www.theguardian.com/stage/theatreblog/2013/sep/18/theatre-joan-littlewood-culture-fun-palaces (abgerufen 15. Juni 2021).

2 Zitat aus Richard Rogers, *A Place for All People: Life, Architecture and the Fair Society* (Edinburgh, Canongate Books, 2017).

3 »Art: Modern Museum«, *Time*, (16. September 1929): http://content.time.com/time/subscriber/article/0,33009,737897-1,00.html (abgerufen 15. Juni 2021).

4 Dies uns das Folgende sind aus der Pressemitteilung des Museum of Modern Art vom 3. März 1934: https://www.moma.org/documents/moma_press-release_325017.pdf (abgerufen 15. Juni 2021).

5 Zitat aus Pressemitteilung des Museum of Modern Art vom 1. März 1934: https://www.moma.org/documents/moma_press-release_325016.pdf (abgerufen 15. Juni 2021).

6 Pressemitteilung des Museum of Modern Art vom 11. Januar 1932: https://www.moma.org/documents/moma_press-release_324956.pdf (abgerufen 15. Juni 2021).

7 Dieses und das folgende Malraux-Zitat sind aus Crimp, »On the Museum's Ruins« in Crimp (2000). Originalquelle: André Malraux, *The Voices of Silence*, übers. von Stuart Gilbert (Princeton: Princeton University Press, 1978), 44, 46.

8 »Museum of Modern Art Plans International Photography Exhibition«, Pressemitteilung des Museum of Modern Art vom 31. Januar 1954: https://www.moma.org/documents/moma_press-release_325966.pdf (abgerufen 15. Juni 2021).

9 »The Family of Man«, Pressemitteilung des Museum of Modern Art vom 26. Januar 1955: https://www.moma.org/documents/moma_press-release_325965.pdf (abgerufen 15. Juni 2021).

10 Susan Sontag, *On Photography* (New York NY: Farrar, Straus and Giroux, 1977), 33.

11 Die Website des Nationalmuseums für westliche Kunst hat eine Zeitleiste, die seine komplexe Geschichte nachzeichnet: https://www.nmwa.go.jp/en/about/index.html (abgerufen 15. Juni 2021).

12 Le Corbusier, *The Decorative Arts of Today* (London: The Architectural Press, 1987), 16–18.

13 Zitat aus Katalogeintrag für Mundaneum, Musée mondial, Genf, Schweiz, 1929, in der Foundation Le Corbusier: http://www.fondationlecorbusier.fr/ (abgerufen 15. Juni 2021).

14 Zitat aus Katalogeintrag für Musée d'Art contemporain, Paris, Frankreich, 1931, in der Foundation Le Corbusier: http://www.fondationlecorbusier.fr/ (abgerufen 15. Juni 2021).

15 Philip C. Johnson, *Mies van der Rohe* (New York NY: The Museum of Modern Art, 1947) S. 164: https://www.moma.org/documents/moma_catalogue_2734_300062055.pdf (abgerufen 15. Juni 2021).

16 Jane King Hession und Debra Pickrel, *Frank Lloyd Wright in New York: The Plaza Years, 1954–1959* (Layton UT: Gibbs Smith, 2007), 107–08.

17 Zitat aus Karrie Jacobs, »An Ode to Breuer's Brutalist Whitney as the Museum Relocates to its New Downtown Hub«, *Architect*, (12. September 2014): https://www.architectmagazine.com/design/an-ode-to-breuers-brutalist-whitney-as-the-museum-relocates-to-its-new-downtown-hub_o (abgerufen 15. Juni 2021).

18 Dieses und das folgende Zitat von Louis Kahn stehen auf der Website des Kimbell Art Museum, auf der es viel Material zur Geschichte seiner beiden Gebäude gibt: https://www.kimbellart.org/content/kahn-building-detail (abgerufen 15. Juni 2021).

19 Solveig Daugaard, *Collaborating with Gertrude Stein: Media ecologies, reception, poetics* (Linköping: Linköping University Electronic Press, 2018), 412.

## 5. DAS GLOBALE MUSEUM

1 JG Ballard, »The larval stage of a new kind of architecture«, *The Guardian*, (8. Oktober 2007): https://www.theguardian.com/artanddesign/2007/oct/08/architecture.bilbao (abgerufen 15. Juni 2021).

2 Jacques Herzog und Pierre de Meuron sowie Nicholas Serota, interviewt von Oliver Wainwright, »How we made Tate Modern«, *The Guardian*, (21. Juni 2016): https://www.theguardian.com/artanddesign/2016/jun/21/how-we-made-tate-modern-herzog-de-meuron-nicholas-serota (accessed 15 June 2021). 5 https://www.tate.org.uk/visit/tate-modern/turbine-hall

3 Frances Morris, »Turbine Hall«, Tate-Website: https://www.tate.org.uk/visit/tate-modern/turbine-hall (abgerufen 15. Juni 2021).

4 Herzog und de Meuron, Serota, Wainwright, *The Guardian* (2016).

5 Dieses Originallayout existierte bis 2006.

6 Editorial, *The Burlington Magazine*, Bd. 147 / Nr. 1228, (Juli 2005): https://www.burlington.org.uk/archive/editorial/tate-modern-five-years-on (abgerufen 15. Juni 2021).

7 Zitat aus »The Quadracci Pavilion«, Milwaukee Art Museum Website: https://mam.org/info/details/quadracci.php (abgerufen 15. Juni 2021).

8 »Our story«, Louvre Abu Dhabi Website: https://www.louvreabudhabi.ae/en/about-us/our-story (abgerufen 15. Juni 2021).

9 Oliver Wainwright, »Louvre Abu Dhabi: Jean Nouvel's spectacular palace of culture shimmers in the desert«, *The Guardian*, (7. November 2017): https://www.theguardian.com/artanddesign/2017/nov/07/louvre-abu-dhabi-sheikh-chic-throws-controversial-construction-in-relief (abgerufen 15. Juni 2021).

10 Kim Willsher, »Architect defends treatment of workers at Louvre Abu Dhabi«, *The Guardian*, (24. September 2017): https://www.theguardian.com/world/2017/sep/24/architect-defends-treatment-workers-louvre-abu-dhabi-jean-nouvel (abgerufen 15. Juni 2021).

11 Zitat aus James Riach, »Zaha Hadid defends Qatar World Cup role following migrant worker deaths«, *The Guardian*, (25. Februar 2014): https://www.theguardian.com/world/2014/feb/25/zaha-hadid-qatar-world-cup-migrant-worker-deaths (abgerufen 15. Juni 2021).

12 Edwin Heathcote, »Design award for Zaha Hadid exposes architects' moral dilemma«, *Financial Times*, (30. Juni 2014): https://www.ft.com/content/fd0960f0-0049-11e4-a3f2-00144feab7de (abgerufen 15. Juni 2021).

13 Amy Frearson, »Qujing History Museum in China features a roof shaped like an upside-down staircase«, *Dezeen*, (12. August 2015): https://www.dezeen.com/2015/08/12/qujing-history-museum-yunnan-province-china-roof-shaped-upside-down-staircase-atelier-alter-hordor-design-group/ (abgerufen 15. Juni 2021).

14 Sonderbericht, »Mad about museums«, *The Economist*, (18. Dezember 2013): https://www.economist.com/special-report/2018/08/14/mad-about-museums (abgerufen 15. Juni 2021).

15 Ciku Kimeria, »In Conversation: The Director of The Museum of Black Civilizations«, *Okay Africa*, (28. Januar 2019): https://www.okayafrica.com/in-conversation-hamady-bocoum-museum-of-black-civilizations/ (abgerufen 15. Juni 2021).

16 Brigit Katz, »Sprawling Museum of Black Civilizations Opens in Senegal«, *Smithsonian Magazine*, (10. Dezember 2018): https://www.smithsonianmag.com/smart-news/sprawling-museum-black-civilizations-opens-senegal-180970976/ (abgerufen 15. Juni 2021).

17 Kate Brown, »Senegal Unveils a Vast Museum That Raises the Stakes in Africa's Campaign to Reclaim Its Art«, *Artnet*, (7. Dezember 2018): https://news.artnet.com/art-world/museum-of-black-civilizations-1409911 (abgerufen 15. Juni 2021).

18 Edward W. Said, *Culture & Imperialism* (London: Vintage, 1994), xxix

19 »It's all about people.«, Weltmuseum Wien, Website: https://www.weltmuseumwien.at/en/about-us/ (abgerufen 15. Juni 2021).

20 Zitat aus »The Building«, National Museum of African American History & Culture, Website: https://nmaahc.si.edu/explore/building (abgerufen 15. Juni 2021).

## 6. DAS MUSEUM HEUTE

1 »Declaration on the Importance and Value of Universal Museums«, The State Hermitage Museum, Website: https://www.hermitagemuseum.org/wps/portal/hermitage/news/news-item/news/1999_2013/hm11_1_93/?lng= (abgerufen 15. Juni 2021).

2 Neil MacGregor, »The whole world in our hands«, *The Guardian*, (24. Juli 2004): https://www.theguardian.com/artanddesign/2004/jul/24/heritage.art (abgerufen 15. Juni 2021).

3 La Tanya S. Autry, »Museums Are Not Neutral«, *Artstuffmatters*, undatiert: https://artstuffmatters.wordpress.com/museums-are-not-neutral/ (abgerufen 15. Juni 2021).

4 Zitat aus Naomi Rea, »Will French Museums Return African Objects? Emmanuel Macron Says Restitution Is a 'Priority'«, *Artnet*, (28. November 2017): https://news.artnet.com/art-world/french-president-promises-restitution-african-heritage-ouagadougou-university-speech-1162199 (abgerufen 15. Juni 2021).

5 Felwine Sarr und Bénédicte Savoy, *The Restitution of African Cultural Heritage: Toward a New Relational Ethics* (November 2018): http://restitutionreport2018.com/sarr_savoy_en.pdf (abgerufen 15. Juni 2021).

6 Zitat aus Kate Brown, »In a Groundbreaking Report, Experts Advise French President Macron to Begin the 'Restitution' of Looted African Art«, *Artnet*, (20. November 2018): https://news.artnet.com/art-world/french-restitution-policy-macron-1399429 (abgerufen 15. Juni 2021).

7 Tristram Hunt, »Should museums return their colonial artefacts?«, *The Guardian*, (29. Juni 2019): https://www.theguardian.com/culture/2019/jun/29/should-museums-return-their-colonial-artefacts (abgerufen 15. Juni 2021).

8 *Curating the Future: Origins*, BBC Radio 4, Erstausstrahlung 17. Januar 2020: https://www.bbc.co.uk/programmes/m000d7jf (abgerufen 15. Juni 2021).

9 »About us«, Museum Detox, Website: https://www.museumdetox.org/museum detox-about-us (abgerufen am 15. Juni 2021).

10 Alice Proctor, *The Whole Picture: The colonial story of the art in our museums & why we need to talk about it* (London: Octopus Publishing Group, 2020).

11 Kate Quinlan, »Avani Tanya announced as the new V&A South Asian Collections Resident«, V&A Blog: https://www.vam.ac.uk/blog/museum-life/avani-tanya-announced-s-the-new-va-south-asian-collections-resident (abgerufen 15. Juni 2021).

12 *Mobile Welten oder das Museum unserer transkulturellen Gegenwart*, 13. April–14. Oktober 2018, Museum für Kunst und Gewerbe, Hamburg: https://www.mobile-welten.org (abgerufen 28. März 2022).

13 »Presenting the female body: Challenging a Victorian fantasy«, Manchester Art Gallery Website: https://manchesterartgallery.org/news/presenting-the-female-body-challenging-a-victorian-fantasy/ (abgerufen 15. Juni 2021).

14 La Tanya S. Autry and Mike Murawski, »Museums Are Not Neutral: We Are Stronger Together«, *Panorama: Journal of the Association of Historians of American Art*, 5.2, (Herbst 2019): https://doi.org/10.24926/24716839.2277

15 Zitat aus Louisa Buck, »Mark Dion: Welcome to my Wunderkammer«, *The Art Newspaper*, (9. Februar 2018): https://www.theartnewspaper.com/feature/welcome-to-my-wunderkammer (abgerufen 15. Juni 2021).

# INDEX

*Kursive* Seitenzahlen beziehen sich auf Illustrationen.

# ZUM WEITERLESEN

Literatur zu Museen gibt es reichlich, von Touristenführern bis zu gelehrten Abhandlungen. Leser, die Informationen zu bestimmten Museen suchen, sollten sich am besten zuerst einmal an das halten, was die Einrichtungen selbst veröffentlicht haben sowie an deren Websites. Im übrigen ist es nahezu unmöglich, eine Liste anzufertigen, die auch nur annähernd repräsentativ oder vollständig ist. Die hier aufgeführten Titel sollen daher eher als Angebot zu den Themen, Debatten und Ideen verstanden werden, die in diesem Buch besprochen wurden.


Samuel Alberti, »The Museum Affect: Visiting Collections of Anatomy and Natural History« in Aileen Fyfe and Bernard Lightman eds., *Science in the Marketplace* (Chicago: University of Chicago Press, 2007), S. 371–403

La Tanya S. Autry und Mike Murawski, »Museums Are Not Neutral: We Are Stronger Together«, *Panorama: Journal of the Association of Historians of American Art*, 5.2, (Herbst 2019): https://doi.org/10.24926/24716839.2277

Tony Bennett, *The Birth of the Museum: History, Theory, Politics* (Abingdon-on-Thames: Routledge, 1995)

Graham Black, Hrsg., *Museums and the Challenge of Change: Old Institutions in a New World* (Abingdon-on-Thames: Routledge, 2020)

Giovanna Borasi, Albert Ferré, Francesco Garutti, Jayne Kelley und Mirko Zardini, Hrsg., *The Museum Is Not Enough* (Berlin: Sternberg Press, 2019)

Dinah Casson, *Closed on Mondays: Behind the Scenes at the Museum* (London: Lund Humphries, 2020)

Charlotte Coates, »How Museums are using Augmented Reality«, *MuseumNext*, (17. September 2020): https://www.museumnext.com/article/how-museums-are-using-augmented-reality/

Jonathan Crary, *Techniques of the Observer: On Vision and Modernity in the Nineteenth Century* (Cambridge, MA: MIT Press, 1992)

Jonathan Crary, *Techniken des Betrachters, Sehen und Moderne im 19. Jahrhundert* (Dresden: Verlag der Kunst, 1996)

Douglas Crimp, *On the Museum's Ruins* (Cambridge MA: MIT Press, 2000)

Michel Foucault, *Die Ordnung der Dinge: Eine Archäologie der Humanwissenschaften* (Frankfurt/Main: Suhrkamp, 2003)

Verschiedene Autoren, *Pandemic Objects*, Blog-Projekt, V&A Museum, London: https://www.vam.ac.uk/blog/pandemic-objects

Donatien Grau, Hrsg., *Under Discussion – The Encyclopedic Museum* (Los Angeles, CA: Getty Publications, 2021)

Dan Hicks, *The British Museums: The Benin Bronzes, Colonial Violence and Cultural Restitution* (London: Pluto Press, 2020)

Eilean Hooper-Greenhill, *Museums and the Shaping of Knowledge* (Abingdon-on-Thames: Routledge, 1992)

Robert R. Janes and Richard Sandell eds., *Museum Activism* (Abingdon-on-Thames: Routledge, 2019)
Caroline A. Jones, *The Global Work of Art: World's Fairs, Biennials, and the Aesthetics of Experience* (Chicago IL: University of Chicago Press, 2017)

Sharon Macdonald Hrsg., *A Companion to Museum Studies* (Malden MA: Blackwell, 2006)

Arthur MacGregor, *Curiosity and Enlightenment: Collectors and Collections from the Sixteenth to Nineteenth Century* (New Haven CT and London: Yale University Press, 2008)

Rhiannon Mason, Alistair Robinson und Emma Coffield, *Museum and Gallery Studies: The Basics Paperback* (Abingdon-on-Thames: Routledge, 2007)

Orhan Pamuk, *Das Museum der Unschuld*, übers. von Gerhard Meier (München: Hanser-Verlag, 2008)

Richard Sandell und Eithne Nightingale, Hrsg., *Museums, Equality and Social Justice* (Abingdon-on-Thames: Routledge, 2012)

Charles Saumarez Smith, *The Art Museum in Modern Times* (London: Thames & Hudson, 2021)

Susan Sleeper-Smith, Hrsg., *Contesting Knowledge: Museums and Indigenous Perspectives* (Lincoln: University of Nebraska Press, 2009)

András Szántó, *The Future of the Museum: 28 Dialogues* (Stuttgart: Hatje Cantz, 2020)

Liv Emma Thorsen, Karen A. Rader und Adam Dodd, Hrsg., *Animals on Display: The Creaturely in Museums, Zoos, and Natural History* (University Park PA: Pennsylvania State University Press, 2017)

Carla Yanni, *Nature's Museums: Victorian Sciences and the Architecture of Display* (New York, NY: Princeton Architectural Press, 2005)

# BILDNACHWEISE

Aerial Archives / Alamy Stock Photo: 122; AGB Photo Library / Alamy Stock Photo / © NIEMEYER, Oscar / DACS 2021: 196; Agencja Fotograficzna Caro / Alamy Stock Photo: 310T; akg-images / Album: 112; AL-RUBAYE, AHMAD / Stringer: 289T Altes Museum, Außenansicht, 2019, © Staatliche Museen zu Berlin / David von Becker: 118 Altes Museum, Rotunde, 2019, © Staatliche Museen zu Berlin / Stephanie von Becker: 119 Anderson, Todd / Alamy Stock Photo: 47; andersphoto / Shutterstock.com: 244; Andia / Alamy Stock Photo: 257; Andia / Getty Images: 308, 309; ANTHONY, BRIAN / Alamy Stock Photo: 239; aphotostory: 167; ARAR, SABAH / Getty Images: 286; Arcaid Images / Alamy Stock Photo: 125, 261T, 261B; Arnaudova, Mira / Shutterstock: 110-111; Artokoloro / Alamy Stock Photo: 46B; Asia File / Alamy Stock Photo: 202I AsiaTravel / Shutterstock.com: 299; Atlantide Phototravel / Getty Images: 28T, 28B; Avani Tanya, A Selective Guide to the V&A's South Asian Collection, 2018. Foto Tim Bowditch. Mit frdl. Gen. Delfina Foundation: 300T; Azoor Photo / Alamy Stock Photo: 282; Azumendi, Gonzalo / Getty Images: 16; B.O'Kane / Alamy Stock Photo: 63; Bacarin, Vinicius / Shutterstock.com / © DACS 2021: 200; Bache, Martin / Alamy Stock Photo: Back Cover, 256; Barclay, Graham / Stringer: 107; Barritt, Peter / Alamy Stock Photo: 71R, 178-179; Bettmann / Getty Images: 22L, 123, 177, 214, 215; Biodiversity: 69T, 83L, 83R; Bloomberg / Getty Images: 17L, 54-55; BRACEGIRDLE, JOHN / Alamy Stock Photo: 71L; Bronstein, Paula / Getty Images: 288R; Busà Photography / Getty Images: 265; Buzzi, Michele / Shutterstock.com: 247; canadastock / Shutterstock.com: 108; Canfield, Robert / Mario Botta Architetti: 232; Celeste, Sunny / Alamy Stock Photo: 42; Cesar Lima / Shutterstock.com: 198-199; Chan, Richie / Shutterstock.com: 271; Checubus / Shutterstock.com: 248-249; Cherepuschak, David / Alamy Stock Photo: 33T; Chesnot / Getty Images: 310B; Chung, Stephen / Alamy Stock Photo: 142; Cicconi, Amy / Alamy Stock Photo: 168B; Photo © Collection Artedia / Bridgeman Images: 184T; Conchie, Roy / Alamy Stock Photo: 17R; Construction Photography/ Avalon / Getty Images: 21; Mit frdl. Gen. Atelier Alter Architects: 272-273; coward_lion / Alamy Stock Photo: 84T; coward_lion / Getty Images: 233; Dagnall, Ian G / Alamy Stock Photo: 26-27, 95L, 169, 221T, 221B, 238, 263T, 307B; David R. Frazier Photolibrary, Inc. / Alamy Stock Photo: 115B, 201; Dazeley, Peter / Getty Images: 295; dbimages / Alamy Stock Photo: 217; DE AGOSTINI PICTURE LIBRARY / Getty Images: 103B; De Luca, Araldo / Getty Images: 61; DEA / G. NIMATALLAH / Getty Images: 52; Delimont, Danita / Alamy Stock Photo: 285; DEVILLE, Marc / Getty Images: 289B; DiBella, Andrew / Alamy Stock Photo: 156-157; drnadig / Getty Images: 152; Duchaine, Randy / Alamy Stock Photo: 168T; Dutch Cities / Alamy Stock Photo: 229T; eastland, adam / Alamy Stock Photo: 77; Education Images / Getty Images: 255; Ellis, Ron / Shutterstock.com: 82T, 245R; EQRoy / Alamy Stock Photo: 279; eye35 / Alamy Stock Photo: 78; f11photo / Shutterstock.com: 203T; FAGET, DOMINIQUE / Getty Images: 36; FALKENSTEINFOTO / Alamy Stock Photo: 79, 94B; Fine Art / Getty Images: 50, 66; Fine Art / Alamy Stock Photo: 86; FLHC 82 / Alamy Stock Photo: 38; Fotan / Alamy Stock Photo: 23; Fox Photos / Stringer: 195B; Fraser, Ian / Alamy Stock Photo: 74T; Gado Images / Alamy Stock Photo: 114T; Gambier, Oliver / © F.L.C. / ADAGP, Paris und DACS, London 2021: 204, 205; Gardner, Gareth: 8-9, 120, 121; gelsi, gabriele / Shutterstock.com: 82B; Gilbert, Jeff / Alamy Stock Photo: 81T, 81B; Gilmour, Angela / Alamy Stock Photo: 33B; Glen, Alexandra / Shutterstock.com: 240-241; Graham, Tim / Getty Images: 290, 291R; Granger Historical Picture Archive / Alamy Stock Photo: 126T; Hamblin, Steve / Alamy Stock Photo: 159; Hardy, Graham / Alamy Stock Photo: 242; Hemis / Alamy Stock Photo: 46T, 97BR, 101, 307T; Heritage Image Partnership Ltd / Alamy Stock Photo: 109T; Heritage Images / Getty Images: 56-57, 80T, 87T, 132B; Herrett, Robert / Alamy Stock Photo: 40B; Historica Graphica Collection / Heritage Images / Getty Images: 135; Holt, Andrew / Alamy Stock Photo: 74B; Hornak, Angelo / Alamy Stock Photo: 231; Hornak, Angelo / Getty Images: 34-35; Hulton Archive / Getty Images: 69C, 69B; Hulton Archive / Stringer: 80B, 132T, 134B, 136T; Hulton Deutsch / Getty Images: 134T; imageBROKER / Alamy Stock Photo: 62, 65, 181; Imaginechina Limited / Alamy Stock Photo: 275T, 278; incamerastock / Alamy Stock Photo: 20T; Insights / Getty Images: 58-59; INTERFOTO / Alamy Stock Photo: 22R; Isaac, Jeffrey / Greenberg I6+ / Alamy Stock Photo: 32B; Isaac, Jeffrey / Greenberg 19+ / Alamy Stock Photo: 129; JARNOUX Maurice / Getty Images: 190, 191; Kamira / Alamy Stock Photo: 145; KELLERMAN, JOHN / Alamy Stock Photo: 116; Keribar, Izzet / Getty Images: 266; Keystone Features / Stringer: 189; Kravchenko, Andriy / Alamy Stock Photo: 31; Kruse, Joana / Alamy Stock Photo: 32T, 72-73; Kurka, Geza / Alamy Stock Photo: 13; 304-5 Lara Lesmes und Fredrik Hellberg (Space Popular); Leemage / Getty Images: 49; Leeth, Dan / Alamy Stock Photo: 228; Leong, Chon Kit / Alamy Stock Photo: 41; Libera, Pawel / Getty Images: 20B, 164; Library of Congress / Getty Images: 176, 185TR; London Stereoscopic Society / Hulton Archive / Getty Images: 144; M&N / Alamy Stock Photo: 137; marcobrivio.photo / Shutterstock.com: 113B; Maremagnum / Getty Images: 226-227; MARIN, LUDOVIC / Getty Images: 294; Massimo Borchi/Atlantide Phototravel / Getty Images: 212-213; Masterton, Iain / Alamy Stock Photo: 258; Matthews, Andy / VIEW / Alamy Stock Photo: 76; mauritius images GmbH / Alamy Stock Photo: 235; Mauro_Repossini / Getty Images: 154; McConville, Patti / Alamy Stock Photo: 124T, 163; MCNY/ Gottscho-Schleisner / Getty Images: 127T, 127B; Memitina / Getty Images: 206; © Metropolitan Museum of Art: 95R, 136B; Milas, Hercules / Alamy Stock Photo: 25T, 60; Mirrorpix / Getty Images: 195T; Monnaie de Paris / Google Arts and Culture: 10; Morris Museum of Art / Morris Museum of Art, Augusta, Georgia / Bridgeman: 15; Mulrooney Oxford UK / Alamy Stock Photo: 75; mulrooney russia / Alamy Stock Photo: Front Cover, 117; Mit frdl. Gen. Mike Murawski: 293; New York Daily News Archive / Getty Images: 211T; mvlampila / Alamy Stock Photo: 259T; Nic Lehoux-VIEW / Alamy Stock Photo: 220; Nikreates / Alamy Stock Photo: 218-219; NiKreative / Alamy Stock Photo: 70; NJ_ Cyn / Shutterstock.com: 155; NurPhoto / Getty Images: 153; PA Images / Alamy Stock Photo: 104-105, 105B, 245L; Panther Media GmbH / Alamy Stock Photo: 263B; Paolo KOCH / Getty Images: 211B; Park, Malcolm / Alamy Stock Photo: 297; Pavone, Sean / Alamy Stock Photo: 115T; PhotoQuest / Getty Images: 184B; Pictorial Press Ltd / Alamy Stock Photo: 132R; Pictures Now / Alamy Stock Photo: 301; Prasertsom, Chatchawat / Shutterstock.com: 275B; Préau, Eric / Getty Images: 170; Print Collector / Getty Images: 68, 87B, 90, 91T, 91B, 138; Prisma by Dukas / Getty Images: 40T, 229B; Raimund Koch / Getty Images: 216; Ramage, Fred / Stringer: 188; Ramsay, Alex / Alamy Stock Photo: 2; Reading Room 2020 / Alamy Stock Photo: 126C, 126B; © Richters, Christian: 262; © 2021. RMN-Grand Palais /Dist. Photo SCALA, Florenz: 94T, 96, 97T, 99T, 99B, 172; robertharding / Alamy Stock Photo: 24, 37T, 224; Robson90 / Alamy Stock Photo: 283; Royal Photographic Society / Getty Images: 103L; Sayin, Cagkan / Alamy Stock Photo: 165; © 2021. Photo Scala, Florenz/bpk, Bildagentur für Kunst, Kultur und Geschichte, Berlin: 222, 223; Scalia, Philip / Alamy Stock Photo: 128; Schifres, Lucas / Getty Images: 67; SCHWARZ, TOBIAS / Getty Images: 302; Science & Society Picture Library / Getty Images: 45, 93L, 130, 133B; Science History Images / Alamy Stock Photo: 43; Siempreverde22 / Getty Images: 51; SIMON, CHRISTOPHE / Getty Images; sky52200 / Shutterstock.com: 268-269; © SMB / David Chipperfield Architects, Foto Ute Zscharnt: 259B, 260; Smithsonian: 147, 150, 151; smoxx / Shutterstock: 267; Soltan, Frédéric / Getty Images: 18-19; Sonnet, Sylvain / Getty Images: 29; stockinasia / Getty Images: 243; Summerfield, Mark / Alamy Stock Photo: 146, 148-149; Tantrum, Mark / Stringer: 298T, 298B; Courtesy of Avani Tanya: 300B; TasfotoNL / Shutterstock.com: 246; Tetra Images / Alamy Stock Photo: 236-237; The History Collection / Alamy Stock Photo: 114B; © 2021. Bildrechte The Metropolitan Museum of Art/Art Resource/Scala, Florenz: 160, 161, 162; © 2021. Digital image, The Museum of Modern Art, New York/Scala, Florenz / © DACS 2021: 207; © 2021. Image copyright The Museum of Modern Art, New York/Scala, Florenz: 173, 182, 183, 192, 193T, 193B, 194; The Natural History Museum / Alamy Stock Photo: 53; The Stapleton Collection / Bridgeman Images: 133T; © The Trustees of the British Museum: 88-89; tichr / Getty Images: 250T, 250B; Toczynski, Pawel / Getty Images: 270; travelbild excl / Alamy Stock Photo: 203b; Trustees of the Natural History Museum, London: 84B; Tutor, Jorge / Alamy Stock Photo: 281; ullstein bild Dtl. / Getty Images: 12, 185L, 187T, 187B; Universal History Archive / Getty Images: 39, 158; Urbanmyth / Alamy Stock Photo: 37B; UTRECHT, ROBIN / Getty Images: 296; VAUTHEY, Pierre / Getty Images: 25B; Verry, Hayden Richard / Alamy Stock Photo: 208-209; Victoria and Albert Museum, London: 48, 140L, 140T, 140C, 140BR, 141; View Pictures / Getty Images: 4, 139, 180, 230; VINCENZO PINTO / Getty Images: 291L; Viollet, Roger / Getty Images: 171; vkstudio / Alamy Stock Photo: 64; vPaulTech LLC / Getty Images: 284; Ware, Chris / Stringer: 103R; Welter, Dircinha / Getty Images: 197; Westend61 GmbH / Alamy Stock Photo: 254; Wikipedia: 30, 91, 92, 97BL, 98, 100, 102L, 102C, 102R, 105B, 109B, 113T, 124B, 131, 174T, 174B, 175, 186; Williams, Paul / funkyfood London / Alamy Stock Photo: 44; Winters, Michael / Alamy Stock Photo: 143; World Discovery / Alamy Stock Photo: 234T; World History Archive / Alamy Stock Photo: 288L; Wu, Avim / Shutterstock.com: 234B; Xinhua / Alamy Stock Photo: 280; Xinzheng / Getty Images: 276-277; Yuan, Jay / Shutterstock.com: 166; Zaha Hadid: 251, 252-253; Zhang,Yuangen /Shutterstock.com: 270B; © Zscharnt, Ute / David Chipperfield Architects: 264T, 264B

# DANKSAGUNGEN

Museen waren immer Teil meines Lebens. Als Kind bin ich in den Schulferien regelmäßig mit meinen Großeltern nach London gereist, um das Science Museum, das V&A, das Natural History Museum oder die Royal Academy zu besuchen. Nicht nur die Exponate, die ich sah, hinterließen einen Eindruck, sondern auch die Museumsgebäude: ihre großartigen Fassaden, die aufstrebenden Galerien und die Ecken und Nischen, in denen sie ihre Sammlungen präsentierten. Schon bald verstand ich, dass Museen außergewöhnliche Orte waren, an denen man tausende Jahre der Geschichte durchstreifen oder riesige Distanzen zurücklegen konnte, indem man einfach von Raum zu Raum ging.

Ich konnte nicht ahnen, dass ich viele Jahre später selbst in einem Museum arbeiten würde und in meinem aktuellen Job sogar dafür verantwortlich wäre, selbst eines aufzubauen. Diese kindliche Neugier hat mich nie verlassen und spielte eine wichtige Rolle beim Schreiben dieses Buches.

Alle Bücher sind in gewisser Weise Gemeinschaftsproduktionen, weil in sie so viele unterschiedliche Ideen, Gespräche und Vorstellungen einfließen – und dieses Buch bildet keine Ausnahme. Das erste Mal begann ich während meines Studiums am Courtauld Institute, Museen mit einem historischen und kritischen Blick zu betrachten, wofür ich meinen Tutoren und Kommilitonen sehr dankbar bin. Frühere und aktuelle Kollegen an der Royal Academy of Arts, dem Sir John Soane's Museum sowie der Newcastle University haben mein Verständnis von Museen und die andauernde und produktive Spannung zwischen Idealen und Pragmatik weiter geschärft. Und natürlich basiert ein Buch wie dieses auf den Leistungen von Generationen von Wissenschaftlern, die nicht alle erwähnt werden können. Ihre Arbeit ist die Grundlage unserer Kenntnisse von den Ursprüngen, Ideologien und Entwicklungen dieser einzigartigen Institutionen.
Ich hoffe, dass dieses Buch den Weg in diese Welt der Gelehrsamkeit ebnen kann.

Einige Namen sollen besonders gewürdigt werden: Pete Jorgensen, Joe Hallsworth, Philip Cooper und das Team von Quarto standen mir bei der Entstehung dieses Buches hilfreich zur Seite. Den Text habe ich größtenteils während der Lockdowns im Jahr 2020 geschrieben, und ich möchte meinen Eltern, Emma und David Hopkins, für ihre Gastfreundschaft in dieser Zeit sowie ihre nützlichen Hinweise und Reflexionen zu verschiedenen Aspekten dieses Buches danken. Johanna, Dylan und später auch Agnes waren wie immer eine riesige Unterstützung.

Ich widme dieses Buch meinen Großeltern, Pauline und dem verstorbenen Tony Hopkins, die mich in jungen Jahren schon inspiriert haben und mir immer großzügig Unterstützung gewährt haben.

Ich hoffe, dass dieses Buch bei seinen Leserinnen und Lesern ebensolche Neugier und Staunen auslösen, wie ich als Kind verspürt habe, wenn ich ein Museum betrat – und die ich auch heute noch erlebe.